如果您想知道為什麼會發生戰爭，
您所處的時代還會不會發生戰爭，
您所在的地域會不會發生戰爭。
——請看此書。

博客思出版社
當代觀察 15

和平或戰爭

文明市商化升級的路徑博弈

可珂 著

目錄

前 言　　1

第一章 人類文明升級　　5

第一節 自發文明　　8

一、市商文明源頭　　12
二、市商文明奇點　　21
三、市商文明福祉　　30

第二節 全球覆蓋　　38

一、易利全球覆蓋　　43
二、民抉全球覆蓋　　47
三、市商全球覆蓋　　53

第二章 市商文明維度　　60

第一節 平等自由　　65

一、平等市商維度　　68
二、自由市商維度　　78

第二節 私產私權　86

　　一、私產保障維度　　88

　　二、私權保障維度　　92

第三節 契約信用　96

　　一、契約易利維度　　97

　　二、信用易利維度　　101

第三章 易利創富邏輯　109

第一節 和平取向　111

　　一、過渡替代邏輯　　112

　　二、轉型升級邏輯　　125

第二節 戰爭趨向　133

　　一、逆商擴張邏輯　　134

　　二、逆商背離邏輯　　139

第四章 和平選項原理　152

第一節 民抉多元　154

　　一、民抉建存原理　　155

　　二、多元並存原理　　167

第二節 權力軟化　177

　　一、規制權力原理　　177

二、政體軟化原理　　182

第五章 戰爭選項動因　191

第一節 壟斷獨裁　193

　　一、單極壟斷動因　　194
　　二、單極獨裁動因　　207

第二節 一統暴力　215

　　一、極權一統動因　　216
　　二、極權暴力動因　　225

第六章 市商文明共蕃　234

第一節 市商共享　242

　　一、助推市商共享　　246
　　二、護航市商共享　　253

第二節 市商共蕃　260

　　一、市商移植共蕃　　261
　　二、市商文明共蕃　　268

第七章 強勢清場逆商　273

第一節 整體清場　276

　　一、正邪對決清場　　276
　　二、整體對決清場　　289

第二節　局部清場　297
　　一、局部清場法理　　298
　　二、局部降維清場　　304

參考書目　326

前言

無論是政界、商界，還是其他各界，把握不好人類文明發展大勢，就只能是試錯、犯錯，或者是一錯再錯。在人類歷史百年、甚至千年大變局面前，沒有神人、聖人，只有普通的人。此書揭示和平或戰爭選項規律等的目的，就是針對每一個人，不是不會使您犯錯，而是能夠及時止錯、糾錯。

2022年2月24日，俄羅斯大軍開進烏克蘭，試圖佔領基輔；2023年10月7日，哈馬斯極端組織突襲以色列，殘忍屠殺平民。兩大事件都是暴力，古之有之，從未間斷，短時期也不會終止，但終將會終止。

從財富角度看，今天的人類文明是易利市商文明，也是人類普遍財富欲望報酬遞增的自發文明。正如《財富遞增：易利市商化自發經濟文明》一書指出的，近現代已經昭示：易利市商文明程度越高的國家，經濟發達指數就越高；越是較早進入易利市商化文明的國家，就越早進入發達國家行列，以此排序，線條十分清晰明顯。從全球化角度來看，市商文明已形成浩浩湯湯之大勢，順之者昌，逆之者亡。第二次世界大戰後，市商化資本主導的易利文明在全世界已經取得壓倒性優勢；21世紀後，則取得了壓倒性勝勢。可以斷言，對逆商的清場只是形式不同而已，是戰爭還是和平，在很大程度上由逆商國家來決定。

透晰本書揭示的文明升級轉型和平與戰爭選擇原理、動因和內在邏輯，就很容易理解俄羅斯與哈馬斯為什麼會做出違背人類文明發展大勢的逆行。俄羅斯與哈馬斯基本都處於逆商狀態，一個

是正在加速逆市商化轉型，一個是極端的逆市商化，而且都是以市商文明較高國家為敵。這，才是根本。

俄羅斯或哈馬斯，以及與之類似的治理政體或組織的命運，不管是其願意還是反對，都不由他們的意志決定，凡是極端逆商，尤其是治理政體極端逆商都將被市商文明清場，而且是以戰爭的選項予以清除。

作為每一個人，就是你我他等都是普通的人，政界、商界，還有其他各界，沒有高層或底層之分，只有理性或非理性認知之別。幸運之神會永遠站在對大變局、大趨勢有理性而深刻認知的人一邊。如果您不幸站在另一邊，損失的則不僅僅是財富、機會或地位，更可能是自己寶貴的生命。

祝福每一個人都是幸運者。

第一章 人類文明升級

追溯歷史，我們會恐懼人類曾經經歷的零和遊戲和財富零增長陷阱。

一個令人非常遺憾的事實是：萬餘年人類財富文化史，95%以上時間處於零和遊戲困擾之中；7000多年的人類財富文明史，90%以上的時間都陷在「零增長陷阱」難以自拔。所謂「零和遊戲」、「零增長陷阱」就是非市商文明。

人類文明跨過財富「零增長陷阱」、消除「零和遊戲」，升級進入市商文明非常不易。經過96.86%歲月痛苦的零和及零增長的煎熬，人類依靠自身的智慧和犧牲，才自發創造出偉大的市商文明。雖然市商文明的時間僅為人類財富文明史的3.14%，但慶幸的是，今天，已經成為人類文明的主體。由此，人類才得以徹底擺脫獸性，成為真正文明意義上的人。人們發現，原來在和平易利中也會贏得財富、創造財富。正是也只有是在市商文明中，人類整體才會實現財富遞增，人們才變得越來越富有，絕大多數生命個體才會越來越幸福。

西方從15世紀起，易利尤其是貿易和商業有了擴展，這被人們稱之為商業革命。300年後，發生了第一次工業革命，之後又接續發生了第二次、第三次工業革命，人類財富持續不斷增長。背後起主導作用的，正是不斷完善的市商化資本主導的易利經濟文明。以1990年美元的購買力為收入的標準，1950年荷蘭的人均GDP為5,996美元；2010年荷蘭的人均GDP為24,303美元，增長了305%。這種財富遞增，沒有靠新的戰爭掠奪，也沒有靠舊的

殖民地貢獻。因為荷蘭已失去了荷屬東印度群島等殖民領地，他們不用再派年輕人去打仗，派一大群官僚去管理這些殖民地。那麼奧秘是什麼？很簡單，就是易利，靠自主、平等、協商、自願的易利，也就是《財富遞增》（王飆著，博客思出版社，2024年版）一書所定義的市商文明。不要小看這個市商文明，它實現了人類的文明升級，實現了永續性財富遞增。現在，如果荷蘭人想要印尼的東西，購買即可，不用在異國他鄉的土地上拋灑鮮血。事實證明，市商化易利，包括貿易，對荷蘭人更有利，對印尼人也更有利。印尼的人均GDP（同樣以1990年的美元計量）從1950年的817美元到2010年的4,722美元，增長了478%。

法國國際仲裁組織的創始人、諾貝爾和平獎第一位得主弗雷德里克·帕西認為，儘管有太多的悲慘例外，但人類發展的主流趨勢仍然是和諧與普遍一致的規則，這在人類團結友愛的高尚理想中表達得淋漓盡致。這種主流的精髓就是市商化易利。沒有市商化易利，全人類或沒有或不再友愛，而會是反目成仇。正是通過市商化易利，人們才學會理解和關愛他人。市商化易利讓利益彼此協調，而這種協調又能啟迪人們，推進財富遞增與利益協調守恆。帕西指出，沒有（市商化）易利，每個人都固守一隅，與全宇宙疏離，某種意義上，落在了世界之外。禁止和限制市商化易利的理論不僅宣揚隔離與荒廢，更迫使人類陷入敵意和仇恨。[1]

日本前首相岸田文雄曾提出「新資本主義」概念，就是資本主

1　湯姆·帕爾默：《帝國與戰爭的政治經濟學》，風靈，2017年6月7日。

義的升級版。這裡所謂的資本主義,定義長期謬誤,依據《財富遞增》一書所定義的,就是資本主導的市商化易利。關於資本主導的市商化易利歷史,按照岸田的觀點,經歷了「從自由放任主義到福利國家、從福利國家到新自由主義」這種「重大轉變」。所謂新資本主導的市商化易利,從日本看,就是以人才、科學技術與創新、初創企業、綠色數字為支出產業,促進國民以儲蓄轉為投資,推動雇傭的流動、兼職化和副業,擴大研發幫助金以吸引國外大學及風險投資等。其核心就是以「新」促進經濟增長、財富創造,造福國民。[2] 當然,這只是表象,而從本質上看,市商化易利中的資本,就是能夠創造財富的財富,這種財富能夠實現財富的自我繁殖。這也充分說明,實現財富遞增的市商易利也是在不斷發展完善和進步的。毫無疑問,這是人類的福祉,是人類自己創造的文明所帶來的福祉。

第一節 自發文明

在西元 13 世紀到 18 世紀中,歐洲大部分地區的習俗沒有明顯的不同,但是從 15 世紀開始,就發生了建立一種新文明的運動。這個文明顯然與封建文明不同甚至可以說是貪得無厭的。在這個

2　岸田文雄:《我的新資本主義是升級版》,日經中文網,2022年5月6日。

文明中個人自由接替了相互義務而成為一種指導原則，而且冒險投機追逐財富、獲取財富的吸引力顯得勝過習俗的魔力。這個文明誕生的伴隨現象包括：農奴的解放、勞動力新的流動、中等階層的產生、文藝復興、宗教改革，以及由於大西洋航線的發現所引發的商業易利革命等等。在過去，暴富往往被人們譴責為罪惡的標誌，而現在則往往被人們讚譽為德行的象徵了。[3] 是的，一個商業易利既有威勢又有自由的文明出現了。這個文明就是市商文明，當然包括其雛形的資本主導的市商文明。

市商文明是自發文明，不是人的設計或有意識組織而成。實際上，人類自誕生以後，所有的發展都是自發形成的。不少學者早已論證也是被人類實踐所證明：所有以崇高理想為藉口而對人類發展進行設計並組織實施，都是烏托邦，都是人類的災難；都是發起者以犧牲他人為代價，在向其標榜的理想奮進中，實現其自身私欲的滿足，包括財富及其享樂的滿足，從而阻礙文明的發展進步。今天，這一點已不言自明。

在學者中，特別執著堅守自發經濟文明概念的是奧地利學派。1944 年，哈耶克在英國出版了《通往奴役之路》。針對當時西方知識界存在的崇尚蘇聯計劃經濟思潮，哈耶克指出，由於人類知識的有限性，包括促進人類財富創造的制度與秩序文明從來都是靠自發、累積和試錯來選擇和演進的，而非人類有意識的設計。

3　哈孟德著，韋國棟譯：《近代工業的興起》，商務印書館，1959 年版，P.150、51。

計劃經濟意味著國民被一個「全知全能」的治理政體組織起來，去實現一個絕對的集體目標，因而不需要任何自由思想。它不僅是沒有效率的，也必然是不自由的。[4]哈耶克指出，徹底的自由至上必須以主觀價值論為基礎，於是一般均衡或「看不見的手」才是有意義的。尤其是其擴展秩序的概念，主要包含兩個方面的重要內容：第一，它必須是「自發的」，非人為設計的。為了強調這一點，哈耶克曾長期使用「Spontaneous Order」這個詞，即「自發的秩序」。而任何人為的整體設計都會最終破壞這一秩序的「創造性」。哈耶克說，羅馬帝國的貿易擴展是人為的擴展，其衰落是必然的。第二，它必須是「不斷擴展的」，從家庭內部的分工，擴展到部落之間的分工，再擴展到國際分工，……。直到全人類都被納入這個合作的秩序內。[5]實際上，只有當暴政運用暴力壓制一切異己，使人類生命個體變為可操作的工具，把眾國民的無數智慧簡化為一個獨裁者的一人智慧，才會出現所謂的人為設計的秩序。但這種秩序不會創造文明，也不會發展文明，只會使文明退化，因而是斷絕人類基因延續的機制。顯然，這是人類自身延續所不能容忍的。「擴展秩序」是哈耶克自發文明理論的核心概念。在其生前最後出版的帶有總結性的著作《致命的自負》一書中，哈耶克提出了「人類合作的擴展秩序」的概念，以此代替他此前曾長期使用的「自發秩序」概念。這是其用於概

4　景凱旋：《奧威爾VS哈耶克》，共識網，2013年5月24日。
5　汪丁丁：《「資本主義」的實質是什麼》，四川大學哲學研究所，2008年7月19日。

括自由市場秩序的獨特概念。「人類合作的擴展秩序」概念具有三層含義：它是一種自發演化而非人為設計的；它是一種基於競爭和普遍交往關係的人類合作秩序；它是一種由簡單的小群體而複雜的不斷進化的擴展秩序。擴展秩序產生於易利過程。易利系統是一個未經設計而從人類互動關係中產生的結構。哈耶克強調，按照現代經濟學的解釋，人類交往的擴展秩序，產生於一個超出人類的視野或設計能力的選擇的變異過程。斯密的「看不見的手」，揭示了處於人們的知識以外而使人類經濟合作井然有序的方法。在易利秩序中，人們不自覺地通過市場交換中的價格機制而行事。素不相識的人們相互易利，人們既不瞭解自己所滿足的那些需求，也不瞭解其所獲得物品的來源。這些易利活動之所以成為可能，只是因為人們處於一個巨大的經濟、法律和道德的制度及傳統架構之中，人們通過服從某些自生自發的行為規則，而適應了這個架構。在這種擴展秩序的抽象規則架構內，財產分立而利益殊異的人們通過競爭而達成合作。競爭是一個發現的過程，是一種包含所有進化過程的方法，它使人類不知不覺地對新情況作出反應。人們通過進一步的競爭，逐漸提高了效率。為了使競爭造成有利的結果，要求參與者共同遵守統一的規則。惟有這種抽象規則能夠結成一種擴展秩序。哈耶克的「人類合作的擴展秩序」揭示了人類通過競爭而達成合作的規則整合的市場秩序。[6]這種秩序正是財富遞增的市商文明的集中體現。反過來說，

---

6 高力克：《市場的秩序如何形成：哈耶克的道德進化論與當代中國的道德轉型》，韋伯研究，2023年8月3日。

只有在自發形成的市商文明的維度裡，擴展秩序才成為可能，才會發揮作用。

在市商文明中，易利經濟中的分工與交換體系作為一個不斷成長和擴展的經濟秩序，是人類迄今所能發現的最有效率的財富流向優選方式，這是自亞當·斯密、門格爾到哈耶克乃至當代許多經濟學家所共同認定的一個基本理念。西方世界近代的興起，乃至當今世界經濟的全球化，從一個視角看，都是資本主導的市商化易利經濟分工和交換體系不斷擴展的結果。哈耶克闡明這樣一個道理，有著分立知識和有限理性的市場參與者，通過運用價格機制這種資訊裝置，會在人類歷史發展長河中增加人類福祉。在哈耶克看來，並不是市場競爭在短期中不出問題，會時時有效率和處處均衡，而只是從人類文明長期演變過程來看，它是一種自發演化生成的、最不壞的且不斷擴展的增進人類福祉的財富流向優選方式。在《致命的自負》中，哈耶克甚至上升到道德的層面來論述市場交易體制的優長。[7] 從這些論述中，我們還會看到，只有在市商文明，包括資本主導的市商文明，擴展秩序才有意義。沒有市商文明，任何有利財富遞增的秩序都不會產生擴展。

一、市商文明源頭

市商文明源頭是易利，只有易利才能發展出市商文明。易利比

7　韋森：《重讀哈耶克》，貓眼看人，2011年10月6日。

國家要古老的多，無論易利的形態是什麼。至少易利在財富出現的時候即已出現，甚至可以追溯到石器時代。在歐洲，就存在著至少3萬年以前舊石器時代遠距離易利的證據。在8000年前，安納托利亞的加泰土丘和巴勒斯坦的傑裡科，甚至在陶器和金屬交易出現之前，就已成為黑海和紅海之間的易利中心。伴隨農業革命的出現，易利則日趨興盛。有考證指出，在西元前7000年的後期就存在著水路和陸路網路，把米洛斯島的黑曜岩運往小亞細亞和希臘內陸。甚至在西元前3200年以前，就有廣泛的貿易網把俾路支（位於西巴基斯坦）和西亞各地聯繫在一起。王朝時代以前埃及的生計有著可靠的貿易基礎。據考古學證據，使後來的古典文明得以迅速發展的易利大擴張，也是出現在從西元前750年到550年這200年裡。在同一時間，易利擴張似乎也使希臘和腓尼基貿易中心的人口有了迅速增加。[8] 華夏易利的傳說同樣久遠，堯舜都是易利的先行者。當然，遠古的財富關係中，甚至在中世紀前，易利都不占主導地位，處於主導地位的是掠奪和共用。即使在易利中，市商化也是近現代的事情。之前的易利主要是霸凌式易利。

1. 追溯：市商化易利自發演變。作為類市商化的古希臘，得益於易利的發展與繁榮。西元前五世紀初年，阿提卡區仍然是一個農業和畜牧業的國家，在塞密斯托克利斯的努力與宣導之下，雅

---

8 哈耶克：《市場的進化：比國家更古老的貿易擴展文明秩序》，勿食我黍，2019年4月3日。

典才確定了易利向工業活動方面去發展,使雅典及其四郊與港口工業的興起和繁盛。自由手工業者人數越來越多,直到在議會中與農民相抗衡,不久就超過了農民。這種工業勞動的發達,既保證了雅典類市商化治理政體的形成,也對易利經濟生活產生了極大的影響,至少,在希臘本部,手工業工人的勞動是貿易的首要條件。[9]而作為自主、平等、協商、自願的市商化易利,其雛形最早也只能追溯到13世紀。19－20世紀中葉的研究者通常將15－16世紀視為歐洲文明從中世紀向現代或從封建主導向資本主導的易利轉型的關鍵時期。人類學家麥克法蘭在1978年出版的《英國個人主義的起源》一書中,較早提出英國從農業文明向非農業文明的轉變始於13世紀的觀點,也就是由封建主導向市商化資本主導的易利的轉變。麥克法蘭認為,區別封建主導與市商化資本主導的關鍵性表徵就是「所有權、生產及消費的單位之性質」,即兩者的區別主要是所有權、生產及消費單位是個人本位還是家庭本位。主張這一過程早在黑死病之前甚至13世紀已經開始。從那時起,個人所有權導致了英國活躍的土地市場。英格蘭在這一歷史階段中,發生著家庭的時空遷移和土地的買進賣出。僕人和雇工在13世紀已經頗為重要。所有的證據都表明,正是雇傭勞動力,而非子女或其他親屬,在補充著丈夫與妻子的勞動。有鑑於此,13世紀以來土地的個人財產權和對工資勞動的廣泛使用成為英國個人主義起源的物質基礎,也是英國走上與其他國家迥異

---

[9] 杜丹著,志揚譯:《古代世界經濟生活》,商務印書館,1963年版,P.59。

的個別和特殊發展道路（即資本主導的易利經濟文明）的重要基礎性原因[10]。這裡的所有權、個人財產權和雇傭勞動等概念非常重要，都是市商化易利的基本要素。沒有所有權尤其是個人財產權，無論財富歸屬如何，都不能實現財富遞增，也就是財富不可能成為有效的創造財富的財富；沒有雇傭勞動，人力就不可能作為易利的要素，市商化易利更難建立起來。此外，一個引人關注的特殊事件是，英國《大憲章》恰恰誕生在13世紀。她的誕生既是偶然，也是必然。不管怎樣，她的誕生與麥克法蘭所描述的13世紀這些狀況不無關係。

英國率先出現市商化資本主導的易利雛形，並非偶然。其得益於西歐特殊的易利文明。傳統定義西歐為海洋文明，而海洋文明的本質是易利，其外在形式是商業。在西方，一個城市形式的構成，以商業易利文明為特徵；一個城市的市場是公共生活的中心，希臘人以市場為公共集會的場所，羅馬人以市場為舉行裁判和市民集會的場所。腓尼基、希臘、敘利亞、迦太基和羅馬的商人們都從事大規模的貿易，他們由於使各種商品的生產都有所增加，在經濟生活的演進中起了很大的作用。羅馬帝國在其強盛時期，商業易利十分繁榮，也有非常好的易利基礎設施。直到羅馬帝國衰亡，商業都沒有停頓，不僅擴張了，而且改進了經營方法。但自西元493年，西羅馬帝國滅亡後，商業易利幾乎與之一

---

10 徐浩：《歐洲文明的現代轉型——以轉型、大分流與小分流的爭論為中心》，天津社會科學，2024年2月4日。

同消失，在中世紀某個時期，商業易利幾乎歸零。自然經濟佔據著統治地位，土地幾乎是財富的唯一來源。作為世俗治理的主要載體的教會，主基調是譴責商業易利。教會認為商業追逐利潤，是褻瀆神靈之舉。但是無論世俗生活還是宗教生活，都不可能完全去易利化。商業易利不可能完全歸零，因為莊園不可能做到完全的自給自足。例如：食鹽，是生活不可或缺的必需品，即使教會的神職人員也離不開它，但它不是莊園能生產的。14世紀初，一位法國的修道院院長在他的《商人的箴言》中這樣寫道：「沒有國家能夠只靠自己管理自己，這也就是為什麼商人們要出去工作，顛簸勞碌。他們的國家缺少什麼，就將其帶到所有的王國去，因此，人們必須要做的是，永遠不要在沒有緣由的情況下，苛待他們。因為商人在海上由此地到彼地為國家提供供給，這使得他們受人愛戴。」從易利文明的角度看，恰恰是這種「愛戴」形成了東西方大分流的主因。對商人的態度，決定了文明進化的速率與方向。在西方文明中，幾乎從沒有對商人懷有惡意，由此易利不管遭受任何劫難，也可以浴火重生。在中世紀後期，商業易利與城市一道突然興起，可謂如「星星之火」瞬間燎原。而商業復興的最早基地則是南歐的地中海和亞得利亞海沿岸，北歐的北海和波羅的海沿岸。與所謂的海洋文明十分契合。

2. 溯源：從城市興起的市商化。按照羅伯特·L.海爾布羅納、威廉·米爾柏格的觀點，現代市場文明肇端於意大利和荷蘭的中世紀城市，這一進程與發展從10世紀開始，一直延續到17世紀。

這首先得益於冒險的行商,這些冒險家商人從一個城鎮(市)到一個城鎮(市)地兜售他們的商品,也是他們使城鎮(市)、莊園的居民與外界建立了聯繫。在 1331 年 5 月,有 36 名行商造訪了佛開奎爾,在公證人的家裡和商店裡辦理業務。於是,在這上千個相互隔離的群體居住點之間,慢慢地編織了一個相互依賴的易利經濟網路。在中世紀,歐洲產生了 1,000 多個城鎮(市),極大地刺激了生活的商業化和貨幣化。每個城鎮(市)都有地方商業中心,通常還有造幣廠、穀倉、商店、酒吧和旅館。城市的緩慢的自發性增長,是導致市場氣氛滲入歐洲經濟生活的主要因素。[11] 自 12 世紀始,作為行政首都的倫敦,逐步發展成為一個經濟大都市。倫敦人的進步不僅僅依賴壟斷,而且依靠他們在易利經濟上獲得的與進口商和批發商直接打交道的優勢,這是地方商人和消費者所欠缺的。倫敦人能夠降低交易費用,一個方法就是充分利用他們的情報和資訊收集體系。這從 15 世紀七八十年代塞利家族成員所寫的信件中得到證明。有關價格、地方性供應過剩和短缺或者競爭對手活動的資訊使得倫敦商人能夠做出快速反應以贏利。[12]

從 10 世紀開始,歐洲的城市人口逐漸地增加。歐洲的城市與東方城市不同,它是工商業城市,而且是自主自由的城市,核

---

11 羅伯特·L. 海爾布羅納、威廉·米爾柏格著,李陳華、許敏蘭譯,《經濟生活的起源》,格致出版社,2011 年版,P.38、39。
12 克里斯多夫·戴爾著;莫玉梅譯:《轉型的時代:中世紀晚期英國的經濟與社會》,社會科學文獻出版社,2010 年版,P.189、190。

心是以易利為主導的城市。城市居民擁有對自己易利的經營權或一定程度的經營自主權，領主只從城市居民的經營收入中徵收捐稅。領主們從一開始就把城市的工商業者們作為私營企業看待，給與一定的自主權。而自主是市商化易利的重要特點。在 12 世紀時，由於對其毛紡織品的需求巨大，所以整個法蘭德斯成了一個紡織匠和漂染匠的天下。同時，它還必須進口、特別是從英國進口羊毛作原料。隨著商業的發展，集市在歐洲越來越多。集市是商人們定期集會的場所，是商品交易的中心，特別是批發交易的中心。最出名的集市是法國的香賓集市。來自歐洲各地的商人們彙聚在此，帶來了各自的商品，也帶來了各自的貨幣，以至香賓集市被稱為「歐洲的貨幣市場」；商人們在這裡進行著複雜的易利。複雜的易利導致了信用機構及匯票的出現。從 10 世紀開始發展，到了 13 世紀時，從地中海到波羅的海，從大西洋到俄羅斯，整個歐洲都已敞開了國際貿易的大門。國際貿易從北方的尼德蘭（法蘭德斯所在地）和南方的意大利這兩個中心開始，延伸到整個歐洲海岸，再由海岸逐漸深入到大陸腹地。經過幾百年的發展，到中世紀後期，貨幣在歐洲經濟生活中的地位和作用，已大大超過了中世紀初期的狀況。商業信用也發展起來。在 11 世紀時，一些商人已經擁有了較強的實力，開始進行融資，貸款人將從借款人的商業利潤中獲得一定的比例。同時，海上保險業也發展起來了。到 12 世紀，在意大利所有商業城市裡，信用票據已經占了重要的地位。意大利出現了中世紀歐洲最有實力的銀行家。

不僅是商人,歐洲各國的國王、貴族、主教、寺院住持都是他們的借款人。[13] 可見,今天的所有體現資本主導的市商化易利的市場工具,都是在易利的自發演變中創造出來的。

1230 年代,在德國北海城市盧貝克的領導下,波羅的海的新興城市和北海的港口城市結成了一個同盟,這就是歷史上有名的「漢撒同盟」。「漢撒」在古德語中是協會的意思,即已體現易利市商化中一個非常重要的觀念——協商觀念。同盟從事西歐、北歐和東歐之間的仲介貿易,在北歐易利中起著領導作用。漢撒同盟的商船從波羅的海出發,向西到達英國、西班牙和葡萄牙,向東到達俄羅斯、波蘭,甚至把商業文明帶到還處於原始野蠻狀態的地區,從而推動了這些地區文明的發展。在歐洲的中世紀,經商,尤其是從事海上貿易會遇到各種風險,但是商人們在利潤面前決不會因有風險而停止自己的事業。13 世紀時,從南歐的地中海到北歐的波羅的海,從西歐的大西洋到東歐的俄羅斯,整個歐洲的商路由海洋聯結起來,形成一股強大的商業浪潮。而商業的繁榮,必須有工農業的支持,同時也會推動工農業,尤其是手工業的發展。因此,一些內陸城市的易利經濟也就借此機會發展起來。著名的佛羅倫斯,是一個沒有港口的國家,但它發展傳統的優勢工業——呢絨業。它把自己的產品,外銷國外,然後又在工業的基礎上,發展起金融業,終於成為全歐首富。萌芽時期的

13　張曉群:《歐洲中世紀城市:資本主義的胚胎——「資本主義如何在歐洲產生」》,2009 年 8 月 14 日。

市商化資本主導的易利經濟,最終沖毀了封建莊園制,並結束了中世紀,把整個西歐帶入到新的易利經濟發展軌道。其中貨幣發揮了獨特的作用。莊園主為了滿足個人的欲望,很願意把實物地租改為貨幣地租。12世紀中葉,在法蘭德斯就已見到莊園制解體的跡象;13世紀時,已流行貨幣地租,莊園制也隨之開始崩潰。原來只是滿足莊園本身需要的經濟,開始日益和市場掛起鈎來。由於商品範圍的擴大和貨幣流通量的增加,誕生了銀行業和信用業。1260至1347年,佛羅倫斯的銀行有80家。意大利的銀行幾乎管理著全歐洲的財務。[14] 至此,資本主導的市商化易利雛形已展示在人們面前。從易利文明的角度看,西歐文明已遠遠領先於世界其他地區。

到14世紀末葉,在城市易利經濟的帶動下,農業的資本主導的市商化易利萌芽悄然興起。封建領主對農民的控制大為放寬,舊莊園制度正在蛻變為一個空殼。事實上多數農民不再像一百年前他們的祖先那樣貧困了,他們所占土地的面積較前擴大了或者土地品質較前提高了,用作牧場的空地也大為擴展;更為顯著的變化是手工業特別是織布業這種新型易利經濟形態在農村發展起來。他們經常出入市場,出賣他們生產的農產品和畜牧產品,同時買來各種日用品以滿足自己逐漸增長的需求。到中世紀晚期,富裕農民經濟的持續擴張過程,就是資本主導的市商化農場易利的經濟替代封建地產經濟的過程。同時,以此為基礎,在資本主

14　張椿年:《海洋文明與中世紀西歐社會轉型》,前線網,2012年8月21日。

導的市商化農場易利中富裕起來的農民精英階層在地方事務中的政體治理作用,也令人矚目。最遲到 15 世紀中期,他們實際上控制了鄉村的司法和行政事務。據統計所及的 63 個貴族,在 16 世紀平均年收入降低 26%;每個貴族平均擁有的莊園數也從 54 個下降到 39 個。顯然,這更加有利於資本主導市商化易利經濟的發展。事實上,在資本主導的市商化農業易利中富裕起來的農民精英階層與鄉紳、騎士的身份界限越來越不明晰。最重要的變化是,以新的土地經營方式為特徵的租地農場主不僅包括傑出的富裕農民、鄉紳,還包括改變了經營方式、不斷融入到資本主導的市商化農業易利經濟中的騎士;不久他們與越來越多的樂於投資土地的商人和企業主找到了共同的語言,實際上融為一個階層,他們一般被稱為鄉紳。在歐洲西部,一個農村第三等級出現了。侯建新指出,這個新的融為一體的士紳,與其說是地主不如說是農業資本家。他們最關心的是羊毛和麵粉的市場價格、工資水準,他們獲得剩餘價值的正常形式已經不是地租,而是租地農場的市場利潤。他們正在成為農村新的統治者。[15] 無疑,這十分有利於農業的易利經濟的持續市商化。

二、市商文明奇點

西歐早期的城市是最早以易利(經濟建設)為中心的地方,各

---

15 侯建新:《西歐富裕農民——鄉紳階級形成與農業資本主義的興起》,中國世界中世紀史研究網,2009 年 8 月 15 日。

行各業全部圍繞易利忙忙碌碌，包括治理政體，沒有任何例外，這才是人類正業。

市商化資本主導的易利贏得城市的青睞，在中世紀歐洲商業復興的背景下，城市的政策是促進集市繁榮並向交易所轉變的重要原因。城市當局不遺餘力地保障各地商人享有平等的經商權利，建立相關的法律制度並使之不斷完善，千方百計在生活和宗教活動等方面提供方便，以此吸引國內和外國商人。而平等，正是市商化易利經濟的重要特徵。在集市的推動下，這些城市的商業日趨繁榮。中世紀末，隨著商業的復興，集市的形態、功能等逐漸發生改變，其不再是短暫的商人聚會的場所，集市開始向長期的、固定的、綜合的交易所轉變，尤其是大規模集市更是如此。15世紀末，尼德蘭的安特衛普集市首先開始向交易所轉變，成為西歐集市向交易所轉變的標誌。16世紀末，阿姆斯特丹交易所的建立成為西歐商業向近代轉變的重要標誌之一。資本主導的市商化易利日趨彰顯。安特衛普和阿姆斯特丹的商品交易所是西歐商業史上的里程碑。集市的繁榮和轉變是中世紀歐洲易利經濟史上重要的歷史事件，也表明歐洲經濟從此開始重大轉折。它代表著經濟向資本主導的易利經濟方向發展的趨勢，即工農業以交易所為紐帶結成緊密關係和以城市為中心的市商化易利經濟格局的形成。從此，城市成為工商業中心和資本交易中心。16世紀末，商品種類有所增加，包括從印度進口到安特衛普的胡椒和鯡魚。這些商品交易期限以東印度船隊的到達時間為準。交易所裡終日人

頭攢動,「每天約有 5,000 人在此交易,港口裡經常停泊著 2,500 艘船,進出港的船隻日均 500 艘左右」。[16]15 世紀,在商業,尤其是對外貿易的推動下,市商化資本主導的易利經濟終於代替自然經濟佔據了統治地位,從此西歐文明進入了一個新時代。在這個新時代裡,新興的市民階層已作為一股獨立的力量出現於公眾視野,在市民階層的支持下,王權開始得到加強。商人也要求有代表全國治理政體及其秩序的王權,以利市商化資本主導的易利經濟的運行與發展。商人和王權終於走到一起,商人在金錢上支持國王,國王在政治上確認商人的地位,在英國、法國,富有的商人作為市民的代表出席了國會。在思想觀念方面也發生了變化。在莊園經濟時代,基督教卑視財富,而在市商化資本主導的易利經濟時代,人文理念宣導者宣揚:人是塵世的上帝,財富是國家富強的基礎。與莊園不同,城市國家的財富,來自商業易利的利潤。所以商人有著很高的地位,尤其把海外經商看成是人們具有崇高身份的象徵。[17] 今天,易利的市商化終於結出市商文明之果。

1. 災變:作為歷史機遇的黑死病。考察市商自發源頭及易利文明升級發展,不能不提及給歐洲造成巨大災難的黑死病。黑死病既是歐洲的災難,也是人類文明發展的一次重大的機會。黑死病在使歐洲的人口驟降的同時,不僅提升了人力資本價值,而且使資本主導的市商化易利的發展進一步加快。黑死病後,濃厚的

---

16 寧凡:《15－16 世紀歐洲集市的轉變——以尼德蘭集市為例》,歷史與秩序,2024 年 2 月 20 日。

17 張梧年:《海洋文明與中世紀西歐社會轉型》,前線網,2012 年 8 月 21 日。

懷疑情緒籠罩著歐洲。政體治理上，在這種濃重的懷疑情緒下，意大利南部的威尼斯共和國，正由獨裁王權向貴族參議院和公民大議會聯合的市商化過度，而商業作為獨立的力量，也悄悄地在15世紀的威尼斯興起。威尼斯商人利用在歐洲獨特的水上交通優勢，從事西歐與富裕的拜占庭及伊斯蘭之間利潤豐厚的國際間易利。在歐亞大陸較為和平的15世紀，使得威尼斯及其他沿海歐洲城市的商業易利能力逐漸增強，並以商業易利所獲巨額財富強化了歐洲人對商業易利能力的追求。這種追求，還由於15世紀開始的歐洲人口的恢復性增長、城市發展帶來的欲望的膨脹，以及對因貿易而瞭解到的世界一些地區（如中國、印度等）巨額財富的嚮往，特別是相比於膨脹起來的欲望所促使的消費能力的增長來說，此時的歐洲是一個物產相對匱乏，大多數商品（如香料、絲綢、奢侈品等）歐洲不能自給自足。由此，驅動歐洲商人開始去尋找新的交易物產地、新貿易路線、新市場和新產品。尤其是那些關於在世界東方到處是黃金的馬可波羅傳說，更增強了歐洲人發財的狂熱夢想，構成了歐洲商業易利能力成長的內在驅動力。也就是說，資本主導的市商化易利的內在驅動力，也是財富遞增的核心動力源聚合而成了。這是前無古人的歷史性創舉，也是市商文明的內核被創造出來了。

　　商業力量的興起，使處於被稱作黑暗中的中世紀歐洲人，在壓抑中，終於找到了除掠奪之外，另一種獲取財富的新方法。這就是資本主導的市商化易利。重要的是，商業易利力量的興起，

使其自然人主體開始成為歐洲城市的主宰者,他們通過經商或放貸累積了龐大財富。在當時,相比來說,收取利息要比經營商品能賺取更多的利潤,而且還使在資本主導的市商化易利中暴富起來的精英,得以依靠聰明的腦袋,觀察政體治理、貿易、金融的相互作用,然後判斷在何時、以何種方式進行干預。這種憑藉擁有的大量貨幣和資本而對治理政體、貿易和金融進行干預的行為,產生了重要的市商化成果。第一,貨幣和資本從一般的商業事務中脫離出來,成為獨立的經濟力量。第二,擁有貨幣和資本的人,使自己從土地和商業交易中脫離出來,成為超越教會、王室、貴族階層的新型人類——歐洲的第三等級(僧侶、貴族為第一、第二等級),實際上是拉平了各個層級的差別,為進一步實現各階層的平等創造了條件,且握有資產的階層可用手中的貨幣和資本去影響其他階層,而且證明,一個人可以不訴諸武力、不利用身份的尊貴而變得富有且擁有權力。第三,貨幣和資本的力量使宗教(基督教)無法逆轉地失去了其在歐洲的權力和至高影響,人們越來越多地將生活看做是一種可解釋、可計算、可測量、可憑自己的努力和才能去把握的系統,且這種自覺性使歐洲人開始擁有遠離非理性的力量。[18] 這就是資本主導的市商化易利的神奇力量。人們看到,資本這個創造財富的財富,它一經出現,就顯示其強大的力量,使任何非市商化因素都被同化,納入到市商易利文明之中,任何強大的力量在與它的較量中,都將被擊

---

18 麟史通鑒:《歐洲在蕭條中醞釀著變革的動機及平等精神的覺醒》,互聯網,2022年1月15日。

敗。沒有其他原因，其魔力所在，就是它是創造財富的財富，能夠將眾多不認識的人組織起來，創造企業這種形式，為無數現在的就業年齡段和未來進入就業年齡段的人們提供就業崗位，為人類帶來現代文明和福祉。任何反對資本的人非傻即壞，不會有第三種情況的存在。

2. 奇點：聯合王國的歷史性貢獻。到 1300 年，英格蘭的城鎮（市）已達 500 個，幾乎占到歐洲城鎮總數的二分之一。到 15 世紀末，英格蘭共有 780 多個市場，其中三分之二是鄉村市場；城鎮的外來人口增加了近 70%。雇傭市集早在 1351 年就已出現，尋找工作的人和雇主可以由此碰面。此外，許多鄉村人口，尤其是小土地持有者，全部或大部分依賴手工業和商業易利為生，他們從事非農業職業的時間占到總工作時間的大約五分之一以上，使得城鎮鄉村產品供需兩旺，擴大了商業易利的規模。[19] 貨幣易利經濟進入莊園，土地市場在擴大。尤其是，至少自 13 世紀起，英國絕大多數的普通人是不能控制的個人中心論者，在地理上是高度流動的，在經濟上是理性的，以市場為方向及獲利為原則，在血緣關係和群體生活中以自我為中心。加上類市商化的中央治理政體遠遠早於其他國家出現等等有利因素，使英國成為市商化資本主導的易利文明爆發的奇點。此後，易利經濟擴張了，古代城市的紐帶破裂了，市商化易利中的資本力量開始主導一切。手工業

---

19 克里斯多夫·戴爾著；莫玉梅譯：《轉型的時代：中世紀晚期英國的經濟與社會》，社會科學文獻出版社，2010年版，P.215、23。

行會不再封閉自己,而是向更多的團體開放;法庭開始支持商人經商,英國也沒有一個商人等級制,商人團體屬於開放性團體。而且在英國商人中,具有上流階層地位的新成員的高比列是驚人的,貴族新成員的比列遠遠高過鄉紳的比列。在都鐸王朝時期,外貿吸引了 3 / 4 的貴族學徒。在那些涉及批發和零售的行業,在非體力勞動的行業,貴族出身的學徒占到全體新會員的近 1 / 3。商人的地位有了前所未有的提高,商人集團在不斷地膨脹。在斯圖亞特時期,沒有特權的商人不斷攻擊壟斷的商業貿易組織。在 17 世紀,由於貿易利潤的巨大增長,吸引無證照者與特許公司展開了激烈的競爭。1698 年,治理政體剝奪了商人冒險公司在特許地區進行的呢絨貿易的壟斷權,而且英國大多數貿易公司的壟斷權被陸續取消。同時,商人參政日趨普遍。自 16 世紀起,英國商人出任城市行政職務開始成為非常普遍的現象。在 17 世紀以後,市長、郡治安官和國王的侍從這樣重要的職務也都由商人佔有。在工業革命之前的幾個世紀,英國商人出任上下院議員或地方議員是司空見慣的現象,使議會組織結構發生重大變化。[20] 從而為市商化資本主導的易利經濟逐步掃清了道路,市商化開始成為易利經濟的主導秩序。

作為市商文明爆發奇點的英國,其毛紡織業的發展,主要是由於採取市商化資本主導的易利經營的結果。15 世紀中葉,英國毛

20　張衛良著:《英國社會的商業化歷史進程》,人民出版社 2004 年版,P.41、201、216、217、221。

紡織業中已經出現了分散的手工工廠。這種手工工廠最初見於行會勢力比較薄弱的農村，後來逐漸發展為集中的手工工廠。16世紀時，集中的手工工廠如雨後春筍出現於各大城市。倫敦之西的紐百里有一個屬於約翰·溫徹康布的呢絨手工工廠，擁有雇傭工人千人以上，工廠內部有較細緻的分工，如紡工、織工、梳毛工、修整工、染工、砑工等等。除毛紡織業外，採礦、冶金業也開始出現資本主導的市商化易利的雇傭勞動制度。1560年英國有煤礦工人3,000－4,000人，運煤工2,000人。1600年煤礦工人增長到21,000人，連同運煤工，達到30,000人。40年間增長了五六倍。其他如造船、造紙、釀酒以及製造玻璃、肥皂、火藥等工業，也都有所發展。隨著工業的發展，商業也日趨繁榮。各地產品的互相交流，促進了國內市場的發展，易利規模擴大，易利物理集中區域爆發式增長，到16世紀時，英國已有26個大城市，17,000多個小城鎮。[21]

隨著經濟的市商化發展，治理政體的市商化幾乎同步深化。企圖控制易利經濟的英國治理政體核心——英國的君主，同其他許多統治者一樣，對技術變革並不歡迎，壓制著自己國家的技術進步。1589年，伊莉莎白一世女王拒絕給牧師兼發明家威廉·李的新型編織機授予專利，理由是擔心這項發明會傷害本地的手工編織行業，帶來失業乃至動盪。而到了17世紀後期，英國的治理政體制度已經有了深刻改變，市商化邁出了重要步伐。詹姆斯二

21　佚名：《英國資本主義關係的產生》，北方教育網，2007年2月9日。

世國王試圖強化君主的絕對權威並皈依羅馬天主教，激起強烈反對。對手們找到了荷蘭共和國若干新教轄區的總督奧蘭治親王威廉（也是詹姆斯二世的大女兒瑪麗公主的丈夫）。在他們的力勸之下，威廉登陸英國，驅逐了自己的岳父，加冕為英格蘭、愛爾蘭和蘇格蘭的威廉三世國王。這場政變被稱為「光榮革命」。作為缺乏國內根基的外來國王，威廉三世對議會的依賴程度遠遠超出了前任。1689 年，威廉三世正式簽署《權利法案》，廢除了君王可撤銷議會法案、不經議會同意而徵稅和動員軍隊的權力。英國就此變成一個君主立憲制國家，也是市商化政體治理的國家。議會開始代表較為廣泛的利益群體，包括新興商業階層的聲音。英國開始逐步建立起較為完善的市商化文明，保護私人產權，鼓勵私人企業，並致力於促進機會平等和經濟增長。光榮革命之後，英國加快了廢除壟斷的行動。被查理斯二世國王授予非洲奴隸貿易壟斷權的皇家非洲公司，成為失去壟斷權的許多公司之一。議會還通過新的法案促進新興工業部門的競爭，削弱貴族的經濟利益。尤其是，議會下調了工業的稅賦，提高了主要由貴族擁有的土地的稅負。這些在當時唯有英國推進的改革，創造了歐洲其他地方不存在的激勵。[22] 工業革命首先在英國登場甚至可以歸功於更早的治理政體的市商化改革。

22　奧戴德・蓋勒：《制度的指紋：人類歷史關鍵節點上的制度變革與經濟增長》，勿食我黍，2022 年 8 月 18 日。

三、市商文明福祉

在 2011 年達沃斯世界經濟論壇上，微軟公司的創始人比爾·蓋茨稱資本主導的市商化易利（資本主義）為「非凡的制度」，「我們正在經歷艱難的階段，但是沒有其他制度（像資本主導的市商文明這樣）改善了人類。」因為它產生了如此多的創新，諸如他自己獲得的機會。蓋茨說，他還是個孩子的時候就有機會開創微軟，雇傭他的朋友，這種事情在其他制度當中都不可能實現。2021 年，隨著各國央行的一系列刺激措施和經濟從疫情中的快速復甦推動全球許多市場走高，企業通過發行股票和債券以及簽訂新貸款協議籌集了創紀錄的 12.1 萬億美元資金。「這是十分火爆的一年，」法國巴黎銀行的克裡斯·布魯姆說，「每年你都以為市場這種瘋狂的速度會慢下來，但它仍然會很強勁。」[23] 易利市商化帶來財富遞增，財富遞增帶來更大的福祉。今天，易利市商文明正在全面升級。

1. 進步：市商與財富福祉雙提升。作為市場經濟的捍衛者，張維迎教授列出一系列數字，對人類市商化資本主導的易利經濟文明進行了有說服力的辯護。這些數字包括：按照經濟史學家安格斯·麥迪森的計算，在 1820 年之前的 2000 年中，人類人均 GDP 增長了可憐的 50%；而在 1820 年之後的兩百年時間，世界 GDP 增長了 4000%。根據美國經濟學家德隆的研究，在人類歷史上，

23　埃裡克·普拉特，尼古拉斯·梅高，喬·倫尼森：《2021年全球資本市場「火爆」 企業籌資額超12萬億美元》，FT中文網，2021年12月29日。

第一章 人類文明升級

從舊石器時代到西元 2000 年的 250 萬年間，人類花了 99.4% 的時間，即到 15000 年前，世界人均 GDP 達到了 90 國際元（這是按照 1990 年國際購買力核定的一個財富度量單位）。然後，又花了 0.59% 的時間，到西元 1750 年，世界人均 GDP 翻了一番，達到 180 國際元。從 1750 年開始，到 2000 年，即在 0.01% 的時間內，世界的人均 GDP 增加了 37 倍，達到 6600 國際元。換句話說，人類 97% 的財富，是在過去 250 年，也就是 0.01% 的時間裡創造的。如果把德隆的研究畫成座標圖，可以看到，從 250 萬年前至今，在 99.99% 的時間裡，世界人均 GDP 基本沒什麼變化，但在過去的 250 年中，突然有了一個幾乎是垂直上升的增長。世界最主要的發達國家也是如此，無論是所謂的西歐衍生國，如美國、加拿大、澳大利亞，還是西歐國家本身，包括英國、法國、德國等 12 個國家，還是後起的日本，經濟增長都主要發生在過去一二百年的時間裡。有人測算過，按照零售商庫存記錄的商品種類計算，在 250 年前，人們能夠消費的商品種類大致是 10 的二次方，也就是上百種而已。而現在，人們能消費的產品種類是 10 的八次方以上，有上億種。1820 年的時候，世界的人均預期壽命是 26 歲，與古羅馬時代差不多，到 2002 年變成了 67 歲。這期間恰恰是人類市商文明包括資本主導的市商文明急劇擴張的時期。[24]

而率先進入資本主導的市商文明的英國，在 18 世紀就已經

24　張維迎：《理解和捍衛市場經濟》，四川大學哲學研究所，2008 年 9 月 13 日。

進入了消費時代。李新寬指出，光榮革命以後，英國經濟實現了快速增長，工商業的產出指數從 1700 年的 100 增長到 1750 年的 148，農業的產出指數從 1700 年的 100 增長到 1750 年的 111。在 17 世紀末期，勞工階層已經參與到消費市場中，他們購買的消費品範圍廣泛，從陶盤到黃銅蒸煮罐，從針織襪到亞麻被單。實際工資在上升。如建築工人的貨幣工資在 17 世紀中期到 18 世紀中期之間增加了大約 45% － 50%，而同期消費品價格指數下降了大約 3%。到 1700 年左右，人數龐大的下層民眾可以改善飲食，享用變成大眾消費品的糖和煙草，穿戴彩色長襪、手套、帶扣鞋、亞麻圍巾和緞帶飾邊的帽子，家裡擁有青銅鍋、鐵製油炸鍋、餐具和釉質陶器，所有這些都是他們的先輩從未擁有過的。[25]

不僅僅是財富的增長，勞動效率的提高，而且休閒時間越來越多，也就是幸福指數在不斷提高。湯瑪斯·迪洛倫佐指出，在工會開始為工作時間上限立法遊說之前，周平均工時在幾代人的時間裡就一直在減少了。（根據美國勞工部提供的資料）是資本主導的市商化易利經濟而非工團，讓周平均工時從 1870 年的 61 小時減半到今天的 35 小時左右。按照米塞斯的解釋，在資本主導的市商化易利經濟中，人均投資額有個穩定增加的趨勢，因而勞動的邊際生產力、工資率以及工人的生活水準，趨向於繼續上升。當然，只有在私有財產、自由市場、企業家精神和經濟自主等機制

25　李新寬：《17世紀末至18世紀中葉英國消費社會的出現》，前線，2012年12月2日。

盛行的資本主導的市商化易利經濟裡，情況才會如此。市商文明國家生活水準的穩步提升，主要是因為承擔風險的企業家和投資所帶來的收益、技術進步，以及受到更好教育的勞動力（並不是因為逐步拉低美國人教育水準的公立學校）。資本主導的市商化易利經濟的這些機制正是市場自身繁榮及維續的原因。更短的工作時間是一種資本主導的市商化易利經濟的發明，資本投資導致工人的邊際生產力隨時間增加，生產同樣產出所需的勞動力就變少了。或者說，同樣的付出將生產更多的產品。資本主導的市商化易利經濟競爭也是導致童工減少或完全消失的首要原因。年幼者到艱苦的工廠工作，離開更加艱苦的農場，原本是因為自身和家庭面臨著活不下去的生存問題。但是，隨著工人們拿到更高的工資——歸功於資本投資和隨後的生產力提高——越來越多工人就有條件把自己的孩子留在家裡，並讓他們上學。湯瑪斯·迪洛倫佐認為，美國人的工作環境的確比上個世紀更安全，但這也是因為市商化資本主導的易利經濟競爭的力量，對雇主而言，一個不安全或危險的工作環境是代價高昂的，因為他們必須支付更高差額的補償（即以更高工資）來吸引工人。因此，雇主有強烈的經濟動機去提高工作環境的安全，在工資經常占總成本主要部分的製造業更是如此。此外，雇主也必須承擔損失工時、訓練新雇員和治理政體規定的工傷賠償成本，更不用提代價高昂的訴訟威脅了。[26] 米塞斯曾說過，你們一定要記住，在經濟政策中沒有奇

26　湯瑪斯·迪洛倫佐著；山雛、熊越譯：《工時縮短源於市場經濟》，奧派經濟學，2019 年 4 月 22 日。

跡。你們在許多報紙和講話中讀到所謂的德國經濟奇跡——德國在二戰的失敗和破壞之後的恢復。但這不是奇跡。這是認知、正視資本主導的市商化易利經濟原理、實行模仿資本主導的市商化易利經濟方法的結果。在18世紀英國,土地只能負擔六百萬人很低的生活水準。今天,五千多萬人享受著比18世紀最富裕的人高得多的生活水準。[27]

2. 發展:易利市商文明全面進步。今天的資本主導的市商化易利已經上升為前所未有的文明,預示其為人類的全面進步做出的偉大貢獻。而且易利市商文明依然在不斷地完善與發展,正展示其全面進步。世界慈善基金會的「世界捐贈指數」,該指數根據各國捐贈資料對其進行打分,其2019年發佈的報告稱,「美國連續十年排名第一,是世界上最慷慨解囊的國家」,而美國又是世界上資本主導的市商文明最發達的國家。對容忍的分析亦有類似結論:資本主導的市商文明的地方,居民對「他者」的寬容程度也相應更高;一國資本主導的市商文明指數每提升1個單位,該國居民中寬容同性戀的占比相應增加7個百分點。無論是信任還是寬容程度,都是導致暴力下降的重要驅動因素:從中世紀到近代歐洲,仇殺多因不寬容而生。陳志武指出,儘管傳統學者認為商業腐蝕道德,「對自利的強調,使得提供公共品與合作更為艱難」,而實驗結果卻恰恰相反:相比於甚少依賴資本主導的市商

---

27 米塞斯著;彭定鼎譯:《米塞斯1959年在阿根廷的演講:資本主義》,奧地利學派經濟學評論,2023年11月24日。

化易利經濟的地方，身處發達資本主導的市商文明的居民不僅更為利他，而且在面臨更多回報誘惑時，更可能選擇合作。這兩種傾向都促成人類暴力的長期下降。[28]

喬阿欣·布克撰文指出，當烏干達人和其他生活在溫飽線上的人意識到，向遊客展示這種上鏡的靈長類動物，要比殺死它們獲取毛皮和肉更有利可圖時，狩獵活動很快就減少到了微乎其微的地步。同樣的情況也發生在非洲的其他地方。資本主導的市商化易利就是有這樣的神奇力量，如果大猩猩活著要比死了更有價值，偷獵者很快就會變成獵場的看守人，把自己變成大猩猩最親密的盟友和保護者。資本主導的市商化易利揭示，市場價值和產權意味著從保護大猩猩中可以獲得更多的利益，這些去中心化的努力，比在一個窮國遙遠的首都所謂「保護」的冠冕語言來得更為有效。市場、價格和交易的連帶效應變得明顯。無論是在地底下發現的銅或鐵，還是生活在地上的大猩猩和犀牛，一個繁榮的自然資源市場不會讓資源耗乾枯竭。相反，它確保人們盡其所能地保護資源。南非犀牛的重煥生機，在很大程度上要歸功於私有化和狩獵市場定價的力量，對此有人（丹·漢南）回應道：如果大型哺乳動物被視為一種有價值的商品，那麼它們的人類鄰居就成了它們的監護人。各式各樣的策劃已經把犀牛和其他景觀式的非洲動物，從公地悲劇的受害者變成了有價值的商品，市獵人、農

---

28 陳志武：《交易與美德：商業市場發展如何推動文明化進程》，勿食我黍，2023年4月20日。

民和前偷獵者提供保護，這在很大程度上要歸功於生態旅遊。在南非，地球上絕大多數犀牛的家園，偷獵犀牛的活動已經逐年減少，2019年，5個犀牛物種的總數量要比2009年的水準高出了30%。私有化是奏效的，市場能夠保護一種稀缺的資源。在肯雅，（2020年）過去五年，大象的偷獵率下降了78％；在南非，犀牛被偷獵者殺害的數量下降了25%，已連續5年下降。由於旅遊業現在是烏干達最賺錢產業，而且大多數遊客都是來看山地大猩猩的，這就鼓勵了徒步旅行者尋求各種方式，來回報他們所參觀遊覽的社區。[29]

更有說服力的例子還有：北美土著印第安人在白人到來前是比較純粹的原始部落。活人祭天，殺死敵人並剝掉頭皮來炫耀戰功這些都是有記載的習俗。原始部落時代的人類如同狼群，侵佔別的部落土地，殺死那裡的男人，留下女人繁殖後代。如同現代人的祖先智人對尼安德特人、山頂洞人、元謀人、爪哇人等二十幾個品種的人所做的事一樣，充滿血腥暴力和屠殺。而且原始部落是等級制，酋長及其親屬有食物、配偶優先選擇權；等級最低的是奴隸，吃的最差，幹活最辛苦，他們是主人的財產可以隨意奴役，懲罰，甚至宰殺。在原始部落時期人類是共有制的，奉行集體主義；但分配財物和配偶與個人在部落中的地位直接掛鉤。這是一個等級群體，沒有平等、公平可言。而隨著儲存糧食，醃

29　喬阿欣・布克（Joakim Book）著；禪心雲起譯：《沒錯，市場經濟當然可以拯救大自然》，奧派經濟學，2020年3月13日。

制技術,以及畜牧業的發展,人類可以保有大量財物,私有制開始出現,婚姻制度誕生了(目的就是把私有財產傳給自己的孩子)。而隨著科技的發展,教育的普及,越來越多的人獲得了選舉權和被選舉權,成為國家的主人,私有制被越來越重視,私有財產得到很好的保護,這在資本主導的市商文明國家是顯而易見的。也是為什麼所有發達國家都是資本主導的市商化易利經濟文明國家的原因。[30] 陳志武指出,在歐洲,從西元1300年一直到今天,700年裡平均每年在10萬人中會有100個死於非命(不含戰爭死亡),也就是千分之一的概率。到了21世紀初,這個概率下降到了十萬分之一,700年來,如果在歐洲的路上走著,面對被打死的概率下降了100倍左右。這個角度也是人類越來越文明的一個表現。根據哈佛大學斯蒂芬教授結合許多考古學者、歷史學者的研究綜合來看,結論是,原始人類,每年在1萬人裡大概有500個左右會死於戰爭;到了21世紀的前8年,10萬人裡只有0.3個人死於戰爭。從原始掠奪到現在市商文明,戰爭死亡率下降了1,500倍左右。[31] 這就是資本主導的市商化易利的力量,也是文明升級的力量。

30　積極的務實主義者:《阿根廷總統米萊其實一點兒也不瘋》,互聯網,2024年1月29日。

31　陳志武:《別小看自由市場,都能用「暴力死亡率減少」來解釋它》,華夏基石e洞察,2017年4月22日。

第二節　全球覆蓋

全球市商化覆蓋實質是人類文明升級，是不以人的意志為轉移的文明發展大趨勢。不僅從人類整體來講，市商文明是以和平方式實現財富遞增、造福每個生命個體的文明；從每個生命個體的宿主之一的國家來說，也是如此。一個國家的逆商是不可持續的。即使單從易利經濟規律來說，也是如此。能夠部分對抗易利經濟規律實現一定時期經濟高增長的半逆商國家，如俾斯麥時期的德意志帝國，表面看，主要靠治理政體投資與控制，以及治理政體所屬的共有企業，尤其是對經濟管控。其本質上也是其成功與失敗的密碼，是靠犧牲底層人力幸福、降低人力資本來降低商品成本，以此提高其競爭力。易利市場中，這些半市商化國家對廉價出口商品趨之若鶩，而這些廉價商品交易是靠貸款或治理政體補貼維持的。他們對出口商品定價越低，利潤就越低。這種無利潤出口商品雖然使經濟維持運轉，卻使經濟增長缺少內在動力，難以為繼。一方面，以低價格甚至以低於成本的價格出售商品，的確會有巨大的資金在商業領域流通，然而這些資金也會迅速消失。因為這與市商文明是相悖的，市商文明在實現財富遞增的同時，造福民眾、擴展人權。[32] 而且世界上其他國家不會坐視這種不公平競爭、使全球創新得不到應有收益而不管。另一方

32　喬治·弗里德曼著；魏宗雷、傑寧娜譯：《下一個一百年地緣大衝突》，南方出版傳媒，2017年版，P.108。

面,國民福祉上的欠帳早晚要還的,國民不會坐視極少數權貴在這種經濟運作方式中大發橫財而自己缺少保障生活上捉襟見肘而不管。顯然,這是不可持續的。這種做法與宣導人權的市商文明形成了不可調和的尖銳衝突,這些半逆商國家的失敗是不可避免的。不管是和平方式還是戰爭方式,這些國家的逆商治理政體都將被市商文明所淘汰。淘汰所用時間的長短,與全球市商文明強與弱呈正反比。即全球市商文明越強,淘汰所用時間越短,反之亦然。而且,即使是從易利經濟規律而言,這些半逆商國家也必須把「半」字去掉,只有這樣才能實現經濟持續增長。

有一個理論叫廣納式與榨取式理論。所謂的廣納式就是類似於市商化易利經濟制度,而榨取式則類似於掠奪的逆商經濟制度。市商文明,不但給人自由以從事最適於個人才能的職業,也提供平等的環境讓人有機會這麼做。有好點子的人可以開創事業,缺乏效率的公司可能被更有效率的公司取代。市商文明也為另外兩種財富遞增的引擎鋪路:科技和教育。持續的經濟成長幾乎總是伴隨著科技進步,使得人(勞動力)、土地和既有的資本(建築物、既有的機器等等)變得更有生產力。來自科學和像愛迪生這類創業家,他們應用科學創造賺錢的事業。與科技息息相關的是勞動人口的教育、技術、能力和知識,包括從學校、家庭和職場中得來的。美國可以產生或從外國吸引像蓋茨、約伯斯、布林、佩吉和貝佐斯這樣的人才,以及成千上萬在資訊科技、核動力、生物科技和其他領域做出重大貢獻的科學家。而逆商掠奪式的制

度集中權力在少數精英手中,權力的行使很少受到節制。經濟制度通常也由這些精英建立,用以掠奪或榨取資源。逆商掠奪式制度把人們帶進一個強有力的回饋環:治理政體制度讓控制權力的精英,得以選擇沒什麼限制或對手的經濟制度。它們也讓精英得以建構有利於自己未來的治理政體制度,及其演進。逆商掠奪式經濟制度反過來為同一批精英謀利,而他們的經濟財富和權力將協助鞏固他們的政體治理的支配力。這些經濟制度創造的資源讓精英得以組織軍隊和防衛武力,以保護他們對政體治理權力的專制獨佔。[33] 這種逆商掠奪式治理政體與經濟制度彼此支持,只要沒有外來強力的改變,往往長期得以延續。

實際上,市商文明自其雛形狀態,就顯示其強大的吞噬與摧毀力量,其直接導致了莊園的崩潰,使歐洲文明走出了中世紀。這種吞噬與摧毀莊園制是從貨幣化開始的。據估計,1300年英國人均貨幣持有量為3－7先令,而1480年為8先令。使用貨幣來衡量易利的公正性使貨幣的使用成為一種實際需要。大約1400年,鄉村地區的佃戶義務幾乎全部都從勞役變成貨幣。[34] 從前由實物形式的封建支付,轉變為貨幣支付,佃農用貨幣向封建領主支付稅費和租金。這種轉變的背後,是類市商化易利或雛形市商化易利的力量:隨著城市人口開始膨脹,城市對商品的需求越來越

---

[33] 德隆・阿西莫格魯、詹姆斯・羅賓遜著;李增剛譯;〈《國敗論》:榨取式與廣納式政治制度〉,韋伯研究,2023年12月2日。

[34] 克里斯多夫・戴爾著;莫玉梅譯:《轉型的時代:中世紀晚期英國的經濟與社會》,社會科學文獻出版社,2010年版,P.175。

大。貨幣滲透到城市四周的農村，提高了農村的購買城市商品的能力，也刺激了其購買欲望。為了尋找更多的現金收入，以便購買更多的商品，貴族莊園主越來越傾向於以貨幣形式而非實物形式收取租金和稅費。但是，舊的封建義務普遍轉變為固定數量的貨幣支出，使貴族莊園領主很快陷入夾縫中，因為在通貨膨脹時期，貨幣支付形式總是使其受損。越來越多的依靠地租和稅費作為收入來源的貴族莊園主，逐漸失去了經濟權力。莊園制崩潰就成為必然。[35]

而全球市商化的力量則更加強大。全球市商化史證明瞭密爾頓·弗里德曼所洞見的，市商化所涉及的範圍越廣、地域越大，純粹需要治理政體解決的問題就越少，從而需要達成易利協定的問題就越少；需要達成易利協定的問題越少，在維持一個市商文明的條件下，取得易利協議的可能性就越大。這從一個側面展示了市商文明的魔力和力量。[36]

具有財富遞增本能的市商文明，一經出現便像黑洞一樣吞噬所有的非市商化易利的反抗，在全球進行清場式覆蓋。這是因為，在最初的易利經濟發展水準尤其是工業化起步階段，逆商的威權治理政體和市商的治理政體都可在提供保障易利經濟市場運行、或不靠市場機制進行集中投資工業及保障其組織運行方面發揮一

---

35 羅伯特·L.海爾布羅納、威廉·米爾柏格著；李陳華、許敏蘭譯：《經濟生活的起源》，格致出版社，2011年版，P.45。
36 密爾頓·弗里德曼著；張瑞玉譯：《資本主義與自由》，商務印書館1988年版，P.25。

定的作用,都可保證易利經濟和工業化初級階段的增長。而易利經濟發展到一定的階段,因逆商治理政體人為組織和保障下的易利經濟及工業化,由於缺少內在驅動力量之源,而陷入停滯,或倒退或止步不前。市商文明國家則相反,具有不竭的發展內在動力。因而,必須通過市商化憲政自由治理政體所保障的易利經濟自由,賦予內在發展的驅動力,來進一步解放生產力、發展生產力,同時繼續為易利經濟提供穩定的發展環境。而逆商的威權治理政體既不能容忍易利經濟發展對其控制的排斥,從而無法繼續為易利經濟提供高品質的穩定的發展環境,更不可能進一步解放生產力,使易利經濟發展孕育出內在的發展動力。只有市商化才具有其相應的功能,以滿足和持續激勵易利經濟發展的需要,核心是激發起易利雙方的積極性。易利雙方的積極性的發揮,靠的正是沒有強制和不受限制的自由,這對逆商威權治理政體具有天然的排斥性,因而形成易利主體與治理政體不可克服的內在衝突。而市商易利經濟的發展大勢是不可抗拒的,短時抗拒也許可以,長期則不行。所以,市商的全球化不可避免。

法蘭西斯‧福山在其經典著作《歷史的終結及其最後之人》中提出了終結論,認為全球體制最終都會向西方體制靠近,統一於市場經濟與民抉制之下。對此,有許多人提出異議,並舉出一些國家反轉型實例否定之。應該說,福山的結論並不為過,只是其定義過於狹窄,因為全世界的轉型並不是僅僅為「構建市場經濟與民抉制轉型」,而是市商文明的全面轉型。但是,現代化轉型

的前提就在於承認西方的民抉治理體制是當今世界所有不完善體制中最好的體制，儘管這種體制由於文化的差別可以有北歐式、歐陸式、日本式、英美式不同的表現形式，但都承認並堅定地維護資本主導的市商化易利經濟、自由貿易、民抉法治、人權保護，轉型的目標之一就是要升級為這種新的文明。[37] 這是市商文明法力，也是市商文明的法理。這種市商文明的全球化，就是「平等自由市商、私產私權市商、契約信用市商」三大維度的全球性覆蓋。

從全球市商文明的角度看，全球化非但沒有停滯、萎縮，也沒有出現什麼西縮東擴，而是全方位加快了節奏。唯一不確定的是，在轉型、升級中是採取和平的方式還是戰爭的方式。這要看哪個國家更有福氣、更有運氣；看哪個國家的獨裁專治集權治理政體自然人更為理智，是否願意自願退出歷史舞臺；看哪個國家的文明中三大維度是否建存；看哪個國家易利市商化力度是否越過臨界點，如此等等。突破市商化臨界點後，市商化將不可逆。

一、易利全球覆蓋

從 19 世紀晚期始，世界各國正在以越來越快的速度融合為統一的經濟體。實際上，這個過程早在 15 世紀就開始了。易利經濟的全球化是市商全球化的前哨，對市商的全球化有重要意義。市商

37　王文龍：《韓國威權體制轉型與阿拉伯之春展望》，愛思想，2013年7月10日。

的全球化是為了易利全球化更好地運轉，以實現財富遞增。易利經濟的全球化在發展到一定的程度，必然要求市商的全球化。逆商與市商難以克服的衝突，體現在各個方面，但體現在易利上的逆商，由於沒有規則只有掠奪思維，因而會嚴重阻礙易利的全球化。

「全球化」一詞源自著名的「羅馬俱樂部報告」——《增長的極限》和《人類處在轉捩點》。在全球化研究的歷史上這兩份報告佔有開拓性的一頁，因為它們的出臺正式掀開了「全球化研究」的序幕。其所說的全球化從狹義上來說就是易利經濟全球化。而易利經濟全球化就是指，世界易利經濟在高新科技的推動下，通過全球性的跨國直接投資和世界性金融市場的作用，不斷實現一體化的過程，即只要通過市場本身的力量就可以在全球範圍內優化生產要素流向。同時，商品和服務在全球範圍內也可自由流動。當然，這種「易利經濟」已經不是傳統意義上的單個國家的經濟，而是一種具有世界性的經濟系統，即「世界經濟」。其主要特徵有：跨國經濟的比重上升，削弱了邊界的重要性；貨幣流通成為跨國經濟形成的主要推動力，資訊化加快了貨幣自由流動的速度；在跨國經濟中，土地和勞動力等傳統生產要素的重要性下降，而管理和科技成為競爭的決定性因素；「市場份額最大化」已經開始取代「利潤最大化」成為推動企業投資的主動力；跨國經濟參與的是全球市場的角逐，而不是局限於一國或區域的市場；區域經濟一體化和各國經濟相互依存、相互影響的日益加深使全球化趨勢加強，全球經濟開始融為一體。由於必須解

決逆商與市商的衝突,因此,在全球經濟開始融為一體的時代背景下,市商化就成為必然並越發緊迫與重要。

1. 覆蓋:易利全球化持續推進。全球化最主要的表象或稱之為先行者是易利,即所謂的貿易及跨國公司。在資本主導的市商文明出現後,易利全球化已經有幾百年的歷史。劉海影稱,迄今為止,全球化事實上已經經歷了三輪,每一輪都對世界歷史產生了深刻影響。1814 年維也納會議後的全球化可以稱為全球化 I,一方面裹挾法國、德國等的工業化,另一方面對非西方國家以殖民化面貌呈現自身。這一波全球化在 1914 年的炮聲與 1929 年的驚慌中崩塌,並最終走到二戰門口。此時的逆商與市商的直接衝突已難以避免。二戰後以北約與華約對峙為骨架的全球化可以稱為全球化 II,其特點是大部分小國忙於獨立建國與治理政體鬥爭,只有少部分國家和地區,如日本、亞洲四小龍等有幸搭卜西方市商文明的班車,華約內部則建立了獨立於西方集團的經貿體系,逆商特色越來越濃厚,雙方展開激烈的治理政體對抗,甚至是軍事鬥爭風險大增。蘇聯東歐集團在 1990 年崩潰後,展開了洶湧的全球化 III,初期,西方市商文明國家沒有明確的敵人指向,此次可謂最為包容的全球化。進入中期,敵人指向便越來越清晰。[38] 從其論述看,這裡的全球化並非僅僅是易利的全球化,但主要還是易利的全球化。

---

38 劉海影:《俄烏戰爭之後全球化格局的巨變》,FT 中文網,2022 年 4 月 2 日。

2. 大勢：易利全球化不可阻擋。回溯20世紀初期即可看到世界處於幾大轉型的風口浪尖。隨著奧匈帝國和奧斯曼土耳其頂不住壓力，帝國時代開始為現代國家讓路。易利經濟的全球化很快成為國際關係中市商化的一股強大推動力。易利全球化使數億人擺脫了貧困。伴隨著通訊技術革命，中產階層在全球崛起，挑戰著有關個人與國家關係的一切陳舊假設。公民挑戰統治精英的能力逐漸增強，而與此同時易利全球化正在削弱那些所謂的統治精英。而當代，有人悲觀的認為最危險的轉變是從可預測的秩序轉向沒有任何明顯維度的秩序：老牌大國失去維護基於規則的體系的權威，而新興國家特權集團死死抱住逆商（以國家主權為藉口）不放。在這樣的世界裡，易利全球化所釋放的經濟競爭助燃自信的以民族主義為旗幟的治理政體逆商理念，進而壓倒經濟上的相互依存。也有人擔心「全球化」，認為目前存在一個真切的危險：易利全球化可能像100年前那樣破裂，20世紀後半葉的多邊主義可能讓位於強權即公理的多極衝突。[39] 這種擔心大可不必，只能說明僅僅看到了易利的全球化，而沒有看到人類正在經歷歷史性的治理政體市商的全球化以及市商文明整體推進的全球化。這是大勢，任何力量都無法阻擋，失敗和被清場的當然也只能是逆商的非市商文明的沒落勢力。如果有擔憂，也只是反應了對市商文明的全球化是和平取向還是戰爭選項的擔心。是的，必須承認，在易利經濟的全球化向市商化全面轉型中，各種選項都存

---

39 菲力浦・斯蒂芬斯：《全球化的紅利與風險》，英國《金融時報》，2014年3月31日。

在，變數很大。因為易利經濟的全球化很少會發生戰爭，而市商文明的全球化確實充滿不確定性。

二、民抉全球覆蓋

易利經濟的全球化不可能不伴隨治理政體市商和市商文明整體的全球化推進。因為近幾百年來易利經濟的全球化，大都是資本主導的市商文明國家發起和驅動的，在易利經濟全球化中不可能不帶去市商文明的因數。

受益於全球化，也是企業自身的努力，跨國公司在全球化中加速發展。1905年，瑞士人亨利·內斯特萊創辦的雀巢公司同英瑞濃縮奶公司合併，把廠房開到了英國、德國、西班牙和大洋彼岸的美國。將近一個世紀之後，雀巢公司在全球已有509家工廠，產品幾乎遍佈世界的各個角落。經濟全球化是各國在市場和生產上的相互依存日益加深的過程。它促進人力、資本、商品、服務、技術和資訊實現跨國界的流動，優化各種生產要素和資源的流向。跨國公司既對經濟全球化大潮起到推波助瀾的作用，同時也依仗全球化進程使本身得到了迅速發展。[40]這些跨國公司的力量是強大的。跨國資本主導的易利經濟全球化，經由強勢話語權的配合——「自由」的市場、消費者的「民抉」選擇、「開放」的資源流動、要「公平」對待外國企業——加上對遊戲規則制定權

40　王振華：《跨國公司——經濟全球化之舟》，新華社，2000年12月4日。

與詮釋權的控制，裹脅世界其他國家參與其中，並持續削弱這些逆商國家治理政體掌握自身命運的能力，讓它們被迫只能投身其中，也就是帶動這些國家治理政體自身的市商化等等。

政體治理市商化的主要外在表象是民抉轉型，即以政體治理民抉為目標的市商化過程。在新一波市商化浪潮中，治理政體的市商化轉型更多的是由威權政體向民抉政體升級。所謂民抉，就是治理政體為民所有、為民所用、為民所治，以及治理政體官員（政務官而非公務員）為民所選、為民所棄、為民所管。

1. 民抉：治理政體市商化核心要義。波特爾簡潔地概括了「治理政體市商化」的內涵。按照其觀點：治理政體的市商化是指這樣一種市商化變革過程，即「由較少負責任的政府（即治理政體，下同）到較多負責任的政府；由較少競爭（或沒有競爭）的選舉到較為自由和公正的競爭性選舉；由嚴厲限制人權和易利權利到較好地保障這些權利；由公民群聯只有微弱的（或乾脆沒有）自治團體到享有較充分自治和數量較多的自治團體。」亨廷頓的治理政體的市商化理論模式同樣強調治理政體精英在轉型過程中的作用，按照他的觀點，新一波治理政體市商化的模式可以分為三種寬泛的類型模式，即變革、置換、移轉。變革轉型要求治理政體比反對派強大，因此變革只有在治理政體顯然控制著針對反對派的最終強制手段的牢固的軍政權下或是在威權體制經濟上極其成功的情況下才可能出現變革。置換涉及到一種完全不同於變革的進程。在這治理政體內部的改革派太弱，或根本不存

在。治理政體中占主流的是保守派,他們堅決反對任何涉及治理政體權利與權力上的變革。因此,只有反對派力量增加,而治理政體力量削弱,直到其崩潰,或被推翻,這樣才會實現治理政體的市商化。而移轉,主要指治理政體的市商化是由治理政體和反對派採取的聯合行動產生的。在移轉過程中,治理政體中的改革派不願主動地改變政權。它常常被推入和拉入與反對派正式或非正式的談判中。在反對派中間,民抉的溫和派強大到足以壓過激進派,但是他們還沒有強大到足以推翻現治理政體,因此他們都看到了談判的好處。[41] 顯然,變革和轉移,和平選項的確定性較大;而置換的戰爭選項確定性則較大。

施米特、阿倫特與勒弗爾皆承認 18 世紀末,開啟了現代性的一個重要的市商化治理政體形式,即代議民抉制;也強調唯有瞭解如何將國家由治理政體主權轉向公民主權,人們才得以掌握現代民抉制的深刻問題。實際上,這一形式開啟的時間或源頭要早的多,可追溯到 13 世紀的英國《大憲章》。

市商化它本身既是西方現代性的驅動力,亦是締造現代性的中心要素。正如安東尼奧·奈格爾與麥克爾·哈特所言:現代性的變遷肇始於意大利的城邦政體治理,自 16 世紀以來,這個地區新興的商業活動方式(即資本主導的市商化易利商業模式)帶動了政體治理的更新,這種政體治理的更新被認為是自 13 世紀興起的「城市共同體運動」的一環,其動力在於抗拒中古歐陸封建體系

---

41 鄭寶明:《民主轉型模式研究綜述》,共識網,2010 年 1 月 20 日。

的莊園經濟、身份等級制,同時要求城市的自治、市民身份的平等以及對城市公共事務(政體治理)的參與。隨著這個現代性之啟動而來的是17世紀中葉的英國革命,這場革命乃是新興的資產階層對抗君主威權、要求自由與平等權利,以及促使治理政體進一步市商化的鬥爭,接踵而至的是18世紀末的民抉革命。在這個世紀末,發生於美洲大陸的民抉革命才確立了現代政體治理的基本形式,將啟蒙運動時代的哲學家所設想的人權、自由、平等以及公民主權的抽象理論落實於治理政體市商化實踐的場域,而締造了以憲法為架構的代議民抉制。正如蔡英文所指出的,歐洲在19世紀在自由至上理念的推動之下,乃恆定地發展出代議制及自由的公共生活。一方面,這個代議制的模式是以「法治與制度」為建制的經緯,而立下以憲法來約束由治理政體掌握國家主權與國民自己所擁有的權力,以及保障公民權與自治及易利經濟權利的自由國家;另一方面,在憲法的規範下確立議會、政黨與選舉制的治理政體系統,透過這系統的運作,多元分歧的意見有了相互協調的管道,而緩解了激烈的政爭與公共領域的衝突。18世紀的民抉革命,其意向或目的有二:解放舊政制及其不平等結構;制定自由憲政,開創「新時代的治理政體秩序」。[42]

2. 轉型:治理政體市商化無論東西。需要引起重視的是,有些逆商愛好者總喜歡將東、西方分開,並作為其排斥西方、拒絕市

---

[42] 蔡英文:《革命與政治正當性——施米特、阿倫特與勒弗爾視野中的法國革命》,共識網,2010年4月29日。

商化民抉政體治理文明的藉口。在無視西方市商文明巨大進步的同時，毫無根據或以站不住腳的根據斷言西方市商文明的衰落。甚至西方的一些學者也不斷唱衰之。比如政治學家撒母耳·亨廷頓，按照其觀點，「西方」正在衰落，除卻其他因素外，其根據是「西方國家」在軍事上所控制的面積已縮小。1490年，西方控制了除巴爾幹之外的大部分歐洲半島，占了全球總陸地面積5250萬平方英里（南極洲除外）中的150萬平方英里。1920年在其領土拓張的巔峰時期，西方直接統治著大約2550萬平方英里的面積，接近半個地球。到了1993年，其控制的領土已縮減了一半，只有大約1270萬平方英里。西方又回到了原來的歐洲核心，加上歐洲移民廣泛分佈的北美、澳大利亞和新西蘭的土地。相反，獨立的伊斯蘭世界的領土從1920年的190萬平方英里上升到1993年的1100萬平方英里。人口控制也發生了類似的變化。1900年西方人大約占全世界人口的30%，而西方統治著大約45%的世界人口，到了1920年統治了48%。到了1993年，除了帝國時代的少量殘餘如香港，西方統治的只是西方人。[43]這種看法是把掠奪逆商與易利市商兩個截然不同的因素混為一體，來籠統地表述現象。其表述的這些方面的確存在，完全是事實。但恰恰說明西方市商文明的進步，西方已經摒棄了掠奪財富關係，放棄了殖民及依靠武力易利的前市商化思維、行為和價值觀。而由西方創造的市商文明，包括易利市商文明和市商化政體治理民抉文明，正向全球

43　湯姆·帕爾默：《帝國與戰爭的政治經濟學》，風靈，2017年6月7日。

覆蓋。也可直白地說，從掠奪逆商的角度，西方世界直接控制的區域在縮小；從易利市商的角度看，則西方文明影響的區域在日趨擴大。

冷戰結束後，伴隨著市商文明全球化浪潮的發展，治理政體的民抉全球化形成了一股強大的潮流，席捲廣大的發展中國家。亨廷頓把這股浪潮稱作「第三波」政體治理的民抉全球化浪潮。這股潮流的起始可從南歐的葡萄牙算起，1974年葡萄牙結束長期軍人獨裁統治，建立起了文人政權。隨之，希臘、西班牙也結束了軍人獨裁政權，建立了民抉治理政體。此後，政體治理的民抉市商化潮流湧向亞非拉廣大的發展中國家。在拉丁美洲，20世紀80年代，絕大多數國家文人政權代替了軍人政權，建立起了代議民抉政體治理。進入90年代，拉美各國繼續努力，不斷鞏固政體治理市商化的成果。在非洲，政體治理市商化的浪潮來勢最猛，範圍最廣，到90年代，47個非洲國家中，已有40個國家受到政體治理市商化浪潮的衝擊。多數國家已廢除了一黨制，改行多黨制，並進行了多黨選舉。還有一些軍人當政的國家已表現出恢復文人治理、修訂憲法、實施多黨制的願望。在亞洲，自第二次世界大戰結束以來，政體治理市商化在日本和印度一直沒有中斷過。80年代就有菲律賓、韓國、巴基斯坦等國家出現過政體治理市商化運動，並實現了向政體治理民抉的過渡。進入90年代，政體治理市商化繼續在亞洲發展，南亞和西亞的尼泊爾、科威特、沙特、約旦等君主制國家出現了向君主立憲轉變的要求，其中，

尼泊爾已改行了君主立憲制。孟加拉建立起了民選治理政體。泰國在經歷了 10 屆軍人政權後，終於出現文官政權。（華夏）外蒙古也已轉向西方政體治理市商文明。印尼的蘇哈托獨裁政權在東南亞危機中垮臺，首次政體治理民抉選舉已成功舉行。據亨廷頓統計，從 1974 年到 1990 年，有 30 個國家由權威政權轉向了政體治埋民抉化；到 1990 年止，世界上 45％的國家建立了市商化民抉政體。[44]21 世紀 20 年代，越南也在悄悄進行治理政體市商化質的轉變，而且是治理政體在革自己的命，主動向美英市商文明靠近。

1990 年，管理顧問大前研一出版了《無國界的世界》，這本書的標題抓住了全球化的精髓。之後的近 25 年中，商業、金融、技術和治理政體的發展似乎證實，邊界以及邊界所保護的逆商國家威權治理政體的式微是勢不可擋的。[45]

三、市商全球覆蓋

市商全球化覆蓋，主要有兩點，一是市商文明「平等自由、私產私權、契約信用」三大維度構建的全球化，二是市商文明價值觀的全球化。而這兩個方面的全球化以及治理政體市商的全球

44　鄭曙村：《全球化進程中的民主化浪潮：狀況、影響及教訓》，百度學術，2000 年。

45　吉迪恩・拉赫曼：《民族主義為何在全球復燃》，英國《金融時報》2014 年 9 月 28 日。

化，與易利經濟的全球化是相輔相成的，對前者而言，後者已成為手段或武器。即市商化與非市商化都會以易利經濟全球化為手段和武器。市商文明國家用易利經濟全球化推動市商文明的全球化，逆商國家用易利經濟全球化阻礙或反抗市商文明的全球化。這是當今東西方衝突的核心，也是市商文明與非市商文明衝突的核心。

作為傳統的表象之一，也就是傳統貿易理論最引人注目的結論：低工資和高工資國家已不可以在互不損害對方的情況下進行貿易並獲利。這一論點將世界看成單一的「封閉經濟體」，似乎支持治理政體和經濟行業領導者的鼓動做法——西方必須堅持不懈地革新、再教育、尋找新產品，才能抗衡東方專制等新興國家。大衛‧柯蘭德爾教授撰文闡述了新的看法。他辯稱，一旦新（逆商）國家擁有了資本，舊（市商化）國家作為一個整體，就可能無法從擴大自由貿易中獲利。他還寫道：「美國經濟的外包分支自身可能被外包，因為在美國之外有剩餘索取權的其他國家的企業，會取代目前的企業成為世界經濟的發動機，以及貿易利益的剩餘索取者。」認為，自由貿易仍然會使整個世界受益，儘管不是每個地方、每個時候。最有可能的輸家是西方（市商化國家）的老工業國，這意味著，新興（逆商）國家必定是贏家，西方（市商化）國家輸多少，它們（逆商國家）就贏多少。[46] 顯然，此觀點有失偏頗。實際情況並非如此，市商文明的全球化從未停

46　佚名：《把世界看成單一經濟體》，FT中文網，2005年10月31日。

滯進步，在易利經濟全球化的引領下，不斷將非市商化國家納入世界市商文明的發展軌道。也就是說，輸家一定不是市商文明一方，而註定是逆商國家的治理政體。這是因為：一是新逆商或半逆商國家不是原創型經濟發展體，無發展動力和後勁，因此無法與舊市商國家長期競爭。二是舊市商國家經濟良性發展需要與新逆商國家良性競爭，因此必然要求新逆商國家必須市商化，以此使兩類性質的國家變為同質國家，在相同的價值觀下進行良性競爭，共同推動人類的發展。

1. 浪潮：市商化三大維度覆蓋螺旋式推進。截至 1991 年，美國資本主導的市商文明已經打敗了前蘇聯的烏托邦。而自工業革命以來，不少知識份子一直癡迷於資本主導的市商化易利經濟是否、何時、為何會崩潰。而實際上，以三大維度構建為目標的人類文明市商化至少已掀起三大浪潮。一是以西元 14 至 16 世紀的歐洲文藝復興為代表，主要針對的是宗教神權，浪潮衝擊的結果是教廷從此失去對歐洲公民人權的束縛，市商文明在其初期即顯示出強大生命力；二是以 18 世紀歐洲拿破崙發動的戰爭和美國獨立戰爭為代表，主要針對的是封建王權，浪潮沈蕩的結果是自由與「人人生而平等」的市商文明價值觀從此成為人類先進群體共識；三是以發生在 21 世紀初突尼斯、埃及、伊朗、利比亞等……北非和中東國家民眾驅逐長期欺世盜名的「民抉治理政體」的獨裁者運動為代表，針對的主要是似是而非的偽民抉治理政體，這些治理政體皆以民抉革命的名義而上位，又借民族、愛國的名義

扭曲民抉政體治理的精髓，實施少數人對多數人的高壓集權統治而不肯下位。[47]

從 1980 年到 2008 年之間，是歷史上全球化、經濟增長與繁榮組合最成功的階段。這是因為除西方之外的其他地區登上了歷史舞臺：「落後國家」（非市商化國家）擺脫了後殖民時代的孤立狀態並投入到世界經濟的懷抱。保護主義的壁壘被打破了。發展中國家的平均關稅從 1980 年代中期高於 30% 降到了當今大約 10% 左右的水準。經常帳戶開放與貨幣變得可自由兌換，國內投資許可的限制被取消，市場向外國投資者開放，服務業也同樣得到了開放。按照傑佛瑞·薩克斯與安德魯·華納的觀點，在 1980 年全世界只有 20% 的人口生活在開放性資本主導的市商化易利經濟體當中，而且他們中的絕大部分都屬於西方發達國家；現在大約有 90% 的世界人口生活在開放性資本主導的市商化易利經濟體中。[48]

2. 深化：全球易利市商文明建設成效卓著。2013 年 8 月，八國集團（G8）領導人齊聚北愛爾蘭之際，英國大衛·卡梅倫首相那項值得歡迎的倡議——即改革全球公司稅規則——或許暫時無法取得決定性的成功，這項任務依然艱巨。其中有一個「搭便車」問題：每個國家都希望其他國家整治避稅、而不必觸及本國

---

[47] 江南樵夫：《有史以來人類民主革命三次浪潮的歷史劃分》，貓眼看人，2011 年 3 月 3 日。
[48] 拉茲恩·薩利：《「西方」以外的自由》，勿食我黍，2019 年 9 月 26 日。

企業。短期來看,通過推動在全歐盟範圍內實現「共同統一公司稅基」(CCCTB),英國可發揮真正的領導作用。共同統一公司稅基絕非稅率協調化中不太重要的部分,它能保護合法的稅收競爭、使之免於被戴上「不公平」的帽子。各國可自行採取行動。它們可修正考慮不周的國內稅收規則,以及那些原本是為了避免雙重徵稅、結果卻導致「雙重不徵稅」(企業在兩個國家都無需納稅)的雙邊稅收協議。如果利潤事實上未在海外被課稅,那麼就不應允許這部分利潤徹底逃過國內的稅收網。G8領導人簽署了《厄恩湖宣言》,呼籲全球稅務機關自動共用資訊。G8還敦促各國改革那些讓跨國公司能夠將利潤轉移到國外以實現避稅的規定,並要求這類公司報告「它們在哪裡繳納了何種稅賦」。[49] 這正是「平等、信用」等市商維度的必然要求。

全球市商化帶來的積極成效不言而喻。蘇聯解體之後,四個曾被視為或仍被視為最受俄羅斯侵略威脅的歐洲國家在市商化後的生活水準迅速提高:這些國家從計劃經濟轉向資本主導的市商化易利經濟體系後,對這些前蘇聯經濟體系的國家來說尤其成功。在此期間,立陶宛的人均實際 GDP 增長了 258%,拉脫維亞增長了 228%,愛沙尼亞增長了 182%,波蘭增長了 159%。衡量自由度的世界經濟治理指數對這四個國家的評分分別為 79.6、75.9、89.7 和 66.3,而俄羅斯的評分較低,為 18.8。從 1995 年到 2008 年,

---

49　FT社評:《FT社評:國際稅制改革勢在必行》,英國《金融時報》,2013年6月19日。

即入侵格魯吉亞的那一年，俄羅斯人的平均生活水準受益於從計劃經濟的最初轉變，提高了87%。從那時起，俄羅斯實際人均國內生產總值的年均增長率僅為0.5%，自2014年吞併克里米亞以來幾乎停滯不前。[50] 在1950年亞洲占世界人口的60%但其GDP（根據購買力平價計算）只占全世界的20%不到。截止2001年，亞洲占世界經濟GDP的比重已經翻倍。

總體來看，全球市商化儘管有過波折，但一直是堅定向前的。從1850年到1931年，這一時期的特點是越來越堅持易利經濟自由放任原則。不受治理政體干預的市場開始被認為是自然而然的事情，這是文明建構與升級，而不是上帝或自然賦予的。在美國，「格拉斯·斯蒂格爾」法案和證券交易法案分別於1933年和1934年在大蕭條期間頒佈。自由放任資本主導的市商化易利的時代告一段落。這期間，逆商思維甚囂塵上，認為蕭條、失業、空置的生產工廠、缺乏投資和絕望，不是由治理政體和中央銀行對經濟的干預或由工會和黏性工資引起的；問題在於易利經濟體系無法建立均衡，而補救措施是治理政體和中央銀行的干預。這被稱為「凱恩斯主義」，實際上是逆商主義。二戰後，此論點在西方佔據主導地位，關注的重點也從金融轉向了「實體經濟」。隨著70年代佈雷頓森林體系解體，凱恩斯主義也不再像30年代那樣解釋世界，新自由主義的回歸開始顯現。密爾頓·弗里德曼和喬治·斯蒂格勒等

---

50 十年如夢：《自2008年對格魯吉亞戰爭以來，俄羅斯每年的實際人均GDP增長幾乎停滯不前》，財稅茶座，2022年6月22日。

人在宏觀層面，詹森和梅克林以及詹森和墨菲在微觀層面的學術研究使滯脹危機變得合理，為放鬆管制、私有化和減稅深度市商化鋪平了道路。自從新自由主義敘事從20世紀80年代開始佔據主導地位，特別是在90年代蘇聯的解體將西方的全球化和放鬆管制的自由競爭推向高峰。[51] 市商化全球升級進入到新的高潮。

不過，市商化突破臨界點後，轉型還有相當長的過程，因為市商化是全面的，是要完善其三大維度，以確保市商化易利規律真正在人們各種工作生活中發揮主導作用，以實現財富遞增和幸福增進。但沒有任何理由懷疑易利市商文明的全球化，也沒有任何力量能夠阻止易利市商文明的全球化，因為易利市商文明是財富遞增的文明，是持續增進公民福祉的文明，是人類與宇宙深度融合的文明。無論是採取和平的方式，還是採取戰爭的方式，易利市商文明的全球化都不可阻擋。

51　Per H．Hansen編；肖俊鵬譯：《從金融資本主義到金融化：150年金融史的文化和敘事視角》研究小組，政治經濟學新時空，2021年10月28日。

第二章 市商文明維度

資本主導的市商化易利新文明所引發的人們對財富的無限追逐，被經濟學家歸結為經濟學第一公理：個人利得最大化，並成為人們易利經濟行為的主要動力。當越來越多的人被捲入商品生產交換的易利洪流中，人們在個人利益的驅使下，將煥發出難以遏制的創造熱情、聰明才智和冒險精神。但「第一公理」的成立是有條件的，它的限定詞就是市商化易利，包括資本主導的市商化易利。

市商化資本主導的易利何以能夠實現財富遞增，這是許多學者研究的主題，已有許多研究成果，對市商化易利經濟的運行規律也有卓有成效地研究發現。比如經濟學有許多重大創新性規律認知，但有些研究成果則並非反映市商化易利的規律，有的則是反市商易利經濟學。

可列為最重要的非市商化易利經濟學研究成果，則非凱恩斯理論莫屬。凱恩斯在經濟學的地位在於他在《就業、利息和貨幣通論》中構建了普遍適用的「一般理論」。經濟學家狄拉德解釋了凱恩斯「一般理論」內涵：「他的理論是關於整個經濟體系的就業和產量變動的，這與傳統理論大不相同，後者主要是（但不完全是）關於個別商業企業和個別部門的經濟學。」在 20 世紀 30 年代，「充分就業和有效需求」是經濟生活中的核心問題，凱恩斯不僅完成了經濟學分析，而且提出了為歷史證明的有效政策性方案，包括治理政體干預，刺激有效消費和投資。但實質上，這

一理論與逆商幻想理論如出一轍,只不過凱恩斯理論更有現實感及誘惑性。表面上,關乎易利科學,實際上是典型的逆商思維。只要讓治理政體染指並決定經濟易利,就會擴張治理政體的權利和權力,就會造成秩序整體失衡,最終會帶來災難。治理政體的干預會扭曲易利規律,必然背離市商化並走向逆商。因與研究主題離題較遠,故不多作論述。實際上,充分就業也是偽命題。一個正常的市商化易利經濟是不可能實現充分就業的,任何經濟體如果達到100%就業就必然違背易利經濟規律。因為就業也是一種易利,不可能所有的此類易利都會達成交易,像所有的商品都會100%賣出一樣,即使充分二字含義並不是指100%,也很難說得通。任何扭曲性外力強行干預,要求達成交易,就是對市商文明平等、協商維度的破壞,必將破壞市商化易利經濟運行,也必將違背易利經濟規律。

在20世紀,引人注目的市商化易利經濟學研究成果主要有三:

其一,是邊際效用理論。發生在19世紀70年代至20世紀初的這場革命,奠定了當代微觀經濟學的基礎。邊際效用代表傑文思(1835－1882)、門格爾和瓦爾拉斯,以邊際效用理論否定勞動價值理論,通過研究消費者決策行為,實用性地解釋了消費與需求、生產與供給、成本與利潤、價格與競爭、流通與分配的活動機制。在邊際效應革命中,延伸了兩個重要的突破:一是

瓦爾拉斯均衡。瓦爾拉斯一般均衡理論的中心內容是研究一個經濟體系之中的各個部分之間的相互相關性，並引用了數學工具支援經濟分析。只是瓦爾拉斯一般均衡模型，僅研究居民戶和企業之間的關係，不包括治理政體經濟部門和對外經濟部門。瓦爾拉斯不可替代的貢獻就是洛桑大學為他建立的紀念碑所寫的「經濟均衡」。二是主觀價值論。以龐巴維克為代表的奧地利學派，系統提出了主觀價值論，即商品的價值決定於人們對它的效用的主觀評價。進一步，人們對價值的主觀評價則是以其稀缺性為條件的。最終的物品價值，取決於它的邊際效用量的大小。需要提及的是，瓦爾拉斯、門格爾、帕累托、傑文思，他們都是同代人，分別生活在法國、瑞士、德國和英國，在數百公里的半徑內，將經濟學思想精確化和數學化，顛覆了傳統經濟學的基礎。

其二，新古典經濟學革命。1890 年馬歇爾經過 20 多年辛苦努力寫的《經濟學原理》出版，展現了新古典經濟學體系。馬歇爾對 20 世紀經濟學發展的貢獻，包括區分長期趨勢和短期趨勢，創建「不完全競爭」和壟斷理論，提出「局部均衡」思想，論證「均衡價格」原理，開啟現代計量經濟學的基本方法，引入諸如彈性係數、消費者剩餘概念和需求曲線。甚至凱恩斯都認為，馬歇爾的新古典經濟學體系如同「一個完整的哥白尼體系，通過這一體系，經濟宇宙的一切因素，由於互相抗衡和相互作用而維持在它們適當的地位上」。

其三，經濟計量學革命。1926年，挪威經濟學家弗瑞希（1895－1973）仿照「生物計量學」一詞，首先提出經濟計量學概念。進入20世紀30年代，經濟學家們將經濟理論、數學公式和概率論結合，考察實際經濟活動的數字規律，用於「商業迴圈」演進趨勢分析。1932年，國際性的「經濟計量學學會」成立，並出版《經濟計量學家》刊物，經濟計量學成為經濟學的獨立學科，「經濟計量學和經濟學理論的區別在於，前者試圖借助於各種具體數量關係以統計方式描繪經濟規律，而經濟學理論則以一般的和系統的方法研究經濟規律」。之後，經濟計量學推動數學在經濟學的廣泛應用，實現了經濟學完成從定性分析進入定量分析的轉型。[1]

如果運用以上理論進行思考，就會發現凱恩斯理論的荒謬。回到本書主題，以上這些理論或規律，包括「第一公理」的成立，都是要以市商化易利包括資本主導的市商化易利為必要條件的。也只有在市商化易利包括資本主導的市商化易利中，這些理論、規律和公理才成立或發揮應有的功能（而凱恩斯理論則正相反）。之所以市商化易利包括資本主導的市商化易利有這樣的作用，主要是它至少有三個維度發揮作用來支撐財富遞增易利。在市商文明維度作用之下，易利才能實現財富遞增。而決定逆商國家市商化轉型突破臨界點路徑選擇是和平還是戰爭，在很大程度

---

[1] 朱嘉明：《現代經濟演變與經濟學創新》，粥棚，2023年9月3日。

上即取決於三個維度的構建、能否發揮作用及其狀態。這三大維度就是「平等自由、私產私權、契約信用」市商維度。

一般來講，三大維度缺一不可，一個維度缺失，就不可稱之為完全或完整的市商文明，至少做到三者合力，才會使市商文明的優勢持續顯現。按照哈耶克的觀點，那些允許個人自由利用自己知識的文明，由於有著從事遠距離貿易的可能性，使他們與那些一切人的行動受統治者知識決定的文明相比，取得優勢。那種助長了私人目標多元化的秩序或文明，只有在被稱之為分立的財產基礎上才能夠形成。這種秩序或文明得以存在的前提，是抽象規則尤其是平等自由、私產私權、契約信用之保障的法律。[2]

第一節 平等自由

平等自由是市商文明的極為重要的維度，也是人的一種權利，尤其是易利的權利。柏克認為，人們有權行事公正，有權得到他們的勞動果實，有權得到使他們的勞動果實豐碩的各種手段，有權得到他們父母的所有……。凡是每一個人不侵犯他人而能夠獨立做到的事，他就有權為自己而做，而且他還有權得到全體中間

---
2 弗里德里希・奧古斯特・哈耶克著；馮克利等譯：《致命的自負》，中國社會科學出版社，2000年版，P.28、29。

的一部分。在這種夥伴關係中，一切人都有平等的權利，但並不是都獲得同等的東西。[3]

自基督教傳入到歐洲以來，平等、自由就一直是歐洲基本的精神思想了。平等、自由是市商文明包括資本主導的市商文明的第一大維度。在法國大革命前夜，易利不僅受到治理政體的各種限制，有無數特權規定；而且國王和貴族可以肆意對城鎮徵收賦稅，一袋貨物從盧昂到馬賽的路上會被徵收50多種賦稅。而同時代的美國則完全不同，不僅沒有特權對生產力的約束，每個人都可以不受限制地平等易利；而且州和州之間沒有任何貿易壁壘，商品可以自由地流動。這是美國財富遞增的秘密所在，也是市商化平等自由維度發揮作用的有力例證。

按照哈耶克的觀點，只有在法律和行為的一般規則的平等才能導向自由；只有在確保這種平等時，才不傷害自由。人們必須被一視同仁，儘管他們事實上不同，這就要求法律面前人人平等。[4]法律面前的平等和物質利益結果的平等不僅不同，因為這是兩個完全不同意義上的概念，甚至相互衝突。比如保護產權，法律保護的是所有人的產權，而且是平等地保護每個人的產權；而如果保證物質利益結果上的平等即平均，則是對物質利益這種財富的

3　柏克著；何兆武等譯：《法國革命論》，商務印書館，2005年版，P.77。
4　弗里德里希·奧古斯特·哈耶克著；楊玉生等譯：《自由憲章》，中國社會科學出版社，2012年版，P.127。

不同貢獻者的不平等，是對產權的破壞而不是保護，即創造財富者所創造的財富被不創造財富者所掠奪，顯然，這是對財富創造自由的破壞，也就不是市商文明。

在逆商占主導地位的歷史時期，既不平等也不自由，正如經濟學家米塞斯所指出的：在資本主導的市商文明出現之前，一個人在群體中的地位，從生到死都是固定的；他從祖先那裡繼承了這個地位，而這個地位從未改變過。如果他生來是窮人，他就一直是窮人，如果他生來是富人——領主或公爵——他就保持他公爵的身份以及隨之而來的財富，直到餘生。這個舊秩序是一個充滿強迫和選擇不自由不平等的世界。法令決定了你可以買什麼，你可以和誰交易，你可以住在哪裡，你可以從事什麼職業。除非你碰巧是擁有土地、財富和權力的世襲貴族，否則就會被束縛在土地上，過著極度貧困的生活。也就是與財富直接掛鉤的身份階層固化，缺少流動性。平民沒有機會升到更高位置，除了通過有關係的恩主，很少有機會賺到財富。這種制度——盛行於歐洲大部分地區數百年的封建遺跡。[5]

沒有平等自主市商，就必然使易利呈現霸凌狀態，易利雙方就不可能實現共贏，一方面，處於劣勢的一方將因此受損，會降低其易利意願，易利不可持續；另外一方面會使處於優勢的一方，

---

[5] 丹·桑切斯著；禪心雲起譯：《機會平等，而不是結果平等，才是使美國偉大起來的原因》，奧派經濟學，2022年11月19日。

不會鼓勵改進產品與服務，也不會產生此方面的積極性，因為不需要競爭力和競爭，易利因此也不可持續，所以實現不了財富遞增。

英國對市商文明維度構建的貢獻不僅來自上層貴族，也來自下層民眾，包括農民。1381 年爆發的英格蘭農民起義，爭的是平等、自由。而華夏的農民起義要的則是均貧富、做江山。文明差距至少在 600 多年前即已開始拉大。

一、平等市商維度

作為一套文明秩序，在市商文明，包括資本主導的市商文明中，易利經濟成長可以造就每個易利參與者個人的自由平等。財富擁有一直是個人行為的主要動機，在市商文明中，它可以讓財富擁有在自由平等的易利中予以實現。這是因為，如果要在財富擁有動機上建立起積極的價值觀念，並能夠得以實現，就必須讓易利經濟領域獨立自主，即易利經濟活動不能受非易利經濟活動的約束，也就是主要不能受治理政體的干擾與限制，甚至要有比治理政體更高的地位；所有的資源、能量等都要行動起來，追求財富增長的易利經濟目標。這正是市商文明，包括資本主導的市商文明的主要功能所在，也是平等自由成為市商文明維度的根本原因所在。

所謂的平等，就是指自由、權利、規則、身份、機會等方面的平等，核心是易利者身份的平等，人人有尊嚴，人人皆平等。因為，最根本的一點是，人們在本質上是同等重要的生命體。在易利中，「人人生而平等」指的是機會平等，而不是財富擁有量平等。任何人都應該自由地擁有財富、離開或居住此地、進入任何職業或從事任何買賣，都有一個機會平等、準入平等和權利平等。普通人可以自由自在地通過努力工作和服務消費者來改寫命運。只要能夠創造出消費者願意為之付錢的東西，普通人就能夠變得富有——與中世紀的舊貴族不同，他們致富憑的是替消費者服務並創造價值。當他們的投資和創新得到回報時，這些富起來的人，就會雇用其他人、開設企業、支付工薪，從而提高在其手下就業者的生活水準。機會面前，一個人的價值和酬勞不是取決於抽象的能力，而是取決於具體應用這些能力時的成功，因為這種成功能有益於他人，而他人也會因此做出回報。所以機會平等很重要，它可以保證有能量的個人所獲得的知識獲得最大程度的利用，並有益於他人。市商文明之所以能夠實現財富遞增、締造繁榮並造福民眾，其重要的原因之一就在於此。

　　1. 人格平等：市商化易利財富創造之本。平等、協商是市商文明的核心價值觀，只有平等的易利雙方，才能進行協商，並通過協商實現雙方都能夠接受或均受益的易利。這裡的平等最為重要的內涵是人格平等，是易利身份的平等，就像古希臘運動會上的

裸體競技一樣,沒有易利即競技之外的身份,誰都不比易利對方尊貴,也不比易利對方下賤,在易利中雙方完全平等。因為易利的目的是創造財富,所以產權很重要。而易利中產權是人格的基礎,沒有產權就不能達成易利中的人格平等。所以,產權意義上的人格平等是市商文明最為重要的平等。

在西方思想史裡,肯定人們本質上是平等存在的思想可以追溯到兩個來源。一是斯多葛學派所主張的「精神上的平等」。例如,古羅馬政治家塞涅卡認為一切人在「精神上」都是平等的,即使奴隸在「精神上」也與主人是平等的。因為,奴役只涉及肉體,而人的精神是無法被奴役的。二是基督教中的「平等」思想。基督教認為,所有人都是平等的,這一平等在於所有人都是上帝的子嗣,在上帝面前人人平等。[6] 二者都將肉體與精神分開,但基督教則認為生命個體無論是肉體還是精神,都是平等的。基督教的偉大在此即顯現出來。

對市商文明起極為重大作用的平等是希臘文明的耀眼成果。奧林匹亞賽會的精神就是其重要體現,影響滲透到希臘人生活的方方面面,成為希臘文明有別於其他古代文明的核心特徵之一。在這樣一個值得去「深描」的領域中,「平等」的觀念佔據中心位置。王大慶指出,實際上,正是在體育賽會的領域,希臘人最早發現了這種理念,並把它付諸實施。「平等」的觀念是古代希

---

6 李石:《平等理論的譜系》,政治學人,2016年12月19日。

臘賽會的基本理念之一,它既是古希臘奧林匹亞賽會長盛不衰的原因,也是現代奧林匹克運動得以復興的根本動力。而公正的比賽規則正是奧林匹亞賽會長盛不衰的重要原因之一。在比賽中,「勝利者取決於明顯的客觀標準,以及極大地減少在比賽中的爭議和偏袒的指責。」在比賽場上,裁判員依據固定的規則進行裁決,握有絕對的權威,違規運動員會受到鞭笞或處以罰款,甚至被逐出賽場。在比賽的過程中,參賽者身份的平等最明顯地表現在裸體競技上。這種極端的競技方式的背後也體現出了希臘人對體育競賽之公平性的熱烈追求,正如米勒所強調的:這種比賽最後的一種也是最明顯的平等方式就是他們都是裸體的。在更衣室裡,人們的身份地位是不容易辨別的,經濟特權也不能使一個人比其他人跑得更快。[7]

由此,對市商文明所不能忽視的正是身份平等。托克維爾從民抉國家的理想境界角度看待平等,提出與自由和諧統一的平等才是真正的平等。因為人人都將完全平等,所以人人也將完全自由,反過來說,因為人人都將完全自由,所以人人也將完全平等。他認為顯示民抉時代特點的佔有支配地位的獨特事實,是身份平等,在民抉時代鼓勵人們前進的主要激情,是對這種平等的熱愛。他認為「極端化」導致了平等悖論,因此必須警惕絕對不

---

7 王大慶:《從奧林匹亞賽會看古希臘人的平等觀念》,前線網,2012年11月2日。

平等的出現。而齊克的平等觀是對治理政體主導下的平均主義傾向的抵制；米瑟斯的平等觀則是程式至上的法律平等論；艾德勒認為平等是多元的，平等是指導人們行動的基本原則，分為主體對平等的價值選擇和主體對平等的價值追求兩種層次與部分。[8]

1620 年，一艘載著 102 名英國清教徒、名為五月花號的船隻，輾轉到達了人跡罕至的鱈魚角，船上 102 名乘客全數簽署了《五月花號公約》，同意成立治理政體，並以「少數服從多數」的方式訂立法律，開創了在政體治理中治理與被治理完全平等的文明升級與革命。之所以稱得上是革命，就體現在被治理的「一致同意」和「默認同意」上。這個新治理政體成立後作出了不智的決定，制度浸入了逆商元素，以致餓殍枕藉。但由於所有人的確簽署了《五月花號公約》，自願參加民抉制度，所以即使最反對治理政體干預的自由意志主義者也會同意，他們確須遵守當初的承諾。當然，這也是契約精神的精髓。換言之，這種一致同意成立的治理政體，無論怎樣把私人財產充公，其道義上的正當性都是沒有問題的（效果之優劣則是另一回事）。1776 年 7 月 4 日頒佈的《美國獨立宣言》，進一步闡明瞭「被治者的同意」作為治理政體正當性的必要基礎。可是，當美國憲法於 1789 年通過生效，創立聯邦治理政體時，部分國父警覺他們已到了違反《獨立宣言》原則的邊緣：憲法只是獲每一個州的多數（去投票的）

---

[8] 鄭言：《論平等的三種形態及相互關係》，互聯網，2013 年 9 月 11 日。

民眾同意,卻非所有人同意,由是觀之,美國最重要的兩部立國檔——《獨立宣言》和憲法——並非一脈相承;反之,他們的正當性是有潛在抵觸的。盧安迪撰文談到,為了逃出這一窘況,「美國憲法之父」麥迪森提出了「默認同意」的概念。他認為,只要人們明知聯邦治理政體已經成立,仍居住在美國領土之內,而且沒有武裝起義,即代表他們同意了接受聯邦治理政體的管治(當然,這裡有個前提,即非強制;所以不適用於極權專制國家)。

而當一群人成立了一個治理政體,然後跟該地理範圍內的所有人說:「如果你留在這裡,就代表同意了遵守多數人的決定!」他們必須證明其他人沒有他們批准便不可繼續住在那裡,即要證明他們已取得那個區域的管轄權,但這正是假設了一開始要證明的目標。因此,這個邏輯是不成立的。斯波納捍衛基於自然法的私有產權,並視一切侵犯產權的行為——無論來自私人還是治理政體——為道義上不正當。他是最激進的廢奴主義者:奴隸制是違反自由經濟,因為侵犯了被迫為奴者對自己身體的產權。同時,斯波納也身體力行地挑戰治理政體對郵政服務的依法壟斷,開辦了一間價廉物美的郵遞公司,吸引大量顧客,遂被聯邦治理政體查封。[9] 從市商文明的平等維度角度看古代史,可以很好地理解在奴隸制度面前,古代是沒有也不可能有任何機器和任何有組

9　盧安迪:《從美國歷史看「社會契約」》,奧派經濟學,2019年11月29日。

織的工資勞動者團體的。因為從事勞動的奴隸是毫無平等人格、身份與權利的。奴隸勞動在手工業中起了重要的悲慘作用,他們既排斥了平等自由個人,又對機器的地位取而代之。由於古代掠奪經濟盛行,包括戰爭與海盜行為都使奴隸供應增加,奴隸勞動變得更加廉價。而奴隸勞動既不利於技術的改進,又使自由人輕視手工勞動,認為它是一種奴隸工作,並進一步認為,一般的力學和一切實用的東西是一種下賤的技術。甚至還有人認為,從事一種手工業是市民的墮落。由於沒有可以替代勞動的任何機器,希臘和羅馬都沒有大規模的工業,所使用的工人數目從未超過作坊的階段,基本就無工廠可言。[10] 希臘世界蔑視工業的傳統使科學背離偉大發現時期的機械技術。歐幾裡得、阿拉特、赫羅等都是在手工業遭人白眼的時代裡進行他們的研究工作和取得豐功偉績的。阿基米德在這種傳統的影響下就認為,把科學應用到實際方面就降低了科學的身價。這有助於解釋為什麼古希臘在如此逼近了易利經濟革命時,但卻停滯不前了。如不如此,蒸汽機可能在瓦特時代的1800年前就應用上了,因為蒸汽的原動力是西元前100年左右被赫羅發現的。[11]

2. 機會平等:市商化易利財富遞增之本。隨著市商化的深入,平等理念已深入人心,尤其是市商文明發達的國家,比如美國。

---

10 杜丹著;志揚譯:《古代世界經濟生活》,商務印書館,1963年版,P.55。
11 哈孟德著;韋國棟譯:《近代工業的興起》,商務印書館,1959年版,P.10、11。

20世紀30年代，美國有一個案例，當初經濟危機、經濟蕭條，很多的工人失業，其中有一個工人找到工作以後又返還給了雇主一部分工資，其他工人為此告到法院，認為這是不正當競爭的行為，也是具有商業賄賂的行為。這個案子到了美國最高法院，最高法院判決說一個人給另外一個人的錢是因為後者提供了勞務和服務，那麼這個傭金是合法的。一個人給另外一個的錢僅僅是買一個機會，或者保留一個機會的話這個就是非法的，因為機會面前人人平等，誰都沒有能力、誰也沒有權利花錢去買機會，機會對任何人都是平等的。江平指出，市場最高的法則就是保護在市場的機會面前人人平等，任何人不能夠利用權力和金錢來買一個機會、取得一個機會。利用權力取得機會、利用金錢來取得機會這就是非法的。日本田中角榮首相由於從洛克希德公司拿回扣出現了問題，此後美國很重視這個問題。所以，美國法律規定嚴禁美國公司在海外從事商業活動中利用商業賄賂取得機會。[12]

2009年，英國學者羅伯特·C.艾倫測算了1760年至1913年間英國的人均產出與工人實際工資，發現在第一次工業革命期間英國工人的人均產出累計增長了46%，但雇傭工人的周工資收入累計上漲僅為12%，然而在19世紀中葉以後，實際工資開始隨著生產率的增長而增長。對此，艾倫給出的解釋是，資本和勞動在總生產函數中有著低替代彈性，這既造成了第一階段的不平等，

12　江平：《真正的公平是機會平等》，天益社區，2006年1月23日。

又使這種不平等逐漸消失。在工業革命初期，隨著勞動增強型技術進步的加速，更高的技術進步速度就像更快的人口增長：它降低了資本與勞動力增長的比率，較低的資本勞動比率意味著較高的資本邊際產出。然而，第一階段包含著它自身毀滅的種子，到19世紀中葉，利潤的增加引起了足夠的資本形成，使經濟實現了平衡的增長路徑，一旦實現了穩定的增長，資本就會像增加的勞動力一樣迅速增長，在這種情況下，實際工資與生產力實現同步增長，工人的不平等逐漸消失。[13] 像事物的發展大都是從簡單到複雜，從幼稚到成熟的過程一樣，資本主導的市商化易利也是如此。關鍵是能否容忍這一過程，平穩度過這一過程。逆商者正是利用人們對這一過程所具有天然的較低容忍限度，從而推進逆商，把人們引入災難。其口號往往是「平等（實際上是平均）」二字。

今天，平等已體現在市商文明的各個方面。值得研究與思考的是，在西方福利國家，平等已被推上了前所未有的高度。根據2006年聯合國《人類發展報告》，丹麥貧富差距為世界第二低，僅次於阿塞拜疆，在發達國家最低。丹麥基本上沒有窮人，因為每個人都在同樣的起跑點上，這體現在公共福利與教育兩方面。丹麥學校不選模範生，12歲以下沒有成績單，老師與家長鼓勵

---

[13] 李維濤：《恩格斯停滯：英國工業革命中的技術變革、資本積累和不平等》，政治經濟學新時空，2024年3月4日。

孩子發展天賦，不鼓勵比較。公立學校從小學到大學學費全免，18 歲以上學生可以領生活津貼，金額多少視學生是否居住家裡而定。即使讀私立學校，也補助 75% 的經費。因此，進私立學校不是象徵貴族，而是去學習特殊才能如藝術、體育。不過，天下沒有白吃的午餐。丹麥是典型的「三高國家」——高收入、高稅收、高福利，所得稅率高達 50－70%。這些稅收被大舉應用在公共福利與教育上。根據 OECD 統計，丹麥的公共福利占治理政體支出的 29%，是 OECD 國家中的第二高；各部門教育支出占 GDP 的近 7%，為 CECD 國家中的第一高。這是一個平等而又有競爭力的富裕國。丹麥擁有全世界最大的風力發電葉片公司、船運公司；它的生物製藥、工藝與設計，聞名全球；其豬肉與火腿、草地與草種等農牧產品，市場佔有率居世界第一。[14] 丹麥等所謂的福利國家是否有可持續性，或能否最終對市商化易利造成傷害，依然是學者需要研究的重大課題。如，高福利、高稅收與高市場佔有率、領先的企業等形成平衡的條件是什麼；一旦失衡，丹麥的現狀是否能夠得到保持等等。此外，日趨增高的治理政體財政支出權力是否有利於市商文明的發展，以及市商易利經濟的運行。

現代市商文明之所以排斥特權，這是因為只要存在特權，就存在不平等，就是對財富創造與擁有的傷害。對一些人來說是一種

14　城市新移民：《驚呆了：一個披著資本主義外衣的共產主義國家》，心安天下，2023 年 12 月 15 日。

特權的東西，對其餘的人來說則永遠是一種歧視，就意味著機會的喪失。同樣也傷害到自由，自由就意味著所有人人格的平等和機會的平等，不需要任何人或組織的認可，而只受到對所有的人皆一視同仁的普通原則的制約。

二、自由市商維度

古斯丁賦予人「自由意志」，是基督教對市商文明維度構建的一大貢獻，不管其初心如何。

在逆商國家或逆商時代，是沒有易利自由而言的。比如在逆商的中世紀，莊園主不僅壟斷磨坊業，坐擁水源，而且連領地上刮過的風都不放過。一個頗具自由精神的人自行修建了一座磨坊，他的地主勃然大怒。而這類衝突通常都以地主一方的勝利告終。在倫敦北面的聖奧爾本斯，修道院建起了自己的磨坊和縮絨漂洗作坊，竟然禁止當地居民將穀物和布料拿到別處處理，甚至不允許他們在自己的家中處理。[15]

自由，主要指經濟自由，即易利自由，很重要的是擁有和支配自己財富（收入）的自由。當然，主要是根據自己的利益需要支配自身財富的自由，包括選擇職業的自由、經營企業的自由、與人交易的自由等等，也就是人們的這些行為要嚴格遵守自願的原

---

15 大衛·哈克特·費舍爾著；XLi譯：《價格革命》，廣西師範大學出版社，2021年版，P.33、34。

則,不依靠強力強迫他人。按照哈耶克的觀點,自由是指在多大程度上能夠在易利上自行其是、能夠確定自己的易利行為方式,以及多大程度上可根據自己所執著追求自己的目標、而不是根據別人為實現其意圖所設定的強制條件去行動。核心是取決於其能否自己根據自己的意願行事。而強制是指一個人的外部條件受他人控制,為了避免更大的惡果,此人逼迫為實現他人的目的而行事。其除在別人所創造的條件下可以選擇最小的禍害外,既不能自行運用智慧和知識,又不能追求自己的目標或信仰。強制使人不再是一個能夠獨立思考問題、判斷價值的人,而成為受人操控的工具。[16] 而逆商國家皆是如此。

1. 由我自主:易利市商化經濟進步的機理。中世紀城鎮從封建領主那裡買到了特許狀,從而獲得了一定程度上的政體治理自主。購買特許狀要進行談判,有時也需要訴諸武力。特許狀授予不同程度的自治權,有時實際上達到了免除城鎮對封建主有效忠義務的程度。[17]

對資本主導的市商文明來說,19世紀末,競爭變得非常重要。它被讚譽為人類的改造者,創造財富、消滅貧困、減少階層差別和保障自由的新普羅米修士。保護競爭的觀念就發端於保護

16　弗里德里希·奧古斯特·哈耶克著;楊玉生等譯:《自由憲章》,中國社會科學出版社,2012年版,P.31、42。

17　羅森堡·小伯澤爾著;周興寶等譯:《西方致富之路》,生活·讀書·新知三聯書店,1989年版,P.60。

自由的觀念,而競爭也逐漸成為一種使自由產生它所許諾的經濟進步的機制。到了19世紀70年代,市商文明國家易利自由的許多目標都已得以實現。作為資本主導的市商文明的源頭的城市,其之所以能夠承擔孕育市商文明種子的職責,最關鍵的一點正是自由,包括自主、自願、自為。按照厲以寧的觀點,市民意識是導致資本主導的市商文明產生和發展的主要因素,儘管不是唯一的因素。西歐之所以是市商文明的發源地,正因為西歐同其他地區不一樣,在這裡最早產生市民意識或城市精神。市民們試圖贏得他們的獨立自主。他們希望能自由支配他們的財產,並獲得一些與財產有關的特殊權利,在那時即非市商文明時代,凡是沒有特殊權利就被認為是受奴役的明證。城市的興起被視為一場運動、一場革命。這場革命是由於財富的積累和勞動力的解放而引起的。這種解放最為主要的是自由。城市力求擺脫封建領主的統治,他們先爭取自由,然後爭取自治,最後爭取自立,也就是獨立於封建勢力之外。市民中包括各種各樣的人,其中有手工業者、幫工、學徒、商人、小販等。這種市民意識是中世紀西歐城市中所特有的。主要由手工業者、商人等普通人所構成的市民是靠自己的勞動和經營而逐漸積累起財產的,他們要求對自己的私有財產的確認並得到城市行政當局的保護。正是在市民意識起作用的條件下,城市中那些普通的居民,逐漸凝聚在一起,有了明確的一致行為目標,終於形成一種為資本主導的市商化易利經濟

第二章 市商文明維度

發展開闢道路的力量。[18]

西方持續的經濟增長是隨著一個不受政體治理和宗教控制的有高度自主的易利領域的出現而開始的。從中世紀後期緊密結合的封建秩序到18世紀多元化的秩序，意味著政體治理和宗教對所有領域的控制式微。由此，按自由價格進行的易利增加了。這種易利不同於按照治理政體決定的價格進行的易利，這種易利及其產生的利潤有助於造就一個商人階層。行會和治理政體對開設新企業的控制也削弱了，至少從12世紀開始，在意大利北部，雄心勃勃的商人和工匠找到越來越多的從事相對地不受控制的易利，包括商業貿易和製造業的發展機會。

自主意味著權力的分散，自主權的增加。這些是創新非常重要的條件。而創新對財富增長是極其重要的。對創新進行創新的解釋中，尤其重視自主性革新的決定權分散。實施這些決定的能力和承擔這類決定帶來的盈虧的能力等因素，權力的分散與獨立經濟部門的發展，以及易利活動組織方式等相結合，使前所未有的創新浪潮在西歐出現，並帶來了一系列商業革命、價格革命和工業革命。[19]

計劃經濟的失敗，使全世界的治理政體對自己能力的邊界有

---

18 厲以甯：《市民意識與資本主義起源》，韋伯研究，2022年6月3日。
19 羅森堡·小伯澤爾著；周興寶等譯：《西方致富之路》，生活·讀書·新知三聯書店，1989年版，P.24。

了新的認知,絕大多數國家的治理政體意識到,只有讓易利主體自我做主才能保證經濟體的良好運行。實際上正是如此,在易利中,決策的自主性是關鍵。易利參與的所有主體都是平等自主的,買者或賣者都可以自主地進行一項交易,也可以拒絕一項交易,他們都是自主分立的自由易利個體。易利參與者自主控制自己的財富,決定這些財富如何易利,並不受任何其他人的命令所左右,買進或賣出,投資或套利,都充分顯示他們的智慧和偏好。正如約翰·麥克米蘭所言,忽視熱帶病的研究以及設定高昂的藥價,是製藥公司對自己所處體制的正常反應,它們應該自主根據市場的激勵採取相應的行動。這也是財富遞增的一個重要密碼。如果失去了這些自主權,就不能稱之為市商化易利,就不可能實現財富遞增。

2. 由我所由:易利市商化經濟發展的靈魂。市場易利,就是自願地交換,任何一方都能夠拒絕,而且任何一方都自願地接受易利條款。[20] 中世紀歐洲自治城市的市民總體上享有三方面的特殊權利,這些特殊權利概括起來就是自由,即自主、自願、自為。首先,城市土地的保有權,使得市民在自治市里處置他們的房屋時幾乎像處置他們的動產一樣容易,市民死後可以免納像遺產稅或繼承金等。其次,由於擁有自己的法庭,市民的案件可以由同

---

20 約翰·麥克米蘭著;余江譯:《市場演進的故事》,中信出版社,2006年版,P.8。

城之人審理。再次，自治市法庭徵收罰金的數額往往受到一定的限制。城市市民所享有的這些特殊權利自然地吸引了大批的農奴來投奔，而當時的法律也給予逃亡的農奴以司法支持。對於一個逃亡的農奴，領主有四天的「自行補救」時間，在此期間，領主可以憑藉自己的權力而無須動用其他權力，追捕逃亡的農奴。但四天之後，農奴就擁有了自由，這時領主只能尋求法庭的協助，但「自由證明令狀」是農奴手中更為有利的武器，如果農奴擔心其身份會有麻煩，可以使用「自由證明令狀」使法庭審判拖延舉行，等到下次巡迴法官的到來，而屆時巡迴法官審理案件時，領主會處於更不利的地位，因為人們越來越相信判決必定有利於自由。[21]

市商化易利迫切需要的第一個基礎條件是易利者的自由，即易利自由。易利自由的含義非常廣泛，它首先意味著易利者的偏好自由、價值自由、使用自己的資源的自由，而這些自由中最大的自由就是利用自己的有限財富在對他人有利至少無害的條件下實現福利最大化或者利潤最大化的自由。按照毛壽龍的觀點，首先，易利自由要求任何力量，包括治理政體，不應該限制消費者的任何偏好，除非該種偏好為公認不良的偏好或者具有不良外部效應。任何生產都應該建立在消費者主權的基礎上，只要消費者

---

21 孫曙生：《自由與法治理念生成的社會學的分析——歐洲中世紀》，江蘇律師服務網，2013年4月26日。

的選擇沒有不良的外部效應,就應該允許消費者自主選擇。其次,不應該限制任何生產者的生產偏好,除非該種生產偏好為公認不良的偏好或具有明顯的外在不良效應。消費者只能通過願意以更高的價格、或者更低的價格等信號來影響生產者的偏好。第三,不允許任何力量干預易利者的自由交易和自由定價,除非這種交易本身帶有強制或者不正當性。任何交易都應該是自願的,任何交易都不應該有人為的關卡,不能有強買,也不能有強賣,不能有價格管制,無論是最低限價還是最高限價。任何對易利者包括消費者、生產者以及它們之間交易的強制,都會影響財富流向優選效率,從而不能實現福利的最大化和財富遞增。治理政體就是要在保護易利自由免於其他勢力強制的同時,還要控制自己的行為,避免成為那個強制者。[22]

治理政體民抉自由是易利自由的前提。這就要求沒有高壓治理,以避免政體成為強制者,也就必然要求縮小政體運用治理權力的範圍和能力。而自由市場通過分散權力,也可以在一定程度上防止治理政體權力的集中。而把經濟和政體治理權力集中在同一個人或同一批人手裡,肯定會給國民帶來災難性暴政。而捍衛自由、防範暴政需要抗爭。按照經濟學家達龍·阿西莫格魯和政治學家詹姆斯·A.羅賓遜在《狹窄通道》一書中提出的觀點:治理

---

22 毛壽龍:《市場經濟的制度基礎:政府與市場關係再思考》,行政論壇,1999年第5期。

政體民抉自由來自於與治理政體進行易利的人的抗爭。阿西莫格魯認為，真正的民抉和自由並不源自權力制衡體系或精巧的制度設計。它們發端於更為混亂的公共動員過程，同時持續處在這一過程中。人們捍衛他們自己的自由，對規則和行為如何強加於他們身上，積極設定限制條件。阿西莫格魯和羅賓遜利用一些追溯到古代的例子闡釋道，政體治理權力對於保護人們免遭其他人操控是必要的，但政體治理群體也能成為暴力和壓迫的工具。當與之易利者的組織對這種權力提出異議時，其所導致的衝突「創造了一個狹窄的通道，自由在其中勃興」，美國憲法是「浮士德式交易」，它限制了治理政體和公共大眾的權力。今日很多民眾之所以享有那些自由，既要歸功於美國民權運動，婦女權利運動和其他民眾動員活動，又要歸因於那部「設計卓越的憲法」，它們兩者的作用至少同等重要。在由專制治理政體造成的恐懼和壓迫與這些治理政體缺位而出現的暴力和非法治狀態之間遭受擠壓的就是一條通往自由的走廊。正是在這條走廊裡，治理政體和與之易利者實現了彼此平衡。將此造就成一條走廊而非一扇門的原因就是，自由的實現是一個過程。在暴力得到控制，法律被制定和實施，以及治理政體開始為與之易利者提供服務之前，你必須走過走廊中的一條長路。[23]

23　Peter Dizikes：《達至自由的狹窄走廊》，勿食我黍，2020年1月16日。

第二節　私產私權

關於人權，盧梭認為是天賦人權；而柏克則認為是人賦人權。盧梭預感別人會認為其理論沒有現實依據，於是聲明其只探討權利而不爭論事實；柏克則要爭論事實，認為權利是由事實中成長出來的。所以柏克主張人賦人權，人權是歷代人們智慧的結晶所賦予，是由傳統所形成的。這裡的事實、智慧與傳統，就是自發形成的市商化易利經濟文明。在人權中，非常重要的是私產與私權。

保護思想智慧財產權的專利系統於1623年在英國議會制定的壟斷法中就系統化了，特別是阻止了國王隨意給他想給的人發「專利證書」──這樣就能有效地把排他性產權授予特定活動或商人。美國被授予專利的人來自各個階層、各種背景，而不僅僅是富人和精英。許多人就是因為自己的專利而致富的。[24]

哈耶克認為，承認私有財產或是個別的所有權，因而是防止強制的根本條件，即令不是唯一條件。阿克頓強調，一個不承認私有權制度的民族，缺乏自由的首要條件。大衛休謨早就指出：天賦人權的三大基本原則就是：穩定的財產權、通過協議轉移財產

24　德隆・阿西莫格魯、詹姆斯・Ａ．羅賓遜著；李增剛譯：《國家為什麼會失敗》，湖南科學技術出版社，2015年版，P.21。

的權利以及履行諾言的權利。[25]

　　所謂的產權保障，就是私產、私權的保障。有私產私權保障，才會有資本的產生與存在。資本、法治與繁榮是一體的，即私產私權、法治與繁榮是一體的。否定資本的地方，沒有未來。同樣，否定私產私權的地方不會有真正的資本，也就沒有未來。資本是創造財富的財富，沒有資本就沒有新的就業機會，就沒有財富的增長。資本積累，提高了人均工資，使越來越多的人有機會擺脫繁重的體力勞動。在奧地利學派經濟學大師米塞斯看來，以貨幣形態體現的資本，是市商化易利經濟活動中進行易利計算的首要心智工具。而私產私權與資本已經是連體的，誰都離不開誰。資本是市商化易利的產物，私產私權則是市商文明的非常重要維度。借用哈耶克的觀點，關鍵在於，分立的私產私權的最初出現，是易利發展不可或缺的條件，從而對於形成統一而相互協調的更大結構，以及易利文明稱之為價格的信號的出現，也是不可缺少的。而且規範產權的規則也是一切道德的關鍵所在，尤其是，只有抽象的產權規則即相關法律規則及零縫隙執行，才能夠保障自由。每個生命體都是自私的，都要對自己的個體生命負責。生命的存續由基因決定，基因需要複製當然需要能量，必須與外界的物質進行交換，這種物質的獲得靠的就是財富。財富對

25　弗里德里希・奧古斯特・哈耶克著；楊玉生等譯：《自由憲章》，中國社會科學出版社，2012年版，P.200、224。

每個生命體都至關重要。因此，對財富的欲望成為每個生命體的本能。正是這種本能，使易利創造財富有了不竭的動力。但這種動力只有在市商化文明中才能夠出現並發揮作用。

所以，產權包括私權私產，不僅是市商文明的重要維度，而且是市商易利的核心。市商化易利就是將財富歸屬到每個生命個體。私產私權的市商化程度或狀態，也是文明升級轉型選擇和平或戰爭的決定性因素之一。

一、私產保障維度

無私產無恒心，無私產無市商。私產是財富流向優化的關鍵，財富流向優化是財富遞增、財富創造的關鍵。逆商國家的失敗與此有重大關係。納粹德國是一個半私有制和治理政體控制、極權獨裁和跨國征服的混合體，其之所以在戰時物價得到很好的控制，部分原因是治理政體當局要求國民和公司將他們的流動資產凍結在一個強制的存款帳戶中，並轉而被治理政體徵收。這種對私人財產的侵犯，有效抑制了需求並降低了通脹，但也使德國經濟徹底毀滅。[26]

1. 私產確認：市商文明財富遞增的資本秘密。在市商文明先進國家美利堅，一系列立法行動包括1785年的《土地條例》和

---

26 大衛‧哈克特‧費舍爾著；XLi譯：《價格革命》，廣西師範大學出版社，2021年版，P.216、217。

1862 年的《宅地法》，賦予了國民更廣泛地獲取邊疆土地的機會。儘管原住民被排擠走了，但是這在一定程度上創造了一個平等、更具有易利經濟活力的邊疆地區。而市商易利文明相對較弱的南美大多數國家，治理政體制度造成了完全不同的結果，邊疆地區的土地分配給了權貴階層和富人，以及與他們有聯繫的人，並使這些人變得更有權勢。[27] 因此，確認私有財產權十分重要。正如《資本的秘密》一書作者德·索托所持的觀點，如果一個國家不將非正式部門中記錄的所有權和其他經濟資訊融入正式私人所有權制度中，那它就不可能建立起繁榮有力的市商化易利經濟，包括資本主導的市商化易利經濟。比如說，許多缺乏正式所有權的小企業，正從事著未被官方注意和記錄的經濟活動，它們難以獲得信用，不能買賣企業，不能擴張，也因沒有正式私人產權而不能在法庭上獲得合法的補償。治理政體因為缺乏非正式部門的收入資訊，不能對其徵稅，也不能為了公共福利而採取行動。德·索托的結論是：正是所有權的法律結構決定了資本的創造能力，世界經濟的主要轉型之路就在於所有權的法律改革。正如英國前首相柴契爾夫人的觀點所示，市商化易利文明對私產私權的確認和保護，足以導致一場全新的、能為人類帶來巨大益處的革命。逆商國家（包括第三世界）缺失資本主導的市商化易利的原因，就是這些國家缺少市商易利文明的一種支援私有財產權、提供理

---

[27] 德隆·阿西莫格魯、詹姆斯·A．羅賓遜著；李增剛譯：《國家為什麼會失敗》，湖南科學技術出版社，2015 年版，P.24。

想創業環境的法律體系。密爾頓·弗里德曼指出，迄今為止，為缺乏所有權的資產發放所有權憑證，始終是促進經濟發展、文明升級，可為國民造福的一條快捷方式。可以認定，在西方國家之外，無論是俄國還是秘魯，阻礙資本主導的市商化易利擴散的不是宗教、文化或者種族，而是缺乏能讓產權制度發揮作用的正式法律程式。要建立資本主導的市商化易利秩序就要實行法律制度的改革，這與民眾的信仰有關，但更多的是政體治理而非法律的責任。如果治理政體能夠重視尚不富裕的人對合法產權制度的要求，並通過改革將其容納在內，就能將他們的工作和儲蓄轉化為資本。政體治理的行動是必要的，以便確保政體自然人能嚴肅地接受真實世界中民眾間生存狀況的不平等，從而接受契約、重塑法律制度。在對資本的認識中存在一些問題，以至於遮蔽了資本的重要性（即西方市商文明國家因創造出資本而成功，而非市商文明國家因不能創造資本而失敗）。[28]

2. 私產保障：市商文明財富遞增的產權基石。私有財產權是交換的基礎，沒有私有產權，市商易利這個概念就不存在了。沒有市商易利就沒有市場，也就沒有價格；沒有價格，就不需要進行易利計算，成本、收益、利潤也就統統不存在。這是自然經濟及所有非市商化易利的共同形態。因此，到底生產什麼，如何有創

28　劉守剛：《發現資本的秘密：什麼是發展中國家通向成功的道路》，先知書店：奧派經濟學，2022年12月5日。

富地生產，就化為烏有；也就不需要瞭解人們迫切需求什麼。即使存在工業化生產及消費，也會因為價格與實際價值難以吻合，造成生產的盲目性和消費品的稀缺性。這種情況下，即使依靠一隻治理政體大手來組織所謂的計劃性生產，或組織消費，但其盲目性和稀缺性都不可能克服，也就不可能實現財富遞增。而且，更容易化公為私、公權私用。導致資本主導的市商易利文明產生的深層次原因，是「保護產權」觀念與法制的建立。只有一個能鼓勵每個人都努力無限制地創造財富的環境，整個經濟才會來突飛猛進的發展。保護產權，保護人們有可能無限多的私有財產和相應的私權，就能夠推動無數創造無限多財富的新發明新創意的大量產生。正是由於大量新創意新發明的問世，才有了人類財富的幾何級增長。因此，私有產權保障是市商化易利的基石。

　　按照哈耶克的觀點，資本主導的市商化易利這種助長了個人目標多樣化的秩序，只有在稱之為專（私）有財產的基礎上方能形成。從古希臘至今，這種財產、自由和秩序得以存在的前提都是一樣的，這就是抽象規則意義上的法律，而這些規則能使任何人在任何時候均明確知道誰有權名處置任一特定物。這種明確界定財產安排的法律，能使得任何人在任何時候都可以明確知道誰對任何具體財物享有支配權，這對財富易利和市商化自發秩序的擴展尤為重要。而專（私）有財產的預先生成，是市商化易利發展不可或缺的條件，從而對於形成前後一致的更大的協調結構，

以及對價格的信號的出現,也是不可或缺的。對私有財產或專有財產的承認,是阻止強制的一項基本條件,儘管這決非是唯一的條件。顯而易見,對產權的確認,是界定那個能夠保護易利者免受強制的私人領域的首要措施。私有財產制度是自由的最重要保障,這不僅對有產者來說是這樣,而且對無產者來說一點也不少。[29]

由於生產資料掌握在許許多多的獨立行動的人手裡,才沒有人有控制易利者民眾的全權,易利者民眾方能以個人的身份來決定做所要做的事情。如果所有的生產資料都掌控在一個人手中,不管這是在名義上是屬於整個公共的,還是屬於一個獨裁者的,誰行使這個管理權,誰就有全權控制民眾。

二、私權保障維度

無私權無市商。私權即人權,與公權相對應,包括處置私有財產的權力。任何形式的共有制,只要其占主體地位,無疑操縱其的治理政體就擁有了絕對權力,尤其是最高職位的自然人必然是獨裁者,所以這種體制下,不可能有任何意義的真正人權的存在。

1. 保障私權:市商化易利財富遞增的根本。在市商文明中,

29　韋森:《重讀哈耶克》,貓眼看人,2011年10月6日。

公權的存在是為了維護和保障私權。一方面，私權保障維度就是嚴防治理政體的公權對私權的侵犯，這就要求治理政體必須為公民所掌控，由公民而抉，即憲政。另一方面，私權保障就是要嚴防治理政體對所謂的共有財富的掌控。一是降低或消除所有共有財富的存在，最終要取締共有制。因為共有制就是對私有制的否定，二者不可並存。二是對殘存的共有制企業要嚴防由治理政體掌控，以確保共有財富不被治理政體自然人利用或私吞。對共有財富必需取之於民用之於民。

私有制是一種最明確的所有權的關係，它直接確定了每一個人的所有權關係。私有制就是確認私權，也即廣泛意義上的人權，包括易利中的私有產權。市商文明的私有私產，其難以比擬的優勢就是人人對自己的財產和生命、幸福負責，對自己利用財產創造財富負責。這樣就會產生內在的動力，使財富遞增。財富權力是個體生命一切權力的重要基礎。如同財富自由是一切自由的基礎一樣。

2. 摒棄共有：市商化易利財富遞增的關鍵。詹姆士·布坎南的研究結果證明，否定私權必然強化公權，否定私有制必然奉行共有制、國有制。無論共有也好、國有也好，都是噱頭，是一種虛擬的所有者形態，最終由自然人主體掌控，而掌控者不可能對沒有所有者具體指向的所有制負責。因為最終掌控者必然是治理政體的自然人主體，這一主體的特殊性，尤其是暴力的擁有及其

動用者,必然會形成全面的壟斷,使其形成獨特的強權優勢。這樣,具有獨特強權優勢的治理政體即使是經過民抉產生的領導者,也必然在自身利益的驅使下,與市商化漸行漸遠,最終使市商文明完全消失。同樣令人可怕的是,治理政體自然人會毫無忌諱地利用這些財產為自己的私利服務。比較典型的例子是納粹的希特勒,以及後來委內瑞拉的查維斯。

所以,與共有制有天然排異性的市商易利文明必然要清洗掉非市商文明的所有痕跡,其中重要的是清洗掉共有制度。共有制度是治理政體公權扭曲的所有權基礎,任何治理政體只要與共有制度相結合,必然造成專制極權與腐敗。這是對市商易利文明秩序極其重大的威脅。共有制度的本質是否定私權私產,也是化民權為官權的有力工具。只要堅持治理政體所有或支配的共有制,就必然排斥市商易利文明。私權非常重要,沒有私權,市商化易利文明將不復存在。因為共有制就是無所有者負責所有制(實際上是治理政體非自然人所有制),不僅會使財富難以創造和增長,而且會使財富持續縮水。沒有易利經濟發展的動力,財富流向就不可能優化,也就不可能有效地加以利用,使其增值。其原由如布坎南所論證的:一般來說,不管是在國家層次、國際層次還是地區層次,對於經濟過程共有化的管理,在根本上存在著四大缺陷。一是知識和資訊的不對稱。集體的管理者或者管理機構所掌握的知識、資訊與一線工作者所掌握的知識、資訊之間存在著差

距,這種差距使得決策難以適應經濟活動的實際需要。二是無論人們的動機如何,集體的管理者與集體的成員對經濟目標的期望是互不相容的。換句話說,這一結論的意思是,對於私有財產的保護已經成為現代市商化易利經濟學的重要理念,而這一理念很早就被亞里斯多德所肯定。然而,統一分配的理念卻是與此相背的。三是共有制在一定意義上是窒息人們創造力的制度,它直接構成了對個性的威脅。四是共有制不可能有效發揮對個人與集體利益的平衡功能。[30] 由此,其失敗不僅包括對資源配置與產品分配進行集中控制的經濟行為的失敗,也伴隨著治理政體整個行政行為的失敗。

總之,要使易利經濟能有效地運行,其重要的條件就是必須要有明確的所有權關係,原因有二:一是明確所有權,所有者能自由處置自己的物品。二是所有權關係的明確化在所有者的個人活動的代價與收益間建立了明確的關係,從而能形成有效的經濟刺激機制。而易利市場運轉正是要靠這種刺激機制,它的原動力來自最大化公設,而明確的所有權關係則保證了個人追求自己利益的動機能受到有力的刺激。這就是市商化資本主導的易利經濟只有在私有制條件下運轉得最為有效的原因所在。明確所有權,尤其是明確與靜態財產權有關的收益與代價的直接責任者,是市

---

30 詹姆士・布坎南著;編譯:汪澄清:《後社會主義政治經濟》,共識網,2013年1月10日。

商化資本主導的易利經濟有效運行的制度條件。在這一條件下，易利制度的獎懲結構才能發揮充分的作用。[31] 為此，20世紀80年代，在全世界掀起共企私有化（經營管理的非治理政體化）浪潮，一百多個國家的治理政體出售了總共大約1萬億美元的資產。在低收入國家，共企的產出占國民收入的比重從16%下降到5%；工業化國家則從9%下降到5%。私有化後，大部分企業向消費者索取的價格更低了，提供的服務更好了，每個工人的的產出增加了，投資額增加了，利潤率也提高了。而且，私有化之後的總體就業率還是有所上升。[32] 顯然，私產私權維度對市商文明來說非常重要，不可或缺。

第三節　契約信用

市商化資本主導的易利經濟本質上是一種契約與信用的經濟，生產和交換是借助於生產者之間、生產者與消費者之間的各種契約以保證信用而進行的。哈耶克指出，別人的財產能夠為實現我們的目的服務，主要應歸功於契約的強制性。契約的可強制執行

---

[31] 毛壽龍：《市場經濟的制度基礎：政府與市場關係再思考》，行政論壇，1999年第5期。

[32] 約翰·麥克米蘭著；余江譯：《市場演進的故事》，中信出版社，2006年版，P.216。

性，是法律提供的一件工具。產生於一系列契約的整個權利體系同我們自己的財產一樣，是我們的受保護領域的重要部分。[33] 契約與信用，就是要摧毀易利叢林法則。市商化易利需要規則，實際上市商化就是規則，是人們創造的、用以規範人們易利行為的框架。契約、信用都是履行承諾、履行合同以保證規定的責任的履行。契約和信用是自主、平等、協商易利的基礎，是對私產私權的有效保護，是易利持續進行與擴展的關鍵。契約和信用也是分析市商化轉型是選擇和平還是選擇戰爭的重要評判因素，是構成市商文明的三大重要維度之一。

一、契約易利維度

人類從誕生以來，對未來的不確定性有著天然的本能的恐懼，因此，人類總是想方設法減少未來的不確定性。以平等自由為基礎，「契約」限制了各方的機會主義和敗德行為，特別是限制了強勢群體對弱勢群體的掠奪，契約就成為減少人們未來不確定性的重要手段和方法，是人類得以實現自由與創富易利的基礎。

1. 保障預期：市商文明擴展秩序之核。與基於暴力和霸凌的文明相比，市商化資本主導的易利文明是一個基於個人之間自由建立契約關係的文明。個人間做交易的協定稱為合同，而一個基於

---

33 弗里德里希・奧古斯特・哈耶克著；楊玉生等譯：《自由憲章》，中國社會科學出版社，2012年版，P.201、363。

自願合同的易利文明就是一個契約文明。這是一個不受妨礙的易利的文明，在一個市商化易利契約文明裡，每個人都可能因其所達成的易利合約而獲益。每個人在其每一步驟都是可以自由做出自己的決定的行動人。羅斯巴德認為，在一個不受妨礙的易利上人們的關係是「對稱的」；每個人都有相等的權力為自己做出易利的決定，在這個意義上，每個人也是平等的。因而，不受妨礙的市商易利契約文明的典型特徵是：自我負責，免於暴力，對自己的決策擁有全權，以及使所有參與者共蕃。掠奪與霸凌易利則不然，那裡權力是不對稱的，除了在暴力的脅迫下服從這個某種程度上算做的決定以外，臣民的所有決定都是由獨裁者做出的。一個掠奪與霸凌易利的典型特徵是：暴力統治，個人自抉的權力交給獨裁者，以及為了獨裁者的利益而剝削臣服者。[34] 因而，契約信用易利就天然地包括治理政體的市商化。在治理政體組織及自然人與國民的關係是一種平等自由，以及契約信用的易利關係。而且這一關係與其他所有市商化易利關係沒有本質上的不同，但是其他所有市商化易利關係得以確立的前提或必要條件。

契約信用本身也是一種平等與自由，或者說必須體現平等與自由，它包含三層意思：一是契約在自主狀態下簽定；二是保障了自主；三是自主擴張了契約，而契約也維護了自主。正是這種契

34　羅斯巴德，《人際行動的類型：自願交換和契約社會》，奧派經濟學，2020年11月1日。

約與信用主導的預期，使得市商文明展示出無限的可能，並與其它兩個重要維度一起保障了市商化易利中各種經濟規律的運行和發揮應有的作用，從而實現財富遞增。

2. 契約保證：市商文明擴展秩序之要。無契約無預期，無契約無規則約束，無契約無持續易利之達成及擴展。按照道格拉斯‧諾斯的觀點，有了契約，非人格易利成為可能，兩個互不相識的易利者可以進行可預期地易利。實現市商文明轉型，就是由人格化易利向非人格化易利的轉變。人格化交換是建立在個人之間相互瞭解基礎上的交易。在這種交換中，由於人們彼此瞭解、利害相關，易利風險較小，交易成本較低，但經濟規模小，很難擴展到不相識的人群之間進行交易。相反，非人格化的交易，意味著人們對交易的另一方沒有任何個人瞭解，就不能以任何個人形態來區分易利對方。雖然人與人沒有深入瞭解，交易風險較大，交易成本較高，但易利規模不受限制，有無限的可能。要抵消二者的缺憾，發揮二者的優勢，即在從人格化易利轉向非人格化易利時，就必須構建契約的法律體系和道德框架，確保交易成本是低廉的，易利是可預期的。[35] 契約與信用就顯示出其不可或缺的重要性。

對人類文明發展最為重要的契約是1215年6月15日，英國貴

---

35 道格拉斯‧諾斯：《制度變遷、經濟增長與理解人類歷史的分析框架》，勿食我黍，2019年6月22日。

族與國王簽訂的一份多達 63 章的契約,當時叫協議,從而二者之間結束了敵對狀態。這一契約最初稱為《男爵法案》,隨後改為《(自由)大憲章》。貴族迫使約翰實行這項契約的原因在於,約翰霸佔他們財產的行為已經違背了管理國家的絕對準則,即普通法。《大憲章》迫使國王交出非法所得;要求國王不得再次實施偷盜、綁架和謀殺行為;把「英國人的權利」編成法典,並明確地將其賦予每個自由人;對保障那些權利所表現的司法程式做出了詳細描述。它歷史性提出,無代表不納稅。它承諾,沒有經過法定程式或土地法,任何一個自由人就不能被「逮捕、或被扣留在獄中,或剝奪不動產,或宣佈不合法,或放逐,或以任何方式干擾」。可見,契約也是私產私權的重要屏障。更重要的是,這些保護賦予了所有的自由人,而不僅僅是教士、伯爵和大臣。換言之,國王不能獨斷地剝奪任何人的生命、自由和財產。「國王不必服從任何人的命令,但必須服從上帝和法律;正是法律使他擁有王位」。這是人類文明史上首次將法律的地位置於國王之上。這是自古希臘以來,第一次有這樣的法律契約平等地對待所有的自由人,從最卑微的農民到至高無上的國王。[36] 由此發展出,君主與臣民相互之間的具有現代意義的契約關係,以及市商文明才有的治理政體與國民(也就是其服務方)之間的一種契約關係,而治理政體的合法性正是依賴於被服務方的認可。以此,英

---

36 威廉·伯恩斯坦著;符雲玲譯:《繁榮的背後》,機械工業出版社,2011年版,P.60、61、64。

國被斷定為市商文明爆發的奇點。其偉大，對易利文明發展來說無與倫比。1689年英國經過光榮革命，又通過了《權利法案》。英國從光榮革命開始再也沒有發生暴力革命，英國人學會瞭解決問題的新辦法，就是用和平、漸進、改革的方式改變現狀。《權利法案》的最大價值，是用議會立法的方式，確立了法治的地位。法治為真正意義上的民抉制的出現提供了前提，只有在法治的條件下，才有可能向民抉制度過渡。

以契約來建構各種易利關係，就是易利的市商化。19世紀英國法律史家梅因說過：迄今為止，所有人類進步的運動，是一個從身份到契約的運動。契約揭示了一個簡單的道理：承諾了，就一定要做到。正是這種契約精神，孕育了誠信觀念。人與人之間與生俱來的天分和財富是不平等的，但是可以用道德和法律上的平等來取而代之。人來到這世間，和他人之間是訂有契約的：物質利益的來往，有法律的契約；行為生活的交往，有契約的精神。沒有契約精神的人，常常會衝破道德底線，為一己私利肆無忌憚，陷入誠信危機。這是前市商文明的普遍現象。

二、信用易利維度

信用的本質也是契約。無信用無正義，無信用無公平易利競爭的實現，也就不可能保證預期的易利及其持續與擴展。信用是預

期，也是防範易利風險的重要工具。因為存在機會主義道德風險的易利者，將不會有責任心的自覺公開承諾，所以，有效的易利將只能在依賴性受到可靠約束支持的條件下實現。在一個人們相互不信任或充滿欺詐的易利中，必然要耗費大量的財富用於界定和實施契約。而當人們擁有實施契約的一套行為準則時，交易成本最低。由此，決定了信用維度在市商（易利）文明中的重要地位和作用。

1. 信用確立：市商（易利）文明擴展秩序的可靠保證。一位美國商人說：一個人可以失去財富、失去職業、失去機會，但萬萬不可失去信譽。與個人信用相比，美國公司之間的商業信用更加重要。一家公司一旦言而無信或欠錢不還，將很難再在商界立足，甚至其商業生命都將喪失。

11世紀在地中海地區的猶太商隊即馬格裡布商人，借助以聲譽為基礎的易利經濟制度，能夠處理委託代理交易中固有的合同問題。那時，聲譽即信用。在以聲譽為基礎的信用制度中，易利中的未來回報和懲罰是根據核心交易中的行為而定的，如果這種方法有效，那麼易利間聯繫就能使人們事前保證不會在事後發生機會主義行為。在這種代理關係中，代理人能夠保證誠實，並獲得信任。一個可信的集體多變懲罰機制支持了這一信任，即從行騙中獲得的收益要比誠實而獲得的收益要少。第一，維繫聲譽信用制度的核心是一個共用代理人行為資訊的組織，並做到資訊要共

用、機會主義行為能夠被揭穿。第二，任何人不會再雇傭欺騙過其他人的人。但在信用的博弈中，最終還是要靠制度，靠市商化發展不斷完善的信用制度。在信用制度產生行為的情形中，規則給處於易利參與者提供個體的認知模式、資訊和協調，使得每個人都能夠形成關於他人行為的信念。每個人都預期他人會遵守這些規則，並發現遵守這些規則是最優選擇。在威尼斯，治理政體搜集監督所有代理人所需要的資訊。為了不必整理每筆業務的相關資訊，商人們有更大的激勵設計一種能反映財務狀況的會計制度，結果產生了複式記帳法，在當時被稱為威尼斯體制。複式記帳法和審計在所有權與控制權相分離的現代商業治理的最終興起起到了非常重要的作用，其原因就是這種方法使所有者和投資者能更好地評估管理者和公司的業績。[37]

2. 保證信用：市商（易利）文明擴展秩序的重中之重。市商文明先進國家不僅有信用方面的價值體系和觀念，更創造發展出自己獨到的信用制度。在丹麥，每個丹麥人都有一張黃色的卡。這張「黃卡」上沒有照片，只有一組身份資訊號碼，通過這個號碼，治理政體可以查閱詳細的個人資訊，如繳稅記錄、信用記錄、犯罪記錄、醫療記錄等。「綁定」一生的號碼，敦促每個人要保持誠信。因為高達89%的誠信指數，所以有人與人之間的

---

[37] 阿夫納·格雷夫著；鄭江淮等譯：《大裂變——中世紀貿易制度比較和西方的興起》，中信出版社，2008年版，P.42、43、98、148。

平等和尊重,如此成就了丹麥人的幸福感,更維護了其市商(易利)文明秩序的確立與鞏固。

作為世界上最為先進的市商文明國家美國,已經形成了一個非官方的較為完備的個人信用體系,這是非常有意義的,說明靠市商易利的私人領域自身也可發展成為保障易利體系運轉的信用體系。在這一體系中有一個角色至關重要,它就是個人信用調查公司,又稱「信用局」。納蘭哲指出,其實在19世紀的時候,美國公共的信用氣氛也很薄弱,欺詐現象普遍。但隨著信用經濟的發展,對個人信用資訊的需求終於催生了信用局。而且是民營而非治理政體壟斷,即市商易利自發產生了易利的仲裁者、裁判長。因而,把治理政體神話到只有其才有資格成為裁判員、仲裁者,放水讓其插足經濟或其他領域,而在經濟領域是民營企業無法替代的說法,在邏輯上是不成立的,也缺乏事實依據。1860年,第一家民營的信用局在美國紐約布魯克林成立,美國個人信用市場從此發展起來。當時,由於通信、科技手段落後,信用調查只能用紙和筆進行,後來有了電腦和網路,這一行業壯大起來。與此同時,經過100多年的競爭選擇,上千家個人信用機構自生自滅,大浪淘沙之後,現在只剩下三大信用局平分秋色,即全聯公司、艾貴發公司和益百利公司。美國銀行每個月都要把更新的資訊傳給信用局。有些銀行至少兩個月也要更新一次。除了銀行,用人單位、法院也會把相關個人在就業、訴訟方面的資訊統統提

交給信用局。如今，三大信用局掌握著 1.7 億美國消費者的信用檔案，這就是他們最大的一筆財富。信用局所提供的個人信用報告中最重要的內容就是對個人信用的評估。在美國，開立新帳戶、安裝電話、簽發個人支票、申請信用卡、購買汽車和房子，都需要這個分數。信用分高的人不僅可以輕鬆獲得貸款，還可享受較低的利率。除了普通的個人信用調查外，信用局還推出一系列專業的個人信用報告，例如，個人購房貸款信用報告、個人就業報告等等，供不同的機構和部門使用。如今，美國三大信用局每年出售的個人信用報告達 6 億多份，收入超過 100 億美元。[38]

市商文明維度包括上述三大維度是相互關聯、相輔相成的，共同支撐了市商文明大廈。契約信用重點是預期，其本身就是預期。尼克拉斯‧伯葛蘭等學者借助定量方法，深入研究了世界範圍內易利巾商化程度與信任、節制等特質之間的關聯。他們以常用的「世界經濟自由度」指數來度量「商業自由程度」：若一國對信貸和勞動力市場的管制相對寬鬆，外匯交易也相對自由，且私有財產保護及相關法律得到有效貫徹，那麼該國在商業自由程度上的得分會相對更高。統計分析顯示：一國的商業市場自由度對其公共的總體信任度、容忍水準有顯著影響。以信任為例：一國商業自由度每提升一個單位，該國居民認為「大部分人都值得信任」的占比會提高 5 個百分點。像烏干達等市場發育尚不充分的

---

[38] 納蘭哲：《「誠信」在美國》，貓眼看人，2006 年 2 月 24 日。

国家,公共信任也處於較低水準,而丹麥、挪威、瑞士等市場相當發達的國家,人們相互信任的程度也較高。[39] 徐賁指出,承諾和信任是公民國家中民抉憲政和法治的基礎。自由而平等的公民自己決定他們願意服從誰、信任誰,服從什麼樣的法律制度、信任什麼樣的制度,這就是公共治理合法性。沒有公共權力和公民主權之間的自由承諾和信任關係,便沒有公民國家的合法性。承諾是在可以承諾也可以不承諾的情況下由個人的自由意志所作的選擇。守諾體現的也是自由的精神。一旦契約必須單一依靠外在制度的力量來實行,契約的自由性質也就發生了質變,契約就此不再是承諾,而變成了約束。公民團結是一種相互認同的承諾和信任關係。這是一切公共道德的基礎。只有我尊重你,把你看成同我一樣重要,一樣有尊嚴,我才會全心全意地善待你。[40]

市商文明的發展無止境,契約與信用這一維度的建設也無止境。發達市商化國家易利經濟中不誠信案例及其所造成的災難,莫過於2001年美國安然破產案及所帶來的影響了。美國安然公司是世界著名能源跨國企業,資產在全美國居第七,在《財富》雜誌的全球500強名單上列第35,卻突然資不抵債申請破產,造成美國有史以來最大一宗破產案。

39　陳志武:《交易與美德:商業市場發展如何推動文明化進程》,勿食我黍,2023日4月20日。
40　徐賁:《承諾、信任和制度秩序》,2005年9月29日。

市商化易利三大維度建設也是一個過程，比如，對於中世紀來講，契約和財產權是對城鎮生活的反應。城鎮生活幾乎不可避免賦予了契約和財產權以重要地位。由於易利意味著商人是商品的所有者，無論其賣什麼，也由於以日後交貨和付款為基礎進行易利，契約和財產權就成為中心問題。在城鎮，商人和工匠被看作一個易利單位，他們的家庭有一定的自主性。例如在建築物的財產權益上，他們擁有更像莊園的自主性，對既當住宅又當商店的房屋擁有財產權益，而且更接近現代的私有財產觀念。而專業性的商人階層形成及易利財富遞增市商化文明進步的先決條件，正是根除了在個人自由和財產權上的一套封建限制。[41]

　　市商文明的維度是確立易利財富遞增秩序的一種結構，它決定了構成人類易利經濟活動和價格作用的激勵機制。市商文明的三大維度構成的維度框架，為財富創造提供了激勵機制。同時，它還能夠有效降低或持續相對降低易利經濟的交易成本。而交易成本是財富創造績效的關鍵。逆商國家或不完全市商文明國家之所以財富創造績效如此之差，如果考察其要素和產品市場或非市場是如何運行的，就會發現，無論是資本、勞動，還是產品市場或非市場，都存在高昂的交易成本。事實上，這些國家的易利經濟活動中所面臨的高昂成本，正是財富創造低水準績效，甚至是貧困等等問題的根源。所謂的交易費用，最主要的構成就是治理政

41　羅森堡‧小伯澤爾著；周興寶等譯：《西方致富之路》，生活‧讀書‧新知：三聯書店，1989年版，P.54-55。

體成本，不僅治理政體無節制膨脹、運行效率低下，而且營私舞弊、公權私用。這樣，對財富創造的傷害就不難想像了。

而對於後發市商化國家來說，市商文明維度尤其是三大維度的建設與維護，在一定程度上決定其文明升級轉型突破臨界點的和平或戰爭選項。三大維度建設穩步推進，並得到有效維護，市商文明升級轉型突破臨界點的和平選項概率就大；反之，戰爭則就可能成為必然選擇。

2024年9月，聯合國未來峰會通過了《未來契約》及其附件《全球數位元契約》和《子孫後代問題宣言》。內容涉及國際和平與安全、可持續發展、科技創新和數字合作、青年和子孫後代、全球治理改革等五大方面。《未來契約》及其附件《全球數位元契約》和《子孫後代宣言》均強調尊重人權、文化多樣性和性別平等的原則。顯然，這在全球的層面加快市商化契約信用維度建設，提供了重要的法律支撐。實際上，其意義及反映出的資訊不僅僅如此。即，市商文明的維度建設已不以人的意志為轉移地擴展到全世界，也預示著市商文明對逆商的清場，無論是力度還是速率，都將不同以往；是戰爭選項，還是和平選項，都不是其考慮的優先事項。逆商國家，無論是治理政體領導人，還是一般國民，最需要的都是理性、理性，還是理性。選擇以戰爭形式進行抵抗無疑是選擇災難，而且毫無意義，結局都是市商化，因為市商化是人類生存與發展的必然要求。

第三章 易利創富邏輯

易利市商已成為文明的主導力量，根本原因是市商化易利與財富遞增有非常清晰的因果邏輯關係。人們在長期易利探索形成的自發市商化易利秩序與文明，創造出前所未有的財富，財富遞增也與市商文明形成了互為因果、互相推進的邏輯關係。直至今天，人類的絕大多數行為，都圍繞如何獲取財富來展開。財富獲取是理解人類行為奧秘的鑰匙。易利邏輯是為了滿足需求、交換所有，自然形成追求財富的欲望要求。顯然，人類文明的市商化的根本邏輯，還是易利邏輯，這一邏輯就是確保易利需要，確切地說是確保創富即財富遞增易利的需要。各國市商化文明升級轉型是和平選項還是戰爭選項，都脫離不開這一邏輯。

財富遞增需要平等自由、私產私權、契約信用三大市商文明維度的構建和強化，追求財富的易利邏輯決定了市商化的路徑與選擇。凡是易利經濟發展達到一定程度的國家，三大維度構建有了一定的成果，市商化臨界點突破的和平選擇餘地就較大。反之亦然。實際上，在人類追求幸福的多層次目標中，財富本身雖不是終極目標，但佔據樞紐位置。財富獲取既是許多行為的原因，也是結果。所以，市商文明升級轉型是和平選項，還是戰爭選項，易利財富市商邏輯是主導，有最後發言權。撒母耳·P.亨廷頓認為，（對非市商國家而言）在經濟持續增長後驟然下降，這時往往會爆發革命。他給出的理由是，在短時期內，經濟增長所帶來的直接影響常常要加劇收入和財富擁有的不平等，即市商文明的重要維度——平等的極度短缺，收入與貢獻不匹配。在非市商化

易利中，經濟迅速增長所取得的成果往往集中在少數特權集團手中，而許多人卻遭受損失。如1788－1789年法國，以及1915－1917年俄國、1952年的埃及、1952－1953年的古巴等。[1]這些例子中其升級轉型有和平選項，也有戰爭選項；有市商革命，也有逆商「革命」。概括起來，轉型與升級主要有三種類型，即：替代轉型，如埃及；升級轉型，如波蘭；降級轉型，也叫逆商轉型，如伊朗。

第一節　和平取向

易利創富邏輯，是市商化和平選項得以確立的一個十分重要的條件。羅伯特·達爾指出，與較高易利市場經濟發展水準相連的技能和組織資源的分散化擴大了有能力影響政體治理的集團範圍。一個現代的、有活力的多元群體將權力、影響力、權威和控制力從單一的中心分散到許多不同的個人、集團、社團和其他組織。這樣的發展進而提高了壓制（相對於容忍）的成本，並因此提高了威權統治者默認政體治理自由化和民抉改革壓力的幾率。[2]

---

[1] 撒母耳·P.亨廷頓著；張岱雲等譯：《變動社會的政治秩序》，上海譯文出版社，1989年版，P.60、63。

[2] 斯迪芬·海哥德，羅伯特·R.考夫曼著；張大軍翻譯：《民主化轉型的政治經濟分析》，社會科學文獻出版社，2008年版，P.25。

沒有易利創富,就沒有人們生活品質的改進及新的財富欲望的產生。對生活品質提高的嚮往,以及對財富創造擁有的渴望,使人們對財富流向優化更加重視。這種易利創富邏輯,既決定了易利市商化升級轉型的緊迫性及時效性,也決定了升級轉型和平方式選擇與實現的可能性。這就是文明市商化升級易利創富邏輯的和平取向選擇。在易利創富邏輯和平取向的作用下,人類個體生命對其宿主之一的國家,具有了主動性和影響力。由於國家治理政體在易利創富邏輯主導下,充分認知和確認市商化易利對自身財富增加的現實性,在與國民的博弈中適時退卻,共同促進了其市商化過渡或轉型升級和平方式的實現。

一、過渡替代邏輯

　　考察易利創富邏輯在和平選擇中的作用,就不能不引入一個概念,即易利失衡。所謂易利失衡,就是易利中市商文明三大維度的失衡。也就是平等自由、私產私權、契約信用三大市商文明維度出現一維或多維缺失,從而使易利呈現霸凌易利狀態。因為易利失衡多為霸凌所致,所以只要出現失衡,就會出現市商化升級轉型或替代的爆發點。這個爆發點就是經濟危機。但是,也僅僅是失衡才可能爆發轉型並有可能呈現和平狀態。這就是易利財富主導的失衡邏輯。無論是市商化和平突破臨界點,還是逆商化實現和平反轉型,都可在易利失衡中找到決定性因素。就文明升級轉型而言,當然主要是因為易利失衡是創富中的失衡,而這種創

第三章 易利創富邏輯

富失衡又可從市商化三大維度中，尤其是治理政體市商化缺失或不夠中進行追溯。這樣，使其成為必要，變得十分緊迫，又有升級轉型的爆發點，是乾柴能夠遇到烈火。

1. 顏色革命：易利創富邏輯支撐市商化和平過渡基本盤。2011年，在全球金融危機的影響下，一場民眾運動的風暴席捲了西亞北非地區的諸多國家，並促發了隨後的一系列政權更迭與衝突。這就是媒體所稱的「阿拉伯之春」，即一場區域性的治理政體和平易主。這些國家之所以在和平中實現治理政體易主或市商化過渡，與其易利市商化發展也有非常明顯的邏輯關係。比如北非的埃及，易利經濟創富邏輯主導線條非常明顯。

首先，易利經濟創富邏輯逼迫逆商路線逐步就範，讓位於市商導向。1952年埃及獨立後，建立了世俗威權體制，經濟上效仿蘇聯，即在國家治理政體主導下推進經濟發展。直到1970年，期間的經濟政策的特點是中央計畫，選擇的是逆商易利經濟路線。即使在私營部門的增長和安瓦爾·薩達特發起的經濟變革之後，治理政體仍然通過對公共部門項目和公司的所有權在經濟中發揮核心作用。顯然這是非市商化的經濟現代化選擇，因而埃及的工業化並不成功，共有企業效率低下，缺乏競爭力，國際收支長期處於逆差狀態。因而，在易利經濟創富邏輯的威逼利誘和非市商易利經濟效率差強人意的聯合作用下，治理政體不得不在市商文明的影響下進行新的選擇，進行市商化經濟改革，也就是易利經濟市商化。部分共有企業進行了私有化，治理政體作用下降，即

逐步向市商化低頭、讓步與靠近。薩達特上臺後，採取了一系列有利於創富的易利市商化措施。外交上，終結與逆商國家的盟友關係，轉而與市商文明最先進國家結盟。經濟上，為擺脫經濟困境，放棄計劃經濟，轉向資本主導的易利市商化經濟，主動融入世界資本主導的市商化易利經濟體系。1974年，正式實施經濟開放政策，也就是經濟市商化改革，與世界先進的市商文明國家建立新通道。改革措施包括：一是吸引外國投資。面向外國企業開放所有經濟領域，鼓勵外資注入共有企業，並保障外資安全。對新投資在5至8年內免除稅收和關稅，允許外資自由轉出利潤和資本。二是貿易自由化。設立自由貿易區，為外國企業提供廉價土地和其他經營便利，對自由貿易區內進出口貨物實行減免關稅等優惠政策；取消外貿限制，允許大多數商品自由進出口。三是放鬆外匯管制。簡化銀行手續，建立外匯市場，放鬆對外匯的管制。四是鼓勵私營企業發展。取消對私人投資的限制，擴大其在國民經濟中的比重，並對私人投資者給予保護，鼓勵私營企業參與進口，其享有與外資同樣的稅收和關稅待遇。前三條都是開放，實際上就是與資本主導的市商文明接軌，利用易利經濟的全球化引入市商化資本主導的易利經濟。實際上，早在1811年，埃及的當政者穆罕默德·阿里就成功地將自己打造成為獨裁的現代化推動者。當時的埃及不斷地從西歐引進技術與思想，以強化阿里及其治理政體的權力掌控。在阿里主政的43年裡，大規模起用西方的工程師主持灌溉與衛生等公共工程。第四條則是市商化資本

主導的易利經濟的實質性要素引入，也是構建市商文明維度的重要舉措。隨著市商化易利力量佔據主導地位，共有企業工人在前一個時代享有的穩定的非市商勞動關係開始瓦解。突出反映在工人運動變化實踐中。納賽爾主義的政體治理文化，即生產被認為是國家目標，工廠被視為人民的財產。長期以來，工人一直依靠「勤工」作為抗議的手段，在不停止生產的情況下佔領他們的工作場所。而2006年之後，大多數工人轉向了罷工行動，反映了市商化易利經濟結構調整的影響，以及它使生產過程直接受制於市場機制而不是國家發展目標。[3]

第二，治理政體把控的易利經濟市商化的複雜性和產生的易利失衡，必然在創富邏輯作用下，推動治理政體的和平過渡或轉型。埃及市商化易利轉型取得明顯成效，1975年至1985年間，國內生產總值年均增速超過8%，人均收入增長率超過5%。幾乎與前蘇聯解體後俄羅斯的改革雷同，由於非市商化的影響，尤其是易利失衡的負作用，改革對埃及經濟發展即創富的積極影響十分有限：一是改革並未達到市場化和私有化的目標。改革實施15年後，埃及共有企業仍在製造業、石油開採、進出口、基礎設施建設、分銷和服務業等領域佔據主導地位，擁有行業壟斷能力；銀行系統仍由共有四大銀行控制；治理政體雇員占就業人口的比例由20世紀60年代初的9%升至1976年的27%，1981年更是達

---

[3] Mostafa Bassiouny：《埃及的工人運動，革命與反革命》，澎湃思想市場，2022年4月17日。

到 32%。表現出非市商易利的韌性。二是實業邊緣化，經濟「地租化」加劇。由於投資不振、創新和研發投入不足，以及進口商品的衝擊，製造業和農業增長率持續下滑。經濟增長主要源於地租性收入，石油、蘇伊士運河、僑匯和旅遊收入占國民收入的近 50%。長期依賴地租性收入使埃及經濟極其脆弱。三是外債規模上升。放鬆進口管制、維持食品和燃料補貼等政策使治理政體被迫大規模舉債，加重了治理政體債務負擔，使得對市商化文明國家的依賴持續加大，為顏色革命得到外部市商文明的支援創造了條件。四是貧富差距加大。大眾的不滿日益加劇，積聚著衝破臨界點的民怨力量。五是公權私用、以權謀私問題嚴重，使易利失衡持續加劇。這些困難和問題，反應出沒有治理政體的市商化，易利經濟的市商化很難向縱深推進，同時也考驗整個國家的忍耐力。市商文明升級轉型中的埃及在非市商化的拉力下，形成轉型陷阱。經濟出現問題，影響財政，而財政影響穩定。但易利經濟市商化邏輯，使要求全面市商化成為必然，文明升級的大趨勢無法改變，所有的轉型國家都將是如此。

1977 年 1 月，埃及治理政體削減食品補貼，引發「麵包革命」，騷亂波及各個大中城市，導致 800 餘人死亡。治理政體被迫恢復食品補貼，並提高工資水準，騷亂才平息下來。穆巴拉克執政初期債臺高築，已經積重難返。至 1991 年，外債規模占國內生產總值的比重高達 150%，並成為世界上負債率最高的國家之一。為擺脫債務困境，埃及與國際貨幣基金組織等國際金融機

構達成協議，在新自由主義制度框架下推行了一系列改革措施，自此走上了新自由主義改革道路。但改革未能解決埃及經濟的深層次問題，並且產生了嚴重的負面效應，致使經濟陷入了更大的危機。1991 年第 203 號法令規定，將 314 家共有企業列入私有化改革計畫。為鼓勵私人資本投資，埃及規定對工業投資者實行稅收減免政策；對不同規模的企業實行區別化的稅收政策，以稅收優惠政策鼓勵大企業發展。優先發展大企業的政策壓縮了中小企業的生存空間，為避稅和擺脫行政監管，埃及非正式經濟迅速擴張。1990 年至 1996 年間，通脹率由 20% 降至 7%。進入新世紀後，經濟年平均增長率達 7%。穆巴拉克執政的最後 10 年，經濟總量幾乎翻了一番。[4] 顯然，這為市商化衝破臨界點的和平選擇提供了難得的易利經濟基礎，這也是易利市商化邏輯使然。當然，諸如埃及等宗教因素起到相當程度作用的國家，宗教的世俗化對和平選項以及可能的逆商化同樣起到不可忽視的重要影響。在創富邏輯作用下和各種綜合因素的影響下，終於爆發了尚不被人們充分認知的「顏色革命」。2011 年埃及爆發顏色革命，儘管這種顏色革命並不一定是市商化的革命。

透析埃及的顏色革命，就會發現其治理政體威權與經濟發展水準已很不相適應。包括中產階級破產、貧困率上升、裙帶關係蔓延等，使得易利嚴重失衡，威權主義政權失去合法性。伊斯蘭主

4　田冉冉、丁隆：《埃及新自由主義改革與政治劇變的關係探析》，上外中東研究所，2019 年 6 月 2 日。

義運動等反對派獲得廣泛支援和動員能力。1970年，治理政體進行的「改革開放」，試圖用資本主導的市商化易利經濟的機制解決國內民生問題，學界稱之為「消費型開放」，基本思路是引進資金與技術，推動經濟增長，但在治理政體市商化上裹步不前。由於易利失衡，使各種衝突表面化。這裡有其特殊性，包括特殊的時期、特殊的狀況等。一方面，市商化各個維度沒有配合，尤其是治理政體市商化沒有跟進，必然帶來腐敗與混亂；另一方面逆商的經濟日趨負效能，而市商化的易利經濟成效短時間難以奏效，由此，各種問題迭加，使國民的承受力難以負重。這種情況在各個實施改革開放的國家都有經歷。1981年，出現了逆商與市商交叉混合的奇特局面，這也是易利失衡的主要原因。穆巴拉克上臺後對經濟政策做了進一步調整，鼓勵投資，緊縮開支，抑制消費，這便是「生產型開放」，實際上是亂用治理政體的有形之手。治理政體的另一項承諾——推動私有化進程以「搞活經濟」，讓資本主導的市商化易利經濟的無形之手也能夠很好地發揮作用，卻進行得並不順利，20世紀80年代晚期，共營經濟仍然佔據埃及工業生產的半壁江山以及銀行、保險業的90%，至少20%的勞動力在共企內就職。這些都是逆商的主要力量。隨著國際格局巨變，至20世紀90年代早期，經濟改革已無法繼續拖延。由此，諸多問題的迭加更為嚴重，易利失衡問題越來越突出。

事實一再表明，在一個治理政體權力得不到約束的國度，旨在

扭轉共企虧損、提高經濟效率和國民收入的私有化政策，都將變成了治理政體權勢自然人（穆巴拉克家族和埃及特權階層）大搞以權謀私的幌子。穆巴拉克家族廣泛介入私有化進程，通過家族企業斂財。穆巴拉克個人身家或達 150 億美元。穆巴拉克和親朋好友中飽私囊的行徑，幾乎貫穿於其主政的埃及經濟轉型的全過程；借助權力之手，更多財富被轉移到複雜的人際關係網和世界各地的投資中，繼而湮沒無蹤。[5] 在易利失衡的主導下，具有偶然性的突發事件隨時都會發生。顏色革命的乾柴只要遇到火星就會點燃，儘管革命的總體形態是和平型的。

突尼斯爆發騷亂，引發所謂的「顏色革命」，與埃及性質相同，原因相似。起因就是一名 26 歲的青年名叫布阿齊茲因抗議當地城管部門「粗暴執法」而自焚。他受過大學教育，畢業後沒有工作而販賣蔬菜水果維生，結果貨物被沒收了。因此走上了絕路。同樣是 20 多歲的年輕人納吉，因為「饑餓和失業」選擇觸電自盡。每一個人的生存困境，都隱藏著一個國家易利失衡的悲劇因數。由於財富創造與積累方式落後，財力無法滿足各類醫療、失業保障，加上財富流向極不合理，加重了底層民眾的生活負擔。人們看到，在布阿齊茲的背後，是大學生群體長期以來的就業難——失業率超過了 20%，年輕人的失業率實際上達到了驚人的 52%。治理政體對年輕人靈活就業，如小商小販、臨時雇工等

5　章魯生：《腐敗藏在繁榮背後：一場不受約束的改革養肥埃及權貴》，共識網，2011 年 11 月 07 日。

方式也並沒有進行鼓勵，反而採取了許多限制，讓他們進一步陷入窘境。突尼斯多年的強人威權政體早已使得看似穩定的背後暗流洶湧。而治理政體僵化、選舉舞弊、腐敗嚴重、權貴橫行等，也一再引發諸多問題。治理政體推行所謂「麵包契約」，即「雖沒有自由、沒有完全意義上的民抉，但是治理政體承諾盡力保證經濟發展，讓民眾生活好過」。但事實證明，沒有平等自由民抉，一切只能是緣木求魚，平等自由大打折扣、私權私產難以得到保障、契約信用也難免缺失，易利市商化三大維度嚴重失衡，而這種失衡又不可能長期存在。因而，在易利失衡的決定下，「顏色革命」不可避免。政體治理易利的雙方實力演變，使一方完全可以讓另外一方妥協，和平轉型也成為可能。突尼斯悲劇與其說源於「稻草之重」，不如說是源於國民對治理政體市商化的強烈訴求。沒有一種穩定可以長久地依賴強行維穩的手段而獲得，沒有一種經濟發展可以超越治理政體市商化改革而成功，沒有一種「麵包契約」可以超越公共及治理政體民抉契約而存在。[6]

2. 和平過渡：易利創富邏輯成為蘇聯解體的操盤手。所有的顏色革命成功國家，無一不是引入市商化資本主導的易利經濟基因的國家，或是受市商化資本主導的易利經濟可能改善治理政體自然人境遇誘導的國家。尤其是後者，體現出正向創富誘導，即市商化資本主導的易利文明的不戰而勝。有許多人對蘇聯和平解體

---

[6] 楊耕身：《沒有自由民主，麵包契約只能是緣木求魚》，青年時報，2011年01月18日。

甚為不解,但從易利創富邏輯去看,就很容易理解:沒有創富的動力,而負責分配財富的治理政體自然人,卻有著對擁有財富的極大渴望,是前蘇聯解體的易利創富邏輯上的根本原因。

首先,逐利是人的天性,任何人都難以與之抗衡。蘇聯垮臺以後兩年,15個加盟共和國中的11個,其首領都是以前蘇聯共產黨的高級領導。蘇聯黨國精英中的絕大多數在方法上都是注重實際的,而不是執著於某種意識形態。而意識形態是監督成本高昂的壟斷思想的形式,看不見摸不著,很容易劣幣驅逐良幣,真正信仰者可能在體制內難以立足,只有偽裝者雙面人才能飛黃騰達。因而這些官員之所以加入執政黨,是因為入黨對他們在職務上的提升有好處。他們受到激勵,不是由於真的獻身於某一意識形態,而是為了追求物質利益和權力。依此,顯示出財富的力量,易利的力量。從另一個角度看,也顯示出易利創富邏輯的強大力量。通過入黨、進入到精英階層,他們確實可以得到錢與權。以入黨及意識形態的表面認同,去進行官職的獲取,從而獲取財富和享受。這種體制是投機者的天下。這種以意識形態掩蓋下的易利也必然受投入與產出的易利邏輯所控制。一旦無法獲取其所需要的財富與享受,其立場和行為必然發生改變,甚至是質的翻天覆地改變。從20世紀70年代中期以來,逆商體制越來越沒有效率。這些黨國精英都不願意為這種效率越來越低下的逆商體制負責,也大幅降低其在這種逆商體制下的易利意願。如果這種效率的下降得不到有效的遏制,最後他們便無法維持自己的立

場,逆商治理政體的統治便會面臨巨大的威脅。黨和國家的領導成員由於位居上層確實有許多物質上的利益,但這種欲望會受邊際效用影響,對其心理及立場和行為造成無法遏制的影響。和一般人相比,他們的工資收入很高。但是,如果與西方資本主導的市商文明國家的精英相比,他們在物質上所享受的特權也就相形見絀了。在蘇聯體制下,上層和底層之間的收入差別,比在資本主導的市商化易利體制下的差別要小得多。一個蘇聯大企業的總經理的報酬大約是一般產業工人的4倍,而美國企業總裁的報酬一般是普通工人的150倍。政治局委員們的收入每月在1,200盧布～1,500盧布之間,最高領導層的收入也最高,大約每月2,000盧布。當時的蘇聯企業一般工人的收入大約是每月250盧布。因此,在蘇聯體制下,最高領導人的工資是一般產業工人的8倍。1993年,在美國,產業工人的平均收入大約是每年2.5萬美元。這種工資水準的8倍那就是一年20萬美元。而美國高層精英每星期的收入都超過這個水準。黨國精英所享受到的奢侈品——豪華汽車、較大面積的住房等都是工作需要的補貼,而不是私人財產。在逆商制度下,通過合法的途徑積累物質財富幾乎是不可能的。顯然,此時邊際效用和易利邏輯就顯示出其強大的力量。積累了一定物質財富的領導人總是擔驚受怕,唯恐有一天被人發現或被起訴,因為這樣的事情總是時有發生。領導人的特權卻是靠領導位置來維持的。即使是高層次的精英們也害怕招致他們的上司的不高興,他們知道一旦失去職位就意味著要失去與職位相聯

繫的權力和威望,而且也意味著要失去與職位相聯繫的生活水準。而且,沒有什麼物質財富可以傳給自己的子孫。當許多原蘇聯黨國精英最終認識到不值得為這一政權制度奮鬥並且放棄奮鬥的時候,這一政權制度也就必然倒臺了。既然黨國精英在資本主導的市商化易利經濟制度下可以生活得更好,而且他們也知道了這一點,那他們必將會放棄對原有制度的捍衛。這個以虛偽的烏托邦意識形態籠罩下的注重實際效益的、只注重個人利益的集團,有各種各樣的理由改變他們對烏托邦事業的虛假忠誠,支持以資本主導的市商化易利來代之。轉向資本主導的市商化易利,就可以允許他們擁有生產資料,而不僅僅是對它們進行管理。他們就可以合法地積累個人財富。在1987年,許多黨國精英就開始離開自己的職位而變成了資本家,他們建設的或者說為之奮鬥的是新的私人企業。作為這一進程的一部分,各種各樣的共有企業、原體制經濟被它們的管理者不動聲色地轉變成了私人的、有利可圖的企業。這一做法在進行了好幾年之後,又變成了官方的政策。[7] 這就是易利創富邏輯的力量。

第二,與逐利天性抗衡難以持久,任何治理政體最終都將回歸易利創富邏輯,除非是自取滅亡。應該說,前蘇聯逆商治理政體自然人之所以有如此的財富利益認知,與戈巴契夫的前任安德羅波夫所發起的改革不無關係,而改革與計劃經濟不可持續有著

---

7 大衛‧科茲、弗雷德‧威爾著;曹榮湘等譯:《黨—國精英為什麼會擁護資本主義》,共識網,2013年9月23日。

直接的關係。安氏認為，要打破計劃經濟的一統天下，得在調動人們勞動積極性上想辦法。實際上這是戳到了計劃經濟的病根，因為沒有獲得更多財富的機會，國民沒有積極性，就不可能實現財富遞增。但安氏的改革並沒有在市商化方面邁出實質性步伐，而主要集中在三個方面：一是推行農業集體和家庭承包制，鼓勵多收穫者多得，讓企業人員有獲得更多財富的機會。二是在工業和建築業中推廣承包作業隊，給企業相關人員有一定的獲取財富的空間。三是擴大國營和集體企業的自主權，努力提高品質、提高效率，這是在企業自主方面有限的讓步。因為沒有市場的更大空間，價格信號不起作用，沒有權威。所以，總體上仍然在計劃經濟圈內打轉。但改革還是在一定程度上調動了國民的積極性，取得了一定成效：1983年蘇聯工業產值超額完成年度計畫，扭轉了多年來增長率不斷下降甚至完不成計畫的消沉局面；農業產值增長了5%，社會勞動生產率提高3.5%；職工報酬有較明顯增長；商店貨架上空空如也的景象得到明顯改善。顯然，在易利方面，安氏的改革挑起了人們的財富欲望，實際上是認可了市商化資本主導的易利文明合理性、必要性，從而使意識形態再次面臨挑戰。而且安氏公開承認蘇聯制度缺乏民抉、蘇聯亟待變革。當然，他的改革目的不是放棄逆商，而是為了讓逆商制度更好地運作或長期存在。[8] 這種對易利市商化的認可式嘗試，為治理政體自然人在心理選擇上提供了更大的想像空間。在蘇聯廢墟上建立

8　吳躍農：《安德羅波夫和他的「改革三板斧」》，共識網，2010年6月30日。

的俄羅斯葉利欽政權企圖通過大規模私有化迅速製造出一個強大的資本家階層，作為自己的市商化治理基礎。「俄羅斯私有化之父」丘拜斯後來與總理基裡延科談話時對此直言不諱：「在質押拍賣（指俄羅斯1995－1996年的共有資產質押拍賣）中完成的惟一任務是促成產生大的資本家，以防止社會主義重歸俄羅斯。這個任務95%是政治性的，只有5%是經濟性的。」[9]理性地看，如果蘇聯解體後，俄羅斯能夠沿著此道路持續推進的話，市商化要素會持續不斷地注入，其最終衝破臨界點是完全能夠實現文明升級和平轉型的。從以上正反兩個方面切入，就會明晰地看到，易利創富邏輯正是前蘇聯解體的操盤手。但是，這種市商化能否繼續，則取決於民眾及整體發展的承受力。也就是貧富差距拉大後，各種心理不平衡的衝擊。這種不平衡與對市商化認可有正相關關係。遺憾的是，俄羅斯沒有其市商化應該有的承受力，出現了普京總統的獨裁統治，其和平越過臨界點的希望越來越渺茫。

二、轉型升級邏輯

對人類文明發展來說，易利創富邏輯是底層邏輯。考察各文明升級轉型國家，之所以能夠幸運地確立和平方式，正是這種易利創富邏輯使然。

1. 和平選項：易利創富邏輯是市商化升級轉型的決定因。任何

---

[9] 梅新育：《俄羅斯共企私有化造就權貴資本主義的教訓》，共識網，2011年3月4日。

逆商都逃脫不了易利創富邏輯的法力,和平升級轉型更是如此,完全拜易利創富邏輯所賜。例子很多,波蘭較為典型。主要取決於兩點:

首先,必須始終保有市商化易利火種。波蘭經濟學界一直是東歐市場社會主義理論大本營。二戰前波蘭左派思想界就在世界上首先提出了「市場社會主義」式的設想,這種「市場社會主義」,實際上就是以資本主導的市商化易利經濟為取向或工具的「市場社會主義」,就是要讓易利創富邏輯發揮作用,而不是完全被取締。雖然在史達林模式下這種「離經叛道」的理論時而受到壓制,但自哥莫爾卡的「波蘭特色社會主義」搞起來後,總的來說它對「市場社會主義」的寬容度仍是東歐國家(南斯拉夫除外)最大的,尤其在1980年代體制內改革氣候形成後,「市場社會主義」更逐漸成為波蘭劇變前經濟思想的主流,並對經濟產生實際影響。與哥莫爾卡相比,蓋萊克「改革」不如,而「開放」過之,也就是把與資本主導的市商化易利文明的引入或掛鉤作為重點。這對讓易利創富邏輯起作用來說,也是非常重要的選擇。他採用主要向西方大借外債的方式搞「高投資、高消費、高速度」。在相對於其他蘇東國家而言不那麼專制的波蘭,無論「左」還是「右」都有它的特點:以農業為例,哥莫爾卡時代終止了集體化,農民增加了一些「自由」。蓋萊克給農民搞了公費醫療和退休金,增加了一些「福利」,卻並沒有恢復集體化。

第二,不能有效的實行市商化易利就難以維持治理政體的執政

第三章 易利創富邏輯

法理。波蘭自由與福利輪番推進的結果,老百姓是得到好處的,但治理政體所「取」漸少、所「與」漸多,到一定時期財政就難以為繼。由於沒有民抉授權的合法性基礎,波蘭治理政體只能靠「多與少取」來建立合法性,一旦經濟形勢迫使其改為「多取少與」,就會碰到合法性危機。在易利創富邏輯的主導下,將迫使其融入資本主導的市商文明。蓋萊克的政策搞到1970年代末,財政已經支援不住。不得不提高物價,卻再度引起工潮。時任領導人的雅魯澤爾斯採取軍管,用鐵腕鎮壓反對派,使其合法性喪失殆盡,成為它後來在「顏色革命」中首先倒臺的原因。1976年拉多姆事件後,以華沙大學一批知識份子為核心的「保衛工人委員會」的成立,標誌著純經濟利益驅動的工潮開始與大範圍的變革運動發生聯繫,並與知識界思潮產生互動,後者使工潮的思想性與組織性明顯提高。1980年波羅的海沿岸工潮再起,並迅速蔓延全國。在罷工委員會的基礎上「團結工會」成立,並且於1980年8月31日與較開明的格但斯克當局簽訂了承認有限工會自治的「格但斯克協定」。這時的治理政體其實已經意識到計劃經濟搞不下去,很急於試探市場經濟,也就是很急於步入資本主導的市商文明正途。波蘭早在1956年後就終止了集體化,農民早已是家庭經營。在軍管中失去了道義合法性的當局已經不可能說服老百姓承擔「改革代價」,也不敢動用鐵腕去搞這種改革。治理政體開始暗中鼓勵管理層承包企業,一些部門還搞了「不明不白的私有化」,但這反倒加劇了公眾的不滿。普通國民也不允許當局

推卸生活保障責任。1970年代以來幾乎每次物價上漲都引發抗議浪潮。治理政體財政補貼負擔也因此越來越重。權力越來越受限（雖然制度上尚無制衡，但實踐中弄權動輒惹禍，治理政體權力也就逐漸失靈），而責任卻越來越難推卸。從1980年到劇變前，9年換了7個總理，形勢在逼迫統治者與被統治者就權責對應進行討價還價，即治理政體的市商化。1988年當局推出一攬子經濟改革計畫付諸全民公決，結果卻遭到絕大多數票的否決，總理為此辭職。到了此時，焦頭爛額的當局實際已經無心戀棧。1989年波蘭當局終於承認團結工會合法，並簽訂圓桌會議協定，舉行「半自由的」大選。[10] 和平進行了治理政體市商化升級轉型。

2. 升級轉型，易利創富邏輯成為市商化和平選項壓艙石。華夏臺灣治理政體的臨界點文明升級轉型不僅和平而且較為平穩。當然，與治理政體縮小治理區域有關，從大陸的失敗使其不能不總結教訓，加上美國先進市商文明的影響等等，但仍然不能脫離易利創富邏輯的影響和主導。

首先，主動與逆商易利經濟切割，徹底放棄治理政體管控的計劃經濟。臺灣文明升級和平轉型得益於易利經濟的市商化選擇。1953年春，整個臺灣開展了對自由經濟還是計劃經濟、公營事業還是民營事業的大辯論。一些人無法改變他們多年來積澱的計劃經濟信念，認為「民營化」是對三民主義的背叛。顯然，這是典型的逆商思維。數年的辯論，在黨政領導及公共精英之間

10　《波蘭從復國到轉軌的坎坷歷程》，貓眼看人，2008年12月4日。

終於有了大致的共識，積極扶植民營企業，回歸資本主導的市商化易利正途，從而造就了臺灣的繁榮和富裕，也為和平進行文明升級轉型奠定了堅實的基礎。對計劃經濟危害的認知，來自於對在大陸失敗的反思。沒有在大陸的失敗，也沒有臺灣市商文明升級和平轉型的成功。國民黨的成功源於前蘇俄的扶持，成功後走的也是前蘇聯的逆商之路，即計劃經濟。「中央研究院」院長胡適公開批判計劃經濟，他指出，知識份子和官員普遍有種認知上的偏差，大家誤以為經濟發展只有依賴治理政體的干預及直接經營工業；「資源委員會」長期把持國家工業，私有企業或被它蠶食鯨吞，或被它窒息而死，但國家經濟仍無起色。可惜，胡氏此番認知來的太晚，如果早幾十年，也就不會有聲勢浩大的逆商運動——扭轉了華夏全面市商化探索與發展之路，加上前蘇俄通過國民黨對華夏的影響，造成了無盡災難。胡氏搖旗吶喊的逆商運動，喪失了華夏融入世界經濟的資本主導的市商化易利的難得機會，使國民黨的計劃經濟得以實施。這是國民黨失敗也是華夏文明升級轉型機遇喪失的極其重要的原因。1952年底，一些財經學者提出來要檢討國民黨在大陸失敗的原因，首當其衝的就是計劃經濟。國民黨在大陸的失敗完全是所奉行的逆商所得到的必然惡果。國民黨自大陸主政後就基本上採用的是治理政體主導的計劃經濟，所謂民生主義的原則就是「節制私人資本，發達國家資本」，延續的還是滿清洋務運動的做法，實在是落後逆商文化的集中體現。國民黨創始人遊歷英美，對資本主導的市商文明

不說是毫無認知,也肯定是相當膚淺,因而也遺憾未能成為華夏市商文明升級轉型式的領導人。這也多少可以理解其為何選擇親蘇俄,並在蘇俄的大力扶持下獲得治理政體的壟斷地位。國民黨在大陸之所以失敗,根源在此。令崇拜者唏噓。當時,臺灣超過76%的產業掌握在公營事業手中,也是個典型的計劃經濟體系。他們認為,內戰失敗的一個重要原因就是財經崩潰,對於財政崩潰,計劃經濟是最大的禍首,這才是真正的病根。所以必須改弦易轍,實行自由企業路線。

　　第二,為民營經濟鬆綁,以擴大私有產權為突破點,促進市商維度構建與完善。治理政體當局痛定思痛,在徹底反思的基礎上充分認識到,惟有自由經濟可以發揮民眾的各種力量(包括資力、智力、技術、勞力等),創造資本。「凡適合人民經營的事業,應開放民營,以發揮民間力量」。國營企業人員和一些黨政要員則堅持計劃經濟。這些人也是逆商大本營的主力軍。他們認為臺灣的公營事業已有一定的基礎,應善用這些經驗,繼續採取計劃經濟,加強公營事業,使一切資源易於集中掌握,爭取最大的效益。這期間,也有聲音呼籲第三條道路:一條既非計劃經濟、也非自由經濟的中庸路線,稱為「計劃性的自由經濟」。由治理政體作全盤計畫,但尊重資本主導的市商化自由易利經濟的精神,讓人民去創造、發揮。討論的聲音剛出來,立刻受到打壓。反擊的力量主要來自「國大代表」、「立法委員」及一些研究三民主義的學者。他們認為計劃經濟是民生主義的基本原則,

根本不容批評，也沒有討論的空間。到了 1953 年初，面臨土改的最後一步——耕者有其田，也就是讓農民都能有自己的田耕種，採取了一個資本化的思路舉措：用四大公營公司（台泥、台紙、工礦、農林）的股票以及土地債券和地主換地，再把換過來的地無息讓售給佃農，同時把四大公營公司轉為了民營，一箭雙雕。四大公營公司民營化觸動了國民黨「節制私人資本、發達國家資本」的神經，於是一場關於經濟政策的辯論轟然而起。可見，逆商的能量也很強大，市商化從來不是一條很容易走的路。相關官員在各種場合耐心解釋治理政體的考慮：「以土地換工廠」是不得已而為之，因為治理政體實在沒有錢。如果因此而大量增發台幣，必引起通貨膨脹，進而波動物價，實際上吃虧的還是地主。其特別說明：這個政策最重要的意義是「以農業培養工業，以工業發展農業」，因為「土地分配給農民，農民的生產效率一定普遍提高；而地主把資金用於工商企業，工商生產也會隨之活潑起來，這是農工商最妥善的經濟配合」。

顯然，逆商在當時情景的臺灣，已走到盡頭。逆商的必然結果是財富的縮小或陷入無法繼續增長的陷阱。所以也會很容易理解為什麼國民黨第七屆三中全會的施政報告，突然宣佈決定積極發展民營經濟。其觀點為：凡是可以讓人民經營的事業，應該儘量開放民營，這不僅是發展國民經濟的一個基本原則，也是剷除官僚資本病根的一個有效辦法。1954 年 5 月，相關官員積極推動四大公司民營化、發展初級工業、扶植民營企業，而且還致力減

少不必要的管制，修改稅法，鼓勵外資、僑資及民間投資，目標是：一切有利經濟發展之因素，必須盡力爭取；一切阻礙經濟發展之因素，則當力謀消除。當年就開辦了 16 種新興工業，除了與國防有關的以外，凡是新開辦的工業，幾乎都交給了民營。20 世紀 50 年代初這場財經大辯論促使國民黨領導人開始轉換思維，大辯論也讓臺灣官方和民間對實行多年的計劃經濟和公營事業進行了全面的思考與檢討，最後形成了扶植民營企業的共識。這一共識確定了臺灣經濟發展的路線，也是一條資本主導的市商化易利經濟的正確道路。歷經數次改革，終於使經濟在 60 年代初起飛，工商業興起、生產旺盛，進出口貿易激增，民眾生活水準提升，活力被激發出來，造就了臺灣的繁榮和富裕，以及市商文明升級的和平轉型。[11]

韓國的治理政體的臨界點轉型與華夏臺灣十分近似，遵循的易利創富邏輯同樣清晰。韓國與華夏臺灣都被易利市商化不成熟或叫威權主導的易利市商化體制的日本殖民，又都受到市商文明先進國家美國的影響。1970 年代，治理政體開始實施重化工業發展戰略，挑選一些大企業作為依靠，並為其提供極為優惠的資金支援。不久以後，在經濟落後階段為韓國的現代化立下汗馬功勞的「治理政體主導」的經濟發展模式和集權專制體制，隨著現代化的發展開始走向自身的反面，成為韓國進一步發展的障礙。也

11　郭岱君：《半個世紀前臺灣改革路徑選擇的大辯論》，共識網，2012年03月25日。

就是應該率先被市商化的治理政體在沒有完整意義上的市商化之前，所主導的易利經濟的市商化，不可能走的太遠。必將在完成其歷史使命後，走向資本主導的市商化易利及市商文明的正途。為此，其治理政體於20世紀80年代初頒佈了法律、法規，開始走上資本主導的市商化易利經濟的道路。90年代，其「經濟自由化」和國際化的步伐明顯加快，治理政體對經濟的主導作用大大削弱，市場的主導地位日漸增強。20世紀60年代前的韓國非常貧窮落後，1962年人均國民收入僅87美元，屬世界上最貧窮國家的行列，四十年後便由落後國家一躍而成為世界先進，成為新興的市商文明的工業化國家，經濟快速發展：人均國民收入到1991年增至5,253美元，20世紀90年代後半期以後，達1萬美元以上，2006年達到17,690美元，增加了200多倍，其國民生產總值在1995年已居世界第11位。[12] 至今，此增速在亞洲也是遙遙領先。由於易利市商化較為發達，易利創富邏輯主導更為明顯，因而韓國的轉型和平是主旋律。

第二節　戰爭趨向

逆商是通過掠奪進行外延性表象式擴張，進行的是殘忍的攫取「零和」遊戲，違背的是易利創富邏輯；市商是通過創新進行動力性內在式發展，實現的是多元價值共蘇，遵循的易利創富邏輯。易利創富邏輯作用下的多元共蘇就是和平，違背易利創富邏

12　信力建，《韓國轉型對中國的啟示》，共識網，2014年7月4日。

輯就規避不了戰爭。

在市商文明以前，人類對財富的獲取均受到嚴重的空間制約。這表現為財富生產只能在一定區域範圍內就地生產，即生產當地語系化、族裔化，商品交易也主要是區域性的，跨區域交易很有限。於是，儘量佔有土地、控制地緣，就成為國家層次的主體獲取財富的重要手段，要達此目的非戰爭不可，這為逆商掠奪提供了土壤與機會，因而人類歷史充斥著逆商掠奪性質的戰爭。第二次世界大戰後，拜市商文明所賜，人類獲取財富的方式第一次在大尺度上突破空間限制，致使後領土後地緣時代降臨，造就了和平與高速發展長期共存且相互促進的態勢。後地緣後領土時代總體上已經改變財富獲取方式。但由於逆商慣性及某些國家逆商治理政體領導人在集權中對市商文明的天然排斥，使易利創富受阻後出現戰爭取向選擇。其中有說服力的案例是俄羅斯及前蘇俄。

一、逆商擴張邏輯

逆商制度下的獨裁極權體系，遵循的是逆商擴展邏輯，而不是財富創富邏輯。由其不確定性及極端性所決定，使其不可能對易利經濟進行長期有效率的管理，也不可能進行有效益的管理，其產生的只能是畸形的易利。所謂畸形易利，不僅僅是霸凌易利，而且這種易利是低效率的，難以形成積累，既不可能為易利經濟注入市商化運行機制，也不可能為逆商治理政體運轉提供秩序的

持續財富支援,只能使國家在掠奪的道路上保持航向,無力偏離,對市商化形成越來越大的阻力,從而激起國內國外的各類衝突,成為戰爭的催化劑,最終必然靠戰爭來終抉。

1. 土地依賴:掠奪賦戰之內在邏輯。對領土擴張的嗜好,源於部落農業文化,是近現代逆商的典型形態。這樣的國家不多,這樣的大國更不多,而且這些國家的農業多依賴集體耕作。第二次世界大戰前的德國、日本在此有相通點,農業集體性強,且產出與付出並不匹配。但最典型的還是俄羅斯。

第一,極度的土地依賴,擴展掠奪賦戰成為唯一選擇。市商化資本主導的易利經濟,只要有資本就可以在世界上任何地方生產,並把商品賣到世界上任何地方。無需靠武力威懾,更不靠戰爭。而且,只要有知識,自己肯努力,在市商化資本主導的易利經濟體系中,就可能得到資本。而前現代逆商畸形易利則不然,它唯一的依靠是土地,靠靜態土地的靠天吃飯。理查·派普斯在《舊制度下的俄國》一書中給出了一個極其精彩的觀點:「隱藏在『國家任務』這一崇高口號背後的是最為世俗的現實:攫取他人財富以滿足俄國自己對於土地的貪婪欲望,並在這一過程中穩固君主體制在國內的地位。」這個觀點完全可以貫穿俄國的歷史主線,很好地詮釋其擴張主義的由來。21世紀的普京總統,刻在其骨子裡的,也是這種觀念。只不過,普京總統迷戀的領土擴展,還在於被掠奪土地下的礦產資源以及土地上的人口資源。俄羅斯土地遼闊,人員稀少,三十多年仍未能建立起市場秩序和競

爭環境，經濟全靠石油和軍工硬撐。石油可以換取外幣，軍工可以發動侵略戰爭。國土掠奪擴張路徑依賴主客觀條件具備，加上逆商的治理政體及普京總統的獨裁統治，侵略烏克蘭、格魯吉亞等實在是其易利畸形經濟與逆商合為一體的的必然產物。在其傳統歷史上，由於邊際效應遞減原理所決定，集體勞作和落後人牛耕作，耕地產出遞減。如維持產出或有更多的產出，靠的只能是擁有更多的耕地。如果原來的國土耕地化是有極限的，那麼唯一的解決辦法就是以戰爭的形式，掠奪更多的土地。

第二，極其落後的生產，難以形成所奢望的積累。按照派普斯的描述，沙俄的農耕模式是：「幾乎在整個19世紀，俄國農民所使用的基本農具是一種名為『索哈』的原始耕犁，這種犁的最大入土深度只有10釐米，僅能將土壤劃開而不能發揮翻地的作用，其優點是只需要很小的牽引力，而速度是一般耕犁的十倍。俄國的基本作物是黑麥，之所以選擇黑麥是因為它對北方氣候和貧瘠土壤的耐受性和適應性較好。它也恰好是產量最低的穀類作物。從16世紀至19世紀，俄國農民普遍採用三圃制進行耕種，這種耕種方式要求1／3的土地保持休耕狀態以恢復肥力。」這樣的農業極其不經濟，英格蘭早在中世紀晚期就已經將之棄用，但在俄國，人們對此早已習慣，甚至不想改變。普京總統治下的俄羅斯，經濟日趨僵化，財政來源單一，缺少活力，除能源及不靠譜的軍工外，其他幾乎沒有多少拿得出手的東西。在俄國的歷史上，農業始終處於邊緣地位，土地無法成為國家財富的主要

來源，僅僅用來維持基本生計而已。俄共執政後，為了工業化已榨乾了農業，使農業幾十年沒有進步。只是由於將其他加盟共和國併入，以及經互會的建立，包括侵略掠奪，勉強維持其「霸權」的地位。作為地球上位置最北的國家之一，俄國北方的土壤貧瘠，歉收是家常便飯，農耕時間也非常短，僅有西歐地區的一半。[13]

2. 攫取積累：國土掠奪擴張賦戰邏輯。俄羅斯農民雖然勉強能夠養活自己，但無法實現顯著盈餘，所以更願意開發新土地，這正是俄國歷史上熱衷擴張的內因之一。落後的逆商農業經濟運行方式，實在是畸形易利活生生體現。因此靠現有土地對農民進行攫取積累已無法滿足兩大需求。

第一，攫取積累無法滿足擴大再生產的工業化需要。俄羅斯工業化1861年起步，進入20世紀還在慢慢爬坡，仍然是歐洲最落後的國家，所有的工業指標都遠遠落後於西歐諸國，市商資本主導的易利經濟特徵和商人（資產）階層的突出地位沒有顯現出來，非市商化生產關係還纏繞在其中。1900年俄國的工業生產只占全世界工業產值的5%，和資本主導的市商易利經濟最高階段不沾邊，與所謂的最後的、寄生的、腐朽的資本主導的市商化易利經濟更靠不上，俄國尚未結出資本主導的市商文明之果。與逆商者判斷的完全不同，這時的俄國與其說是受市商化資本卞導

13　葉克飛：《俄國為何無法走向文明：無契約精神與私產概念，僅有擴張思維》，歐洲價值，2023年11月16日。

的易利經濟最高階段之苦，不如說是受市商化資本主導的易利經濟不發達之苦。所以，其工業化的成績也泛善可陳。1913年俄國與主要的資本主導的市商化易利經濟國家發展狀況比較：俄國城市人口占總人口比例為18%，第三產業就業比重為16%，每千人擁有醫生數為0.18%，占世界工業總產值為5.3%；而美國分別為45.7%，36.9%，1.44%，35.8%；法國44.1%，28.8%，0.5%，6.4%。以至在20世紀初俄國居民平均壽命僅32歲。

第二，無法滿足治理政體有效運轉的最基本需求。大公和後來的沙皇擁有一切，這就造成俄羅斯在價值觀層面始終無法走向真正文明，即市商化資本主導的易利文明。俄國在制度層面許多根深蒂固的問題都與逆商擴張思維有關。比如腐敗問題，因為擴張是首要任務，因此就必須確保軍費，這就導致行政機構缺少經費，沙俄皇權甚至在長達數個世紀裡沒有給治理政體人員發薪水，但允許他們運用權力養活自己，這無疑是公開鼓勵公權私有，也讓權力徹底失控。官員的高度腐敗，自然會使得民眾缺少發展空間，個體農業和私營經濟無法大規模發展，更不可能像西歐那樣形成真正的市民階層和中產階層。因此歷代俄國人有一個共識：在俄國想要獲得財富，唯一方式就是與逆商治理政體合作。這導致富人階層沒有真正的立場，更不可能推動變革。即使是彼得一世和葉卡捷琳娜二世的改革，俄國工業革命也只不過是西方技術與奴隸制的結合而已，也是西方工業的簡單複製。同時，所有公共機構與國民生活的表達，無論是否具有政體治理意

義，都要落歸官僚階層的管理之中，更確切地說是落歸安全機構的管理之中。一切皆受管制，一切皆被逆商政體管控。所以，派普斯又給出了一個貫穿俄國歷史的結論：俄羅斯統治者拒絕自願出讓給其臣民一丁點自己所獨佔的政體（行政體制）治理權力。[14] 這種典型的單極一元治理政體所主導的畸形易利攫取積累，既不可能滿足擴大再生產的工業化需要，也不可能滿足治理政體體有效運轉的最基本需要。要滿足這兩大需求，對外戰爭掠奪就成為一種必然或唯一的選擇。從 16 世紀中葉至 17 世紀末，莫斯科以平均每年獲取 3.5 萬平方千米土地的速度持續了 150 年。1600 年，莫斯科公國的面積已等同於歐洲其他部分的總面積。17 世紀上半期征服的西伯利亞則兩倍於歐洲的面積。

二、逆商背離邏輯

工業化與市商化是完全不同的概念。以市商化實現的工業化、現代化有強勁的發展動力，形成財富遞增；逆商的工業化與現代化則大相徑庭。而且工業化也完全可以不以市商化的途徑模仿、複製而來。現代化本身應該含有部分市商化的成分，甚至可以說今天的現代化最為主要的是市商化，但逆商者並不認為現代化就

14　同前註。

是市商化或含有部分的市商化。無論是工業化還是現代化，都必須按照逆商者的理解去描述，與市商化毫不相干。俄國是後發工業化國家，幾乎沒有選擇資本主導的市商化易利的可能性，只能在逆商的畸形道路上越走越遠，形成路徑依賴。要扭轉其逆商背離，並踏上市商正途，非經過戰爭選項對決不可。這是俄羅斯的悲劇，也是人類的悲劇，更是市商化文明升級轉型不得不付出的沉重代價。從1861年農奴制改革以來，俄國邁上了艱難的現代化歷程。到19世紀末20世紀初，俄國工業化已取得一定程度發展，其工業總產值已占世界第五位，歐洲第四位。在早期現代化理論中，往往把「現代化」等同於「工業化」或看成純粹經濟的增長。按照公認的標準，現代化進程除經濟指標外，至少還包括公共結構、生活品質、人口素質、文化環境、公眾福利、運行秩序及經濟效益效率等一系列綜合指標，尤其是市商化，用單純經濟指標衡量一個國家的發展已屬過時概念。

1. 興公滅私：依靠強力集中資源。世界各國的實踐證明，依賴治理政體對企業組織的所有與控制，經濟結果會適得其反，往往會形成侏儒巨嬰壟斷企業。逆商治理政體寧願低效率低效益，也要共有，也就是治理政體持有，從而否定市商化基石的私有制。俄羅斯的逆商擴張邏輯，是其踏上興公滅私逆商工業化之路的重要因素之一。追溯其早期的工業化即是如此，1909年，俄國的煤產量也只與比利時持平，1913年的生鐵產量只是美國的1／7。十月革命前，俄國有一億五千萬人，產業工人只有300萬，占總

人口 2 － 3%。在整個歐洲要講產業工人的比例，俄羅斯當時是非常少的。當然，據說它的工業人口非常集中，便於集體行動。也就是其最大的特點是很集中，絕大部分在彼得格勒、烏拉爾、中部工業區，彼得格勒有 40 萬人，占 12%，60% 是集中在 500 人以上的企業，1,000 人以上的企業集中了工人總數的 47.6%，千人以上的比例是德國的兩倍，達到了世界上最先進資本主導的市商化易利工業的集中程度。這種集中化程度使共有化逆商異常地容易。當然，這也導致了它集體行動能力強，組織程度高，也就是蘇聯史家所說的「發動革命比較容易」，能夠起到革命起點上的「先鋒隊和決定性」作用。但 1917 年的革命與此關係也不大，實際上十月革命中最積極的是厭戰的士兵，不是工人。同時，它的工業，主要是手工業，又是高度分散的。這種高度分散又使其自然人主體幾乎沒有什麼發言權。任何一個資本主導的市商化易利國家都很難有這樣的情況：在對擁有 20,000 工人的將近 9,000 個小作坊的調查中，會發現生產者如此驚人的分散和落後，共有財產的事例只有幾十個，3 － 5 個小業主聯合起來購買原料和銷售產品的事例還不到 10 個。[15] 這種分散性也許會成為可悲的、經濟上和文化上停滯不前的最可靠的保證，但這卻給俄羅斯這個後發國家的共有化逆商工業化形成了路徑依賴。也在一定程度上造成單極一元逆商政體一直在俄羅斯處於主導地位。由於工業化的畸形易利發展，使其日趨演變為逆商戰爭選項的催化劑。

15　李述森：《阻斷而非發展：原蘇俄最高領導人早年在俄國資本主義問題上的基本立場》，前線，2012 年 11 月 9 日。

第一，實行共有。治理政體一體獨大。蘇俄到1918年底，大企業的共有化基本完成，共有化浪潮開始向中小企業推進，尤其是加速工業共有化。十月革命後，蘇維埃政權以「赤衛隊進攻資本」的方式對一批工業企業實行了共有化。為了對收歸共有的企業實施集中統一領導，建立了總局管理體制，即在最高國民經濟委員會下面按工業部門設立總管理局，由中央管理局垂直領導、直接管理本部門所屬企業。到1920年底，這類總管理局共設立了52個。在總局管理體制下，企業沒有自主權，也不搞經濟核算，企業的生產計畫由總局下達，原材料由總局調撥，製成品統統上交，由總局根據中央治理政體指令進行分配。隨著共有化的推進，總局管理制也不斷擴大其領域，最後，幾乎所有的工業企業都被納入了總局管理體制。

俄羅斯及蘇俄所謂的現代化、工業化都是以治理政體為主導，靠皇權或極權專制來推動，用共有化作為載體，所有這一切都造成極端的低效率、低效益。因為它是無內在驅動的運轉，無原發性動力的運作，經濟轉換到一定程度就會被邊際效應拉回，在原地打轉。除了戰爭掠奪，沒有其他選擇。有的是內戰或內亂，一部分人掠奪另一部分人；有點餘力就會發動侵略。這就是逆商背離攫取賦戰邏輯。這種共有制將企業這一經濟易利組織置於治理政體自然人手中，不可能有效率和效益，因為經濟組織和治理政體職責完全不同，這樣既必然引起非經濟性壟斷，又必然形成侏儒巨嬰式擴展，從而侵蝕整個財富資本。與其類似的國家還有德

國。1882年－1913年間，德國大型企業的增長速度超過了整個工業部門的增長速度，從而刺激了大型工業官僚機構的發展。規模本身使企業間競爭的性質產生了影響，將市場競爭變為少數對手之間的談判。德國大企業最為突出的方面是，最大的五家企業中，有四家是共有和共營的。這些企業總共雇傭了近120萬人，超過了當時德國125家最大雇主雇傭的220萬人總數的一半。但德國易利經濟的自由度遠不及工業革命前的英國。被歷史學家定義為「特殊道路」，這一定義暗示了德國易利經濟的現代化反常，即沒有實現與規範的市商化資本主導的易利經濟文明完全接軌。而反常必有妖，德國發動二次世界大戰並非偶然。[16]

第二，排斥私有。這樣既與市商化「私產私權」維度的構建背道而馳，也使其因為逆商治理政體僵化，經濟無內在成長機制，逆商性質更加突出。西方封建制度採用了治理政體市商的分權化，封君與封臣之間是契約關係，土地佔有也是有條件的。但從莫斯科公國到俄國，都採用了與西方市商化國家完全不同的方式，尤其是沒有私有制的概念。蘇俄治理政體頒佈一系列法令限制、排斥私人商業和市場交換，直至禁止自由貿易。到1918年底，大部分私人商業機構已被取締。在其實行的「戰時」政策就包括實行餘糧徵集制，即：實行治理政體糧食壟斷，不允許私人買賣，以此來控制糧食的購銷。在這種政策下，農民必須按治

16　理查・Ｈ.蒂利、米夏埃爾・科普西迪斯著；王浩強譯：《從舊制度到工業國》，格致出版社，2023年版，P.226、227、308。

理政體規定的價格向其交售糧食，同時也可按固定價格得到工業品。農民實際是近乎無償地把糧食和其他農產品交給了治理政體，以此為共有化工業積累服務。顯然這與市商化維度的構建相左，是典型的逆商行為。

作為極端的逆商，俄羅斯的宣傳總是勸說國民，資產階層是靠不住的，資本主導的市商化易利制度是有缺陷和不道德的。在沙皇所有美其名曰的「大改革」當中，組織者和策劃者都是貴族，受益的分紅利者是資產階層，農民經過這樣的盤剝平均程度還不如改革前。於是，又借機大力宣揚，只有消滅了一切私有制，剝奪了貴族、資產階層包括商人，才能過上真正的好生活。而1905年革命後，這種反資本的宣傳在憎恨不公正改革的土壤上很容易生根發芽。斯托雷平的經濟改革導致農民從沙皇的基石變為最大的反對力量。早在1914年，有一份著名的備忘錄就已經預見了未來的事態發展，它的起草者是極右的保守派杜爾諾沃，他堅決反對斯托雷平改革，認為太自由化、太西化了，這場改革如果再與戰爭聯繫起來，革命就不可避免了，「萬一失敗了，決不能忽視可能是敗在與一個像德國這樣的敵人的戰鬥中，一場最極端形式的社會革命就不可避免了」。[17] 不能不說，這一點還很有預見性。也說明，在逆商治理政體統治下，市商化即使被其少數成員認同甚至推進，也會無疾而終。逆商的畸形易利仍然會我行我素。

2. 逆商管控：強力破壞市商維度。後發國家的經濟往往原始

17　金雁：《俄國為什麼能夠發生革命》，互聯網，2014年1月29日。

而落後，對工業化國家羨慕不已。但這些國家的治理政體領導人眼光只能看到表面，即知其然不知其所以然，不知道也不承認發達國家之所以發達，完全是依靠市商化資本主導的易利經濟內在動力發展起來的，是必須對治理政體進行市商化，對治理政體各級當權者進行限制規制，使其真正履行服務國民之職責。但逆商者則不然，他們相信其治理政體自身的魔力，死死維繫自己的利益，所謂的工業化、現代化首先是服從服務於治理政體自然人利益的工業化、現代化。但由治理政體主導的工業化、現代化，在工業化方面是畸形的、在現代化方面是緩慢的或無效的。比如俄羅斯，一直到21世紀，都處於後發工業畸形易利發展的狀態。這種畸形易利發展，使其只能是重工業化優先，以維繫一定的軍事力量，從而可以靠強力掠奪彌補工業化畸形發展的缺陷，結果只能陷入惡性循環。

第一，排斥市場。作為逆商的迷戀者，一般不重視市場的作用，只注重靜態經濟及僵化的管理。靠的是治理政體的有形之手，而有形之手最為擅長的領域是土地、能源與重工業。這些領域要麼是特殊的供應方，要麼是特殊的消費者。這些領域有利於集中，集中之後可使治理政體幹想幹之事。這種逆商，最能夠滿足獨裁者一人的野心。因為集中之後獨裁者能夠調動的資源最多。

排斥市場的一個突出表現是蘇俄時期推行的普遍義務勞動制。這種用工制完全脫離市商化運作，是典型的逆商行為，是對人力

資本的無情剝奪。蘇俄時期，國內戰爭引起勞動力資源的縮減和工人的流失，為瞭解決日趨擴大的勞動力缺口問題，蘇俄治理政體採取強制性措施，用勞動義務制來保證重要經濟部門和軍事工業部門的勞動力需求。勞動義務制的配套形式是勞動軍事化，即按照軍事體制把勞動者組織起來，並把他們固定在需要的工作崗位上，如欲隨意脫離崗位，要受到軍紀和戰時法律處理，有些軍工部門直接被編人軍隊行列，鐵路系統亦被列人戰時動員狀態。這與農奴與奴隸差別已不是很大。工業化發展要求更大國內市場和更多勞動力，而舊時代遺留下來的工役制仍要求農民為地主無償勞動，把農民固定在土地上，從而阻礙了勞動力市場的形成；地主富農採用高利貸手段剝削農民，農民一貧如洗，限制了國內市場的擴大和易利經濟的發展。由於缺乏受教育條件，俄國居民中文盲占多數，識字的人僅有21.1％，無法為工業革命提供熟練的技術工人隊伍；沙俄限制地方自治機構權力，取締部分選舉權，扼殺一切進步讀物，國民幾乎毫無權利。[18] 顯然，這必將激化各種潛在衝突，一旦衝突無法以和平方式解決，戰爭就是必然選項。自沙俄起，俄羅斯先後出現一系列逆商戰爭，包括蘇聯發動的侵略戰爭，直至2022年發動的侵略烏克蘭戰爭，使其一直站在市商文明的對立面，最終將與全球市商文明力量形成決戰，即市商化衝破臨界點的戰爭終抉。蘇俄在流通和分配領域也大力實行非市場化。到1918年底，大部分私人商業機構已被取締，國家也

18　吳恩遠：《十月革命：必然性、歷史意義和啟迪》，天益社區，2007年12月6日。

不再通過商業管道組織流通和分配,而是通過建立「消費公社」的方式,進行非市場的直接調撥和分配。[19]這樣,就使得易利完全非市商化了。

第二,限制自由。俄國奉行民粹者雖然也講平等,而且是平均意義上的平等,但更講打擊資本。普京總統打擊資本與之一脈相承。資本則是創造財富的財富,打擊資本又如何能夠創造財富?這就是逆商之所以必將被清除的根本原因。打擊資本必然限制自由、取締平等,因為資本是私產私權,而私產私權是平等自由的基石,二者是市商文明極其重要的維度。而且,打擊資本往往與強調人民相輔相成。比如俄國民粹者就有一個很突出的特徵,就是特別強調人民,而其強調的人民又是作為一個整體面目出現,並凌駕於個人之上。他們不只是反精英,更反個人,其核心理念為,個人必須服從於整體,認為以整體利益的名義可以剝奪個人自由。金雁指出,這個所謂的個人自由不僅僅是精英的個人自由,也包括普通國民的個人自由。就是說每一個人都應該為「人民」奉獻一切,儘管所謂的「人民」就是所有人加在一起,而且更具有概念化、神聖化、虛擬化、抽象化,實際上就是烏有,成為奉行民粹者逆商化駕馭國人的工具。比如,每一個人都要為這個「人民」犧牲,實際上等於就是國民都犧牲掉了。「人民」作為虛無的概念實際上就沒有了。俄國民粹派另外一個特點,就

---

19 馬海:《兩次世界大戰之間蘇俄與蘇聯的社會主義革命與建設》,馬海的個人網站,2006年2月28日。

是自覺與落後的農業聯繫在一起，非常崇拜農民。甚至說，知識份子應該跪倒在農民面前，因為知識份子很骯髒。俄國民粹者高度評價農民，實際上他們評價的是農民整體，而非一個個農民個人，如同人民一樣被虛擬化、烏有化了。實際上民粹者強調人民的整體性，就為其否定市商，否定個人，實行共有做了極為重要的概念性鋪墊。而俄國實行的就是土地共有制，搞農村公社，這是其傳統的集體組織，不同於後來俄共搞的集體農莊。如果人們要離開村子，必須經過公社的同意，否則就不能離開；如果要蓋房子，必須蓋在一個地方，不能單獨分開蓋，分開蓋就叫單獨農莊，這在當時被認為是一個不良傾向。如果一個農民個體離開這個整體，馬上就變成一個十惡不赦的所謂的單幹戶，就被認為是一種背叛。[20]這種與市商化背道而馳的逆商，農業如此僵化，焉能不落後？這樣的國家不靠集中財力發展軍事，行掠奪之醜行，也別無出路。顯然，戰爭的催化作用非常明顯。

透析逆商背離邏輯，還有另一個極端典型案例，這就是委內瑞拉。雖然其由於國力較弱而無法以戰爭形態與市商化對抗，但其重回市商化正途也很難完全以和平形態完成。當然由於強大市商文明國家的威懾，其市商化轉型的和平選項也不能完全排除。委內瑞拉各類資源齊全而充沛，石油儲備超越沙烏地阿拉伯，堪稱世界頭號「油庫」，理應富甲一方。然而，2015年卻成為世界最嚴重的通脹國家之一、最嚴重的暴力犯罪國家之一，法治指數最

20　金雁：《回望1917年：俄國十月革命90年》，貓眼看人，2011年7月11日。

差國家之一，世界最危險的投資目的地之一。烏戈·查韋斯模式的邏輯一以貫之，即政體治理權力的獨佔化、經濟的去市場化。查韋斯終身崇拜的偶像是玻利瓦爾省，而集權則是玻利瓦爾省所推崇的不二法則。

其一，治理政體的逆商化、獨佔化。為了徹底掃除集權道路上的障礙，先通過兩場公民投票創設了制憲會議。查韋斯主義者在128個席位的制憲會議中控制了121個。為了防止原來的議會和法院在制憲期間「搗亂」，1999年8月他授意制憲會議在制憲之前採取兩項特別措施：設立「緊急司法委員會」取代原來的司法機構；宣佈緊急狀態，設立「緊急立法委員會」，取代原來的立法機構。同年順利制定了「玻利瓦爾省憲法」。這部憲法，將1961年憲法規定的兩院制改為一院制，同時大大削弱了立法權和司法權，突破了分權制衡機制，將國家主要權力集中於總統和行政之手，實際上由查韋斯個人獨佔。

其二，易利經濟的逆商化、去市場化。一是全面共有化。自2004年以來，分步驟採取一系列石油共有化措施，最終將境內全部油田收歸共有。除了石油領域外，還對電話、電力、水泥、鋼鐵、大米加工廠、咖啡、銀行、超市等實行共有化。大規模的共有化趕走了外國投資者，也降低了本國生產者的生產積極性，同時又產生了大規模的官商腐敗和裙帶交易。二是價格管控。在查韋斯時代，治理政體為若干種基本食物制定了最高價格，嚴禁生產商漲價。馬杜羅上臺後，延續並強化了這種價格管控措施。

治理政體對市場的價格干預破壞了資源合理配置，導致從黃油、咖啡、牛奶等基本食品到肥皂、洗衣粉、衛生紙等生活用品，再到藥品和醫療器械，均出現物資供應短缺。治理政體派出大量公務員和軍人在全國範圍內打擊暴利經營的商家，佔領多個大型家電、五金、汽車配件連鎖店，逮捕商人。結果，商品出售的超市，人們排起了長龍，商家不得不按身份證甚至指紋來定量配給。商店貨架暫態間就會變得空空如也。

查韋斯從1999年起任委內瑞拉總統直至病亡，就任約5年後完成了「埋葬資本主義、建立21世紀社會主義」的目標。由於經濟結構過於單一，到了2016年，除了生產石油，90%以上的食品和日用商品都依賴進口。同年7月，馬杜羅宣佈在「經濟緊急狀態下」，將國家的供應權力交到國防部長帕德里諾手中。馬杜羅治下的委內瑞拉幾乎成為了一個軍管國家，委內瑞拉石油公司幾乎成為了一個軍事石油公司。而軍方管控是危險的、暴力的。[21]這樣的治理模式就是國家的災難，自2008年共有化至2011年，水泥行業產量下降了20%，鋼鐵行業則下降了80%。在共營食品分銷網路PDVAL的倉庫內，人們發現有10萬噸食品正在腐爛。[22]邁克爾·D.坦納指出，正是「查韋斯－馬杜羅」政權無休止的階級戰爭和治理政體對經濟的干預引發了經濟危機。是治理政體成功地創造了一切物品的短缺。經濟自由指數顯示，委內瑞拉在159

21　大衛：《委內瑞拉和巴西的政治前景》，拉美智訊，2016年7月25日。
22　拉思伯恩、曼德爾：《查韋斯的「玻利瓦爾省革命」》，FT中文網，2010年8月18日。

個國家中排名墊底，成為治理政體愚蠢控制經濟的「活樣板」。[23]

幸運的是，二戰後尤其是1970年代以來，在易利創富邏輯的主導下，市商文明形成的技術進步、全球化等因素的相互作用，使財富生產方式與戰爭形態都發生巨大改變，導致科學技術、資本與管理，在財富生產和國家安全維護中的重要性（權重）都日益增大；領土與地緣的重要性則日益下降，世界進入後領土後地緣時代。這表現在空間上，全球資源商品化，使財富生產方式呈現出顯著的去當地語系化特徵（包括國內異地化和跨國化），即財富生產雖然仍要依賴土地，但既不再依賴特定土地，也不再依賴特定領土。而且，是市商文明最發達的美國，主導了全球化，實現了二戰後的和平與發展。[24]

這的確是人類的幸運。但這要歸功於市商文明的發展及全球易利的市商化。

---

23 邁克爾・D．坦納著；宋偉譯：《那些嚮往「大政府」的總統候選人，抬眼看看委內瑞拉吧》，保守主義評論，2016年10月1日。
24 鄧曦澤：《二戰後長期和平發展源於觀念改變》，互聯網，2023年9月18日。

第四章 和平選項原理

市商化文明升級轉型突破的臨界點，就是治理政體的市商化完成升級轉型。市商文明的構建，主要是三大維度的構建。而治理政體的市商化是關鍵。因為治理政體擁有群體治理權力，以及相應的強力支持。因此，治理政體市商化決定其他方方面面市商化，也決定市商化三大維度的構建。所以，無論是和平還是戰爭選項，都離不開治理政體這個核心。而且，只要民抉機制的治理政體市商化基因得以注入，並有多元群治體系加持，文明升級轉型和平選項就成為可能，甚至是必然。這就是文明升級轉型和平選項的政體要件及原理。

按照柏克的觀點，群聯團體之所以長久存在，乃是為了它的成員的利益，而不是為了對他們的懲罰。國家中的特殊群聯團體——治理政體就是這樣的團體。由此，在市商化文明升級轉型和平選項中，治理政體就不能擁有絕對權力，不能是領導人獨裁專制和凝聚成為鐵板一塊的整體。不然，即使它是以服務國民為使命的，也極有可能利用其絕對權力為其鐵板一塊內的成員提供服務，形成利益的封閉內迴圈，而忽略對所應服務的國民提供服務。如果存在這樣的治理政體團體，那麼在國家的市商文明升級轉型中，就很難會有和平選項，只能一戰。

因而，可以說，在保證市商化文明升級轉型和平選項得以確立的諸多條件中，治理政體最重要。所以，更直接地說，市商化文明升級轉型突破臨界點，即治理政體完全意義上的市商化——民抉、制衡、限權，其和平選項的最重要也是最基本的要求，是

治理政體必須存在一定的軟化或呈現持續軟化狀態，存在事實上的間性多元，使不同治理利益群體，包括現實的和潛在的（或叫影子的）政聯群體有博弈的空間。治理存在的政體自然人聯合體（政聯）與潛在政體自然人聯合體，有間性博弈的可能。同時，治理政體建存市商化基因，有一定的市商化基礎，這為和平選項創造了最起碼的條件，提供了更大可能性。

第一節　民抉多元

市商化治理政體就是民抉政體，當然包括憲政。按照美國學者撒母耳·亨廷頓的觀點，當一國最高領導人是透過公平、公正、公開的定期選舉方式產生，即可謂之民抉國家。這裡應該加上一個限定詞，就是進行秘密投票，以表達選民真實的民抉意願。

民抉治理政體被認為是「有限政體」，亦即治理政體權力是有限的。制訂憲法目的之一就是建構市商化治理政體並賦予有限權力。然而，有憲法並不保證憲法能被落實。極權或威權國家憲法雖理論上對治理政體權力有所限制，對國人權利有所保障，惟實際運作卻是治理政體權力不受限制，國人權利不受保障。是以有憲法的國家，不必然實施憲政。只有治理政體權力確實依憲法受到限制，國人權利依憲法受到保障，才是真正落實憲政的立憲治

理政體。因而，以民抉方式產生國家治理政體領導人，而且選出的領導人及其治理政體還必須恪遵憲政規範，遵憲與行憲，方能稱之為民抉國家。[1] 事實上，處於市商化過程的國家，一般在治理政體上還達不到亨廷頓提出的民抉國家標準，但是，其民抉治理政體卻建存，從而為選擇和平提供了可能。沒有民抉多元發揮作用，斷無和平可能。因此，民抉政體的建存對突破臨界點市商的和平選項至關重要，因為存續民抉政體，是和平轉型的顯性組織基礎。

一、民抉建存原理

在很長的歷史時期裡，在歐洲的話語體系中，民抉是一個負面概念，是一個壞東西。亞里斯多德說過政治形態有三種：君主制、貴族制、民主（抉）制，他並不認為民抉是一種好的政體。直到英國光榮革命，才把觀念慢慢翻了過來，直至民抉成為市商化治理政體乃至市商文明的本質特徵。

從民抉的角度看，縱觀世界有兩個不爭的事實。其一，凡是民抉完善和切實實現的國家，比沒有民抉或民抉不完善的國家，財富創造的效率要高，易利經濟就發達，就能夠有效實現財富遞增。1940 年以來，美國和加拿大的投票比例通常比南美最民抉的鄰居高出 50％－100％，比墨西哥高出 3 倍，比巴西、玻利維

1　周育仁：《憲政主義與臺灣民主化》，凱迪社區，2012 年 3 月 26 日。

亞、厄瓜多爾甚至智利高出 5 － 10 倍。值得一提的是，直到 20 世紀初，拉美沒有一個國家有秘密投票制。[2] 其二，自發的民眾血腥革命只會發生在專制獨裁國家，而不會發生在自由民抉國家。實際上，市商文明升級轉型也是。只要民抉治理政體尚存，不管是「非完全意義上的民抉」，「還是大打折扣的民抉」，只要能夠體現民抉的治理政體存在，市商文明升級轉型和平選項就有了可靠的治理政體基礎。這就是民抉建存原理。

1. 民抉建存：賦予轉型和平選項的顯性與隱形組織基礎。縱觀市商化升級甚至是逆市商化轉型，只要是和平選項，總有兩大特點。這兩點是民抉多元條件下文明升級轉型和平選項原理發揮作用的基點。而且，後者是前者的支撐，前者是在後者存在的情況下出現，才可能以和平的方式表達出來。

其一，對政體治理逆商行為強烈不滿。阿拉伯世界一向被認為不適合搞自由民抉制度，其文化結構和國情民性獨特於普世價值之外。但是，在 2011 年 1 月發生的事情（埃及顏色革命）否定了這種例外論，事實論證的天平有力地向普世市商化價值傾斜。埃及顏色革命不過是又一波民抉化浪潮在阿拉伯世界的延續，它與柏林牆的倒塌、拉美各國的民抉化、東亞韓國和華夏臺灣的民抉實現等等，有著一脈相承的延續性。顏色革命的真正原因和動機不僅僅是由經濟上的逆商所致，人們不滿於經濟上的諸多問

---

[2] 科斯等著；劉剛等譯：《制度、契約與組織》，經濟科學出版社，2003 年版，P.142。

題,只是這場顏色革命的觸發點,或者說只是一個爆發點。起初,是對失業、兩極分化等問題的不滿而走上街頭,之後運動目標很快就指向政體治理存在的嚴重問題。實際上即使經濟上沒有問題,對政體治理的不滿也已經積壓下來,只不過找不到起事出口而已。亨利－勞倫斯指出:在突尼斯和埃及的抗議活動中,核心要求是尊嚴,人們再不想忍受日常生活中的種種煩惱,不想再忍受員警的侵犯和暴力,不想再忍受迫害。運動中有強烈的言論自由訴求,但最重要的兩個價值則是對尊嚴與正義的追求。顯然這是一種對平等、自由的渴望和追求。尊嚴的侵犯是嚴重不平等不自由的極端體現,而平等自由則是市商文明非常重要的維度。在這些國家,逆商的時代已經過去,消滅資本主導的市商化易利的幻想也已經破滅,哪怕對殘留的逆商也難以容忍。不少國民已經認識到,沒有哪個國家可以避免現代資本主導的市商化易利的模式而又能振興經濟,競逐於世界之林。[3] 而且顏色革命的特點已經如同互聯網時代一樣,完全去中心化。在穆巴拉克倒臺前的日子裡,埃及發生了類似於大罷工的事情,且沒有一個中央組織核心。根據阿拉伯人權資訊網路的統計,共有841名烈士。不幸的是,這些人中大多數人都沒有職業資料,但埃及記者聯盟的一個委員會收集了279名烈士的資料,並記錄了其中120人的職業。在這120人中,74人是工人,其餘的是學生或專業人士。現有資料顯示,工人在死傷者中占很大比例。根據革命英雄和傷患協

---

[3] 周楓:《埃及革命說明瞭什麼》,互聯網,2011年2月28日。

會收集的資訊,在 4,500 名傷患中,70% 是沒有學歷的工人,還有 12% 是有中等學歷的工人。其餘的人包括在校學生(11%)和具有高等學歷的人(7%)。在埃及顏色革命期間,正是工人等底層付出了最沉重的代價,他們的巨大犧牲使穆巴拉克的倒臺成為可能。[4] 這說明,在逆商中煎熬的永遠都是最底層的人。市商文明中,會使最底層人的生活及財富逐步改善和提高,而逆商國家則永遠不會。這也是為什麼市商化一定會戰勝逆商的原因之一。

其二,治理政體存在明顯民抉特徵。威權體制下東亞的共同特徵是:權力集中、獨享、不受制約,但致力於經濟建設。由於權力集中,威權體制的政權,傾向強力整合公共資源,集中民智民力,對工業化實施規劃,促使工業化戰略性發展的實現;加上後發優勢及採取非市商化非公平手段使經濟發展並獲得一定增速,初步完成工業化。但多數威權體制都建立在民抉形式和程式之上。多數有效的威權政體領導者都是經過選票票決執政的。總體上,東亞的威權體制具有民抉意義上的保障擴大國民權利和集中國家權力的雙重功能。即,在法律形式上一般具有憲政體制,具有民抉形式,而在實際公共政策與功能層面具有保障國民的基本經濟、生活權利的特徵,國民的經濟和生活權利有所保障和擴大。在威權體制下,實行改革開放,與市商化先進文明國家保持連接的管道,並為國民經濟發展創造制度及政策條件,從而對公

---

4 Mostafa Bassiouny:《埃及的工人運動,革命與反革命》,澎湃思想市場, 2022 年 4 月 17 日。

眾形成了生產性激勵，調動了國民的生產積極性，為國家的工業化、現代化發展提供了動力、條件與機遇。[5]

作為憲政國家民抉治理政體建存的印度，始終沒有沒收私人資本，私營工業一直存在並且有一定發展空間。但一個很長的時期各基礎工業部門都是國營佔優勢。例如鋼鐵工業，獨立以前只有私營的塔塔鋼鐵廠，後來連續建起波卡羅等六大共營鋼鐵公司，控制了90%以上的鋼鐵生產。最大的波卡羅、比萊等廠都是蘇聯援建、按蘇聯管理模式管理的。然而，雖然大鋼廠中碩果僅存的私營公司塔塔集團廠齡最老（1907年建），設備相對陳舊，產量在全印總產中也只是一個零頭，但一直是印度鋼鐵業中「管理得最好的企業」，其效益比那些共營巨無霸都好，工人工資也更高。1986年印度的共營鋼鐵業雇用24萬7千員工，生產出600萬噸鋼。同年南韓的私營企業Pohan只用1萬員工，卻生產出1,400萬噸鋼。在20世紀90年代以前印度固然是近似於西方的憲政民抉，經濟上卻更多地搞命令經濟、計劃經濟。共有企業比重之大、市場管制程度之嚴、外貿保護手段之多都相當突出。在印度的共營企業中，管理人與工人既非土雇關係也非主奴關係，同時又無資產責任，理性約束機制因此很難建立。相反卻容易出現不顧企業利益的雙方「共謀」。管理者既不像資方那樣把企業作為自己的產業來用心打理，又不能無視工會與「工人民主」的

---

[5] 「東亞五國－－區政治發展研究」課題：《東亞民主轉型的理論解釋》，文化縱橫，2010年9月27日。

意向扮演技術官僚的理性專制角色,於是短期行為、「內部人控制」、經理「討好」工人、雙方都吃企業坑國家之類的積弊便難以避免,科爾奈所說的那種「預算軟約束」危機往往會比專制的舊體制下更加嚴重。[6]這也成為印度長期經濟落後的重要原因之一。在印度所有的勞動立法中,影響最大的公認為《產業爭議法》。其核心內容是規範企業招聘和解聘員工的條件和程式。它明確規定,所有超過100人的企業,在解雇員工時,必須獲得州的批准。有工作的人有了絕對的工作安全,也就沒有必要積極工作了。長期以來,工人勞動懶散。更嚴重的是,有工作的人非常舒服,更多的人則找不到工作。100人以上的企業用工和解雇需要治理政體批准,雇主就會儘量將企業規模控制在100人以下;超過100人的企業,雇人時也是慎之又慎。這樣,作為保護員工權益的立法演變成為治理政體有形之手極大地限制製造業的發展空間,也嚴重制約了整個經濟的發展。從1960年至1995年,製造業占GDP的比重在印尼從9%增加到24%,在馬來西亞從8%增加到26%,在泰國從12.5%增加到28%,而同期印度製造業在GDP的比重從原來高於上述國家的13%,僅僅增加到18%。製造業的增長緩慢,使這一時期印度的整個經濟增長慢於上述國家。[7]至今,在印度信奉計劃經濟的人還會經常講這一句話:「為需要而生產,不為貪婪而生產」。印度曾經實行的以計劃經濟為

6　秦暉:《印度落後的真正原因》,友朋說,2019年1月4日。
7　王一江:《印度為什麼落後》,四川大學哲學研究所,2006年12月22日。

主體的混合經濟,對私有經濟進行非常苛刻的制約和嚴密監控。比如,允許開設任何非經濟命脈(治理政體所認為)的產業企業和公司,但是任何行動都必須得到官方的許可。而印度的公權私用跟這一個政策幾乎可以直接掛鉤,就是說無論開一個公司、進口一樣東西、開一個商店、簽一項合同,任何一個環節都要得到治理政體相關部門的許可。對尼赫魯理念最堅定的實行者來說,就是要打擊私營企業,就是要控制私營經濟的發展,就是要控制私營經濟這種「邪惡的、不高尚的行為在印度國土內蔓延。」所以,這些工商部門對私營企業的打擊是不遺餘力的。當然,公權私用也隨影相隨。[8]這是問題的根源所在,也是治理政體自然人利益所在。顯然,在民抉體制建存的情況下搞命令經濟、計劃經濟,由治理政體管控經濟也是行不通的。也說明任何逆商都是一條死路。由於民抉治理政體的建存,主導市商化改革的政黨贏得大選後,即開啟了市商文明升級轉型新的篇章。1992年,印度開始經濟改革,結果立即出現變化,整個20世紀90年代,印度經濟的增長率平均每年達6%以上。納倫德拉‧達摩達爾達斯‧莫迪自2014年出任總理後,更是大刀闊斧地進行市商化改革,使國民經濟呈現強勁發展勢頭。莫迪上臺後廢除了存在65年之久的計畫委員會,以「全國改革印度協會」取而代之。旨在以「自下而上」的「親民、積極、參與性強的發展規劃」政策形成模式取代計畫委員會「自上而下」的傳統決策模式。並用「三年行動計

8　陳思:《告訴你一個真實的印度》,南方網,2008年1月29日。

畫」、「七年戰略規劃」、「十五年遠景檔」替代原有的五年計畫。積極推進共有企業私有化，在保障私有產權等市商文明維度構建上採取實質性措施。莫迪十年執政間實施的市商化改革，經濟快速增長。當然，市商化改革也可能出現反復，但很難出現逆轉，因為市商文明的升級轉型是大勢，人類發展的必然。當然，即便是出現反復，也是和平選項中的反復。這主要得益於民抉治理政體的建存。

總體看，這些國家的這種民抉政體是在發展進步的，除極少數國家外，這種建存的民抉政體正是解除威權政體的群治基礎。而多數國家解除威權政體又多是在和平選項中實現的，最多會發生類似埃及、突尼斯等中東國家的顏色革命。

2. 市商建存，賦予公民以治理政體所服務的消費者身份。在易利經濟中消費者早晚要成為上帝。而在治理政體市商化中，國民就是治理政體服務產品的消費者。何謂憲政？憲政內涵之一就是普選，一人一票，也就是民抉。不喜歡誰就不投他票，這是憲法賦予的權利，治理政體領導人或組織完全由民抉而定。只有這樣的民抉存在，帶有威權體制色彩的治理政體市商化最終一定會和平實現。華夏臺灣是成功的典型案例。

其一，民抉火種一直沒有熄滅。有火種就有希望，就有未來。臺灣曾受三大約束：憲法、臨時條款、1949 年戒嚴令。據憲法學者的分析，1947 年施行的憲法，比 1911 年以來的所有憲法都要完整，也比較科學，民眾還是有一定權利的。其中有兩點是沒

有受到臨時條款和戒嚴令約束的：直選、競選。所有要選舉的職位，包括公務員，都要進行直選、競選，老百姓能直接選省長。在這一基本框架下，鄉長、鎮長、里長都要競選，也不容易當上。1950－1981年，從選省議員、縣長到國大代表選舉、立法委員選舉，最後還有總統選舉。31年間共43次，平均每年1.4次。而且選舉是非常認真的，不是走過場。「選舉必須是差額的、有挑選餘地的，並且要競選」。競選人到田頭、地間、超級市場去拜票，希求民眾把票投給他。臺灣的選舉已經達到這樣的程度，跑官以前是去總統府、副總統府，現在要向民眾求官，拜託投我一票，舞弊行為絕對是不允許的。「跑官要官」，通過選舉制度的反覆履行，變成「跑民要官」。臺灣的制度當中還有一條，地方自治制度。中央、省、縣各多大權力，都是由法律規定的。憲法規定所有地方都可以自治，臨時條款、戒嚴令都沒有把這點取消。[9] 顯然，這已是有相當程度的治理政體市商化，臺灣長期擁有民抉政體的建存，其治理政體的市商化並沒有停止前進的步伐。還有，臺灣400年來，基本是一個移民文化，有泉漳廈的移民，還有客家移民，以及1949年的移民。1935年臺灣發生大地震，當年11月22日舉行了第一屆市會及街莊協議會員選舉，這也是第一次有限民抉選舉，讓臺灣的士紳通過選舉得到一定的自治權利。因為要做生意，所以有四大社團，扶輪社、青商會、獅子會、同濟會，這些社團都是國際組織。臺灣公民治理的發展

9　曹思源：《臺灣憲政轉型歷程及啟示》，共識網，2010年1月20日。

有兩個脈絡，一個是國民黨要解除高壓控制，當然解禁有一個過程，這也是互相博弈的結果。另一個就是美國作為臺灣地緣政治的保護者，它與國民黨政權之間的摩擦，反而給臺灣的公民治理製造出一點空間。這個空間不是一天兩天，而是三十年、四十年。[10] 1949 年，國民黨政權退據臺灣，實行軍事戒嚴，嚴密管控臺灣民眾。面對臺灣民眾要求直選的呼聲，國民黨政權於 1950 年推行縣市長直選、縣市議員直選，落實地方自治，開啟了臺灣戰後的基層民抉。通過 30 多年的基層直選，臺灣形成了一套較為嚴密的基層選舉制度，民眾得到了初步訓練，一些非國民黨籍的精英，通過選舉，參政議政，與國民黨展開博弈，動員群眾，競逐政體治理資源。通過博弈，國民黨甚至允許黨外人士當選臺北市長，黨外人士能夠當選臺北市長與此大有關聯。

其二，威權體制領導人與威權體制決斷。有人把蔣經國先生比喻成臺灣的華盛頓。實際上，對華夏來說，蔣經國先生所做的比華盛頓還偉大。華夏是一個背負幾千年極權專制枷鎖的族裔，能跨入市商化文明，其難度可想而知。蔣經國先生一句「世界上沒有永遠的執政黨」，讓多少深受一黨獨裁之害的人熱淚盈眶。這就是偉大。從市商文明的角度看，蔣經國是華夏自有文明以來最偉大的治理政體領導人，前無古人，沒有之一。20 世紀 70 年代後期、80 年代初期，伴隨著臺灣經濟的高速發展，新興的中產階層強烈要求治理政體改革，解除戒嚴體制，廢除黨禁、報禁，

10　林正修：《公民社會助力臺灣轉型》，共識網，2010 年 4 月 25 日。

回歸民抉「憲政」。他們指出，由於公權力腐敗濫用，臺灣的公信力日益破損，民眾認同危機的根源是國民黨政權僵化及保守的治理制度，已不適應現實生活的需要。國民黨十二屆三中全會確定了治理政體革新的基調：開放黨禁。1986年10月15日，國民黨中常會通過了兩項革新方案，一是即將取消戒嚴令，二是修改《非常時期人民團體組織法》，準備開放黨禁。1987年7月，國民黨政權宣佈解嚴，《人民團體組織法》仍在「立法院」審議中。1989年1月，「立法院」三讀通過《動員勘亂時期人民團體法》，各政治團體均得依法自由成立，並從事選舉等活動。1987年7月15日，宣佈「臺灣地區自民國七十六年七月十五日零時起解嚴」。至此，在臺灣實行了38年之久的戒嚴令正式被解除。同時開放報禁，1987年12月1日，新聞局宣佈，自1988年1月1日起，解除報禁、增加版面、取消民眾辦報的限制，給言論自由帶來新的空間。民眾可以自由表達言論，思想得到解放。報紙家數增多，競爭十分激烈。官營報紙幾乎無法生存，不得不調整版面，增加適合民眾閱讀的內容，順應時代的要求。[11]1977年11月，舉辦公職人員選舉（省民意代表、臺北市民意代表、縣市長、縣市民意代表、鄉鎮長），這次選舉對臺灣這種「控制下有限的民抉」，提供很好的見證。1978年，蔣經國當選最高領導人後，立即照會新聞界，第一不要稱「領袖」，第二不要叫「萬歲」。蔣經國說，現在是民抉時代，他只是個普通黨員、普通百

11　褚靜濤：《蔣經國晚年的政治革新》，愛思想，2013年3月23日。

姓。[12] 在20世紀70年代的後半期，美麗島雜誌成為反對派的中心。反對派成立了黨外選舉後援團。1979年12月10日，美麗島雜誌在高雄組織示威遊行，引起騷亂。國民黨逮捕美麗島雜誌的主要領導人，並處以較重的刑罰。但是，另外一方面，國民黨開始實行政體治理市商化政策，擴大民抉選舉。自1970年始，越來越多的台籍黨員主持地方黨部，到1977年，縣市黨部主任委員中近一半為台籍人士。20世紀70年代以來的治理政體市商化終於帶來了1986年的民抉突破。與其傳統的鎮壓與收買的手法相反，國民黨主導了臺灣的民抉化進程。[13]1985年12月25日，蔣經國在主持行憲紀念大會等三個會議聯合典禮時，突然離開預先準備好的講稿說：「現在，有兩個問題，經國想做一個明確的說明：第一就是，『總統』繼承者的問題……下一任『總統』，必然會依據憲法而產生……有人或許要問，經國的家人中有沒有人會競選下一任『總統』？我的答覆是，不能也不會。第二就是，我們有沒有可能以實施軍政府的方向來統治『國家』？我的答覆是，不能也不會。執政黨所走的是民主、自由、平等的康莊大道，絕不會變更憲法，同時也絕不可能有任何違背憲法的統治方式產生。」這是蔣經國首次公開表態，斷言力行憲法，排除軍人干政，結束獨裁。蔣經國還強調，要保障憲法前提下的公民集會、結社、組

12　梁木生博客：《國民黨在臺灣的民主改革之路》，163網，2014年12月7日。

13　王從聖：《國民黨的轉變：臺灣政黨政治之發展經驗》，貓眼看人，2007年3月18日。

黨權利。蔣經國默認民進黨成立，這是臺灣治理政體市商化轉型的重大突破點。在蔣經國簽署解除「戒嚴令」前後，國民黨內許多人向蔣經國提出質疑，擔心開放黨禁報禁之後，國民黨會否丟掉權杖？會否就此亡黨？會否「天下」大亂？……「這樣做，可能會使我們的黨將來失去政權！」蔣經國淡定地回答：「世上沒有萬年的執政黨，即使被人民選下臺，將來政績好了，仍然可以再被選上。」在2000年大選時，國民黨被多數臺灣民眾拋棄，成為在野黨。國民黨下臺後，經過痛定思痛，割癰去疽，在2008年被臺灣民眾重新舉上執政之位，驗證了蔣經國先生的預言。[14]

二、多元並存原理

多元化是市商文明誕生與發展的關鍵性必要條件。1215年，約翰王和貴族簽訂《大憲章》，為市商文明發展掃除了最大的障礙。之所以能夠簽署對人類文明進步尤其是市商化文明誕生具有決定性意義的《大憲章》，是因為在中世紀，歐洲歷史上的「封建」制度，基本特點是多元與分權：首先，有以王權為代表的世俗權力和聲稱代表上帝的教會權力之間的多元與分權。其次，有後來出現的自治的城市多元與分權，自治的城市並不在「封建」的權力範圍之內。第三，在以土地分封為基礎的「封建」結構內的多元與分權。土地分封是封建制度的基礎，封臣一旦得到土

14　王鐵群：《蔣經國與臺灣政治轉型》，共識網，2013年3月15日。

地，就得到了這塊土地上的所有治理權，包括政體治理、經濟、司法、軍事、鑄幣、戰爭等等所有的權力。治理這塊土地的是得到土地的人，不是給他土地的人，因此國王只要把土地封授出去就失去了對那塊土地的治理權。國王和貴族在同一個層次上面，有等級高低之分，但他們的身份是相同的，權利和義務也是相互的。《大憲章》後來被叫做《自由大憲章》，在那個時候，「自由」是一些具體的規定，是習慣所造成的規矩，不可侵犯。比如對教會而言，自由就是教士們自己選舉教會的官員，國王不能干預；對貴族來說，就是國王不能隨便侵佔他們的財產、增加稅收和軍役等。《大憲章》中大部分都是貴族們要求約翰遵守封建規範，內容可以歸為三大類：一類是國王不可以任意地侵犯臣民的財產，占內容的 50% 以上；一類是不可以任意處置臣民的人身，大約占 40%；最後規定建立一個 24 人的貴族委員會，相當於執行協議的監察小組，可以監督《大憲章》的執行情況，一旦國王違背諾言，就可以組織並號召臣民反抗國王。[15] 從而可以形成多元的權力制約與制衡，為自主、平等、協商、共蕃的市商文明的誕生與發展提供了條件與空間。

多元化是市商化政體治理的顯著特徵，也是市商文明穩定與發展的有效保障。西歐封建制度帶來的治理政體發展成果，是形成了權力中心的多元化。這也是美國政體治理多元化來源。市商

15　馬國川：《800 年前的今天，英國人為什麼能把權力關進籠子》，財經網，2015 年 6 月 15 日。

文明和平升級轉型的國家不僅民抉政體建存,而且存在隱形多元治理政體。也正是由於有強大的(潛在的)反對現治理政體逆商的組織存在,因而才有市商化轉型的和平選項。菲律賓反對腐敗的馬科斯之所以取得勝利,與馬卡提企業俱樂部這個組織不無關係。這個俱樂部是不包括治理政體親信的私人部門的主要組織媒介,其幾名重要成員組織起來,發表反對經濟的不當管理、治埋政體親信越來越重要的地位和治理政體的掠奪性行為。私人部門的這些力量在組建中間路線的反馬科斯聯盟中起到關鍵作用。[16] 這反映的就是多元並存在發揮作用,甚至是和平升級轉型的極為重要的關鍵性因素。

1. 多元體制:為和平轉型創造了條件。自由民抉體制建存,使東亞國家出現一些共同特徵:效仿市商文明國家建立民抉憲政體制,國民自由擴大,思想活躍;但動盪、腐敗盛行;經濟有所發展或恢復,但起伏不定。這既是治理多元化的外在表象,也是自由民抉政體建存的結果。

其一,資本主導的易利經濟帶來多元化。多元體制特質在於權力的開放。多元體制下,具有競爭性的制度安排,不同的治理政體自然人主體可以通過競選獲取政體治理權力。也就是說,政體治理供給方不再是壟斷,而是有多個供給實體進行競爭,使作為消費者的公民對治理政體產品有了多元選擇。隨著工業化的實

---

16 斯迪芬・海哥德,羅伯特・R．考夫曼著;張大軍翻譯:《民主化轉型的政治經濟分析》,社會科學文獻出版社,2008年版,p.57。

現，東亞五國一區的治理政體領域紛紛發生變化，逐步實現多元體制的市商化轉型。這主要是因為隨著資本主導的市商化易利經濟的發展，新的階層、利益集團不斷湧現、成長，利益結構也日趨多元化。但由於威權體制包括王權的存在，使政體逆商同時建存，這既是民抉體制動盪的原因，也是治理政體必須深入市商化的根由。在東亞治理政體市商化發展的實際過程中，多元體制演化為兩種亞型：競爭型多元體制和談判型多元體制，韓國、華夏臺灣屬於前者，新加坡、泰國屬於後者。日本則二者兼之。競爭型多元體制，是指政治權力結構中存在相互競爭的精英集團，通過競選獲取執政地位，其表徵是兩黨制與多黨制。談判型多元體制，是指治理政體權力結構中具有一個穩定的權力精英集團長期掌握核心權力，長期執政的權力精英集團通過吸收其他群體精英、吸納隱形治理政體參與，通過談判方式，整合利益訴求，平衡利益關係，維護自身的執政地位。其表徵是一黨制或一黨多派制。[17] 總體看，談判型多元體制不可持續，需要諸多條件，最終還是要向競爭型多元體制的市商化方向發展。

其二，多元化促使治理政體領導人選擇妥協。關於東歐國家變革的時間，有種說法：波蘭用了10年，匈牙利用了10個月，東德用了10個星期，捷克斯洛伐克用了10天，而羅馬尼亞只用了10個小時。波蘭的變革可追溯至1980年，當年年底，團結工會的

---

17 「東亞五國一區政治發展研究」課題：〈東亞民主轉型的理論解釋〉，《文化縱橫》，2010年9月27日。

會員已達到 1,000 萬人，團結工會會員占波蘭總人口的 1／4 多，占波蘭勞動力的約 80％，一個國家 1／4 的人口自願加入一個組織在歷史上並無先例。1987 年波蘭理論界提出了社會主義多元化的新穎概念，雅魯澤爾斯基敏感地注意到理論界的爭論。隨即針對團結工會所舉的多元化旗幟，提出了執政黨的多元化舉措，將建設性反對派納入政體治理體系。從而確立了多元化元素的地位，實質上是治理政體領導人選擇了妥協。波蘭統一工人黨原第一書記喬塞克強調，「波蘭天主教會對於達成妥協是非常重要的。這是天主教歷史上偉大和光榮的一頁。教會積極促成了波蘭的妥協。」1989 年，波蘭統一工人黨的代表與團結工會反對派代表經過近兩個月的艱苦談判，簽署了《關於工會多元化問題的立場》、《關於政治改革問題的立場》、《關於社會和經濟政策及體制改革問題的立場》。標誌團結工會的合法化，團結工會重新登記後成為全國性合法組織在工廠的獨立存在。隨即，對政體治理體制進行了根本變革，實行立法、行政和司法三權分立原則；實行總統制與議會兩院制，總統由眾議院和參議院聯席會議即國民大會選舉產生；治理政體將吸收建設性反對派參政，進行非對抗性議會選舉，眾議院 2／3 的席位留給波蘭統一工人黨及其盟友，1／3 的席位實行自由選舉。新設立的參議院實行自由選舉。當年，波蘭議會就通過了《憲法修正案》、《議會選舉法》、《參議院選舉法》、《個體農民法》和《工會法修正案》等 6 項法案，允許舉行半自由的選舉。新設立的參議院舉行民抉選舉。

選舉中，團結工會大獲全勝。[18] 在自古就缺乏專制傳統的波蘭，劇變前的舊體制本來也比其他東歐國家溫和。波蘭人又是十分突出的世界主義者。由於歷史原因，波蘭左中右都親美，在美國有 300 萬波僑，1,000 萬美國人有波蘭血統。儘管歐洲各國普遍信仰基督教，但波蘭生活中的宗教氛圍之濃厚仍然極為突出。波蘭人口中 90% 以上是天主教徒，而且其中大多數經常參加宗教活動。由於教會深得人心，即使在蘇聯控制下的時期，當局也讓其三分。當時波蘭統一工人黨是東歐執政黨中唯一黨綱中不寫入無神論、並正式允許教徒入黨的。在波黨領導的波軍中那時仍然設有軍中教堂和隨軍神父，波軍總政治部甚至還設有副部長級的總神父（由黨員教徒擔任）。這在全世界無論是執政的還是反治理政體的共產黨軍隊中都是絕無僅有的事。在轉軌時期，波蘭人的宗教信仰為公眾倫理規範和精神秩序提供了寶貴資源，而宗教寬容傳統又使宗教極端勢力與教權主義難成氣候。[19] 顯然，這是對民抉多元條件下文明升級轉型和平選項原理的有力詮釋。

2. 和平逆商：多元並存成為文明退化轉型決定因素。與「顏色革命」不同，伊朗在易利市商化過程中出現了逆市商化。伊朗的第一次大規模易利市商化發生在 20 世紀 60 年代，在穆罕默德·禮薩·巴列維國王的主持下開展了一場「白色革命」（意即不流血的革命）。1963 年 1 月推出的土地改革計畫與封建制度的「廢

18　孔田平：《通過談判的革命——波蘭的轉型之路》，共識網，2010 年 1 月 20 日。
19　金雁：《「歐洲不死的勇士」》，南方都市報，2008 年 12 月 7 日。

除」、森林與牧場的共有化、共有企業的私有化、分紅制、給女性以選舉權、成立識字軍團共6項改革計畫，經過公民投票後開始實行。伊朗正式走向資本主導的市商化經濟改革之路。「白色革命」使經濟飛速發展，1968－1978平均年增長速度為16%－17%，按人口平均的國民產值從1960－1961年度的160美元躍增為1977－1978年度的2,250美元。[20]一時間，伊朗國力蒸蒸日上，號稱「世界第九富國」。但這種市商化也是與逆商因素混雜交織，使易利失衡更加嚴重。所謂的白色革命是易利經濟的市商化，形式和手段都是與資本主導的市商文明接軌、融合，但治理政體依然是逆市商化。這樣，市商化與逆市商化的衝突則難以避免，長期積累就會爆發革命，這種革命既非顏色革命也非白色革命，而是逆商的「革命」。其原因與埃及、突尼斯的不同點，是國王獨裁和力量獨大，是治理政體市商化的嚴重缺失，同時還有另外一個逆商的隱形治理政體即宗教的力量也異常強大，所以才有了1979年的逆市商化文明退化轉型的革命。在顯性與隱性治理政體雙強的局面下，必然毫無妥協，並以一方消失為終結。

其二，宗教勢力的強有力存在。自西元651年被阿拉伯帝國征服以來，伊斯蘭教在伊朗即已根深蒂固了。而巴列維王朝的一系列施政措施，完全無視國教。先是政教分離，在立法、司法上廢除了伊斯蘭教法，然後在教育上限制經學，在生活習俗上禁止人們戴纏頭的「頭巾」，女性須得摘除面紗，並鼓勵女性接受教育

20　雷頤：《伊朗巴列維國王改革失敗的教訓》，共識網，2010年1月20日。

並外出工作。同時由於伊斯蘭寺廟及部分高級神職人員佔有大量土地，巴列維推行的土地革命自然會受到這一群體的強烈反對。巴列維與伊朗的伊斯蘭教達到互不相容的敵對狀態。在短時期內完成教俗關係調整相對困難，而西歐的教俗關係市商化調整經過了幾百年的時間。所以，急功近利做法並不可取，從而使白色革命的成果大打折扣，也為逆商革命埋下了伏筆。由於治理政體的逆商性，在巴列維的「現代化」建設過程中，王室貴族、外國公司、官僚等相互勾結，工程承包商賄賂成風，王室成員和中高級官員大撈肥缺，中飽私囊；國王本人所斂財產更是不計其數，生活揮霍無度；貧富差距進一步擴大，引起國民的不滿。這些問題導致農民、工人、宗教人士、少數民族彙聚成一股勢不可擋的倒王力量。形成了逆商反逆商的伊朗奇觀。只不過，反逆商的逆商，接下來推行的是全面逆商。流亡國外的霍梅尼表面喪失了權力和影響，但實際上卻指揮著「千軍萬馬」。伊朗數萬清真寺就是霍梅尼的「兵營」，18萬毛拉就是隱藏在王室現代化陰影下的「精銳部隊」，仍在宣傳著霍梅尼關於「簡樸、自由和公正生活」的福音。伊朗「革命」後，當年頒佈的新憲法規定該國為伊斯蘭共和國，最高精神領袖為最高領導人，主要負責宗教及軍事事務。為了方便領導世俗事務，新憲法又規定伊朗設立共和國總統一職。總統是繼領袖之後的最高領導人，主要負責協調行政、立法、司法三權關係，並且掌握除領袖直接負責的事務之外的行政權。這樣，伊朗便形成了一套獨特的「最高精神領袖——總

統」二元逆商治理體制。1989年霍梅尼去世後，伊朗憲法取消了總理一職，規定由總統直接領導各部部長，「最高精神領袖——總統」二元逆商體制更加鞏固。[21]

其二，威權體制主導工業化存在致命缺憾。這一致命缺憾就是治理政體領導人的隨性而為，使工業化投入產出存在諸多風險，而且不同層面的市商與逆商並舉，由此其後果無法預期。具有威權體制特徵的伊朗巴列維國王，依靠強力在農村實行的土地改革，廢除了佃農制，把可耕地的1/4分給三萬多農戶，其中相當一部分是教產；在城市把一些工廠企業出售給合作社和個人，是私有化的重要舉措；向發達國家派遣留學生，興辦現代學校，培養現代知識份子；對婦女的各種規條進一步放鬆，這些都是向市商文明邁出了難得的一步。但到了1971年，雖然92%的伊朗農戶有了自己的耕地，但其中75%的自耕農獲得的土地難於維持生計，只能和沒有土地的126萬戶農村手工業者和雇傭佃農一起，湧入城市尋找飯碗。可是伊朗在從一個農業國向著現代工業國邁進的過程中，對勞動力的旺盛需求依靠的卻是石油美元的巨額投資。這些投資不僅使紡織、食糖等傳統工業部門突飛猛進，而且新建了一批新興工業部門，工業體系也開始逐步完備。國民生產總值在十年間增加了4倍，人均國民生產總值也增加了兩倍。1973年1月，在「白色革命」10周年之際，巴列維宣佈將伊朗

21　周周：《伊斯蘭革命前的伊朗——巴列維王朝的雄心與夢碎》，鳳凰網，2019年7月30日。

石油資源收歸共有，其管理權也由國際財團轉歸伊朗國家石油公司。這是殺雞取卵式的逆市商化，一旦石油價格下跌，伊朗易利經濟市商化的白色革命後的繁榮將會消失，經濟就會盛極而衰，各種問題便會暴露，衝突就會爆發。後來正是由於世界石油需求萎縮，油價驟降，使得治理政體財政從上一年的盈餘20億美元一變為73億美元的赤字。大手大腳已成習慣的伊朗逆商威權治理政體當局被迫實行緊縮政策，兩年內將開支削減了190億美元，超高速的經濟增長戛然而止。伴隨著經濟的下行，長期被炫目的經濟增長資料掩蓋的問題浮出了水面。面對商業衰退和國家過多地管制市場，商人們怨聲載道。幾百萬收入低微的伊朗人在超過20%的通貨膨脹中掙扎。1978年1月7日，國王的御用報紙攻擊流亡國外的霍梅尼是紅色殖民主義者（指蘇聯）和黑色殖民主義者（指英國人）的工具，引發庫姆神學院的4000名學生走上街頭示威抗議。員警向示威者開槍，造成約70人死亡，400人受傷的「庫姆慘案」。抗議浪潮從此蔓延全國，變得一發不可收拾。而曾經狂言「那些反對憲法、君主制度、國王的人只能在監禁和流亡之中做出選擇」的巴列維，在危機期間實行的是一種在政體治理上自殺的自相矛盾政策：既實行自由化政策，又試圖抱著專制王權不放；面對自由化政策釋放出來的治理參與訴求，在妥協和鎮壓之間猶豫不決，頻繁地尋找和懲罰替罪羊。結果，反對派越來越激進，國王越來越眾叛親離。1978年12月10日，100多萬民眾走上了德黑蘭街頭，要求推翻君主制，建立伊斯蘭治理政

體，擁護霍梅尼為國家領袖。1979年2月1日，號稱得到70萬軍隊、全體工人和大多數國民支持的國王還是敗在了沒有一槍一炮的宗教領袖手中。[22]

第二節 權力軟化

對市商化升級轉型形成阻礙的因素有許多，其中最為關鍵的因素是強力集團（司法、員警、軍隊等）。而在威權體制下，尤其是獨裁體制下，強力集團更被治理政體領導人所控制。如果治理政體獨大且強硬，有獨一無二的話語權，那麼即使是多元體制，也對市商化及其突破臨界點的和平選項構成巨大威脅，此時，多元體制要麼不存在，要麼名存實亡。反之，治理政體一旦軟化到不能隨意使用暴力及強力工具，衝破市商化臨界點的和平選項就成為可能，甚至是現實。這就要求對治理政體權力進行限制，包括規制威權政體權力，始終確保威權體制弱化，或走向弱化，一直到難以鎮壓民眾的範圍內。

一、規制權力原理

人類為什麼要有刑法？這個問題在300年前，歐洲啟蒙思想家

22　郭曄旻：《伊朗巴列維國王的現代化夢想為何破滅》，搜狐網，2016年4月14日。

們作出了回答：刑事法律要遏制的不是犯罪人，而是治理政體。儘管刑法規範的是犯罪及其刑罰，但它針對的對象卻是治理政體自然人。一旦治理政體自然人可以利用權力妄為，不僅市商文明升級不可能和平進行，而且可能出現逆商化。這在希特勒納粹德國、巴列維的伊朗，以及查韋斯及其後任者的委內瑞拉，都是如此。尤其是希特勒、查韋斯都是在形式上靠民抉票選上臺的。治理政體權力的妄為，是其權力不受規制，其他利益群體不可能與其平等協商，以推進市商文明的和平升級轉型。所以，規制權力，哪怕是一定程度上能夠規制權力，確保一定程度上的民抉自由，以及其他群體與治理政體之間能夠建立起多少能夠體現平等協商及相互制約的關係。這就是市商文明升級轉型和平選項的規制權力原理。

1. 權力受限：使治理政體有效規制。制約權力的思想是托克維爾及達爾等的重要貢獻。其主要觀點包括，不僅要把治理政體權力關進制度的籠子裡，而且鑰匙絕不能拿在治理政體自然人自己手裡。把治理政體權力關進籠子，是市商化誕生與發展的關鍵性條件。比如，受非英國殖民的拉美國家，除少數國家（古巴）外，在市商化臨界點突破上總體應該是和平選項概率較大。主要原因是其民抉政體的建存，對治理政體權力有所限制，儘管有動盪、有反覆，總體是不會違背民抉多元條件下文明升級轉型和平選項原理。

其一，權力受限就是剝奪治理政體壟斷暴力。刑殺之權是一種

極易由（廣義）治理政體壟斷的暴力。權力導致腐敗，絕對權力導致絕對腐敗。無論哪種體制下的治理政體權力，都有濫用的可能，至善至美的使用權力只存在幻想之國，世俗的任何權力使用都不可能沒有瑕疵。[23] 只要是其擁有壟斷暴力的權力，其就有可能使用暴力去維護自己的利益。這也正是擁有無限權力的治理政體可怕之處。因為刑殺之權是最為可怕的。極權專制皇權之所以能夠維護其極權與專制的原因正是在此。也因為民抉政體都是有限治理政體，使其權力即使在威權體制下也不是無限的，核心就是不能使治理政體自然人擁有動用暴力維護自己壟斷地位的權力。

其二，權力受限就是治理政體不能肆意妄為。一是以制度分權。以權力制約權力，這是洛克和孟德斯鳩為人類留下的思想遺產。分權是制權的有效方式。按照托克維爾的觀點，一個由各種獨立的、自主的社團組成的多元群治，可以對權力構成一種「制度分權的制衡」。這一點，乃是美國民抉制度成為一種自由民抉制度的重大因素。這裡所說的制度分權的制衡，是使群治中的國民，具有一隻獨立的眼，監督著治理政體，使之不淪為專制。因此，一種特定類型的制度分權對於民抉來說十分重要。在這樣的制度分權中，權力與各種群治功能以一種分散化的方式由眾多相對獨立的社團、組織和群體來行使。托克維爾強調如下因素的極端重要性：獨立的報紙、作為一種獨立職業的律師、社團以及參

---

23 羅翔：《比犯罪更可怕的是不受限制的國家權力》，裁判如何形成，2023年3月4日。

與公民生活的其他團體,不僅包括「商業公司和製造公司,也包括成千上萬的其他種類的社團 —— 不管是宗教還是道德的、嚴肅的還是輕浮的、涉及面廣泛的還是有限的、大型的還是小型的」。托克維爾是第一個認識到民抉的制度分權體制與一種多元的群治與治理政體具有親和性的人。而且,在權力受限的國家,往往會有規範治理政體部門的權力列表,實行「列表之外無職權」。二是以法治限權。法治之下的權力是一種有限權力,嚴格依法行政的治理政體必然是權力受限的治理政體。在法治限權中,憲法和法律劃定了治理政體行為的明確界限,行政權力的行使受到法律的限制,治理政體職能部門的設置符合法律的規定,其機構的規模來自法律的約束,所有這些都是一個有限的框架。現代治理政體的職責,就是保障而不是去侵害人們的基本權利和自由,既不能有絲毫越位,也不能有半點缺位。[24] 尤其是要確保無形之手隔離有形之手,就是要剝奪治理政體對財富的直接配置權,財富流向要依據市場規則、市場價格、市場競爭進行優化,實現效益最大化和效率最優化;剝奪治理政體對易利事務的管理、干預的權力與權利,形成企業自主經營、公平競爭,消費者自由選擇、自主消費,商品和要素自由流動、平等交換的市商化易利體制機制。

2. 自由民抉:使平等協商成為可能。要以民抉管權,在自由民

24　一粒青鹽:《警惕「有限政府」向「無限政府」演變,阻止政府權力無限擴張》,鹽族,2023 年 9 月 12 日。

抉中，使國民與治理政體的平等協商能夠得到一定的保障。自由民抉是保障公民制約權力，而不是增加公民義務。沒有無權利的義務，也沒有無義務的權利。在中世紀的法律中，「自由」首先意味的是一個團體擁有適當自主性的權利。對於那些持有保守主義思想的人來說，整個西方的政體治理思想史可以看成是這種群治的、團體式的「自由」觀分崩離析、進而轉化為以個人為基礎的「自由」觀的歷史。[25]

其一，自由民抉的重要思想是保障民抉權利，核心是靠民抉制約權力。民抉不是「人民的統治」，也不是「人民當家做主」。因為這些觀念還停留在古希臘時期，早已被現代民抉制所淘汰。「民主（抉）」一詞起源於希臘的雅典城邦，意思是「人民的統治」。古希臘城邦是人口、面積皆小的城市人民聯合體，是所有公民輪流執政。在現代，人民是逆商國家統治國民的有效語言手段。因為「人民」一詞是一個空洞、虛擬的概念，它巧妙地把每個國民個體通過人民的概念消化掉了。人民一詞是與精英一詞相對應的。其來源於19世紀末、20世紀初由三位意大利思想家帕雷托、莫斯卡、米榭爾斯發展出來的精英主義理論，依照這種理論，人民在歷史中沒有什麼地位，無論人們怎樣定義「人民」這個辭藻；歷史的舞臺不過是走馬燈般的精英在演出。而在民抉制中，沒有「人民」的任何存在空間，只有一個個選民通過一張張

25　顧昕：《以社會制約權力——達爾的多元主義民主理論與公民社會理念》，共識網，2012年5月7日。

選票對權力進行制約。即通過選票剝奪治理政體自然人的權力，把其在原職務上清除出去，或者相反。

其二，自由民抉傳統是文明和平升級轉型的可靠保障。只要有自由民抉的火種，哪怕自由民抉暫時中斷，也能夠在一定程度上保障文明升級轉型的和平選項。比如：波蘭。傳統上，波蘭人似乎比英國人更強烈地喜歡民抉自由，其內部並沒有形成君主獨裁的氣候。大貴族興起，他們成為互不相讓的寡頭，多數決定的民抉制蛻變為我行我素的「自由否決權」制，任何決定非經「協商一致」不能作出，議會裡每個代表都有否決權。自由選王制下當選者多是外來者，1572－1795年的200多年裡的11個國王有7個是外國人。1791年5月3日，通過了《五·三憲法》，在建立近代民抉憲政進程中取得了關鍵性突破。它廢除了外國人擔任國王的傳統；改「自由否決制」為「多數表決制」，實行三權分立；廢除貴族特權，實行「市民參政權」；廢除農奴制，改行「自由農民」制；並提出讓農民也享有各種「受到國家保障的權利」。今天，1791年波蘭憲法、法國「人權宣言」和美國憲法已被視為近代民抉法治的三大開山之作。波蘭文明升級和平選項轉型原因很多，而民抉政體建存及其傳統是十分重要的原因。

二、政體軟化原理

民抉多元條件下文明和平升級轉型的另外一個要件，是治理政

體必須軟化，使治理政體敬畏民抉，能夠放下身段，確保在市商文明升級轉型中其他組織團體能夠發揮應有作用，以實施市商化和平升級轉型。這就是政體軟化原理。

1. 政體軟化：市商文明和平升級轉型成為現實。透析顏色革命國家，無論是內部抗爭與博弈，還是其它因素，其治理政體軟化都已達到和平選項所需要的臨界點。比如埃及。

其一，民抉建存，易利失衡與合法性危機導致政體軟化。1952年「七月革命」後，埃及實質上形成了總統獨大、軍隊居領導地位的治理政體權力結構，雖然擁有由憲法和立法機構、行政機構、司法機構等構成的憲政結構，但其本質上仍然是威權體制。而非純正或叫變異了的資本主導的市商化易利經濟改革對埃及經濟的毀滅性打擊，則從根基上破壞了其威權合法性。但從另一個角度看，正是資本主導的市商化易利經濟改革，雖然是變異了的，也在一定程度上，甚至是很大程度上促進治理政體的軟化。「以麵包換穩定」、「以福利換支持」是埃及1952年革命以來當權者維繫威權穩定的基礎。而別無選擇的非純正資本主導的市商化易利經濟改革，尤其是貨幣和財政制度調整，給絕大多數埃及民眾生活帶來了巨大困難。變異了的私有化引發高失業率、高通脹以及財政緊縮導致的補貼削減，使大批中產階層陷入貧困，人口的爆炸式增長更凸顯問題嚴重性。在穆巴拉克時期，埃及的「糧食補貼減少」50%以上，而變異的私有化則意味著「較低的工作穩定性、更長的工作時間以及工人保障服務標準的降低」。國

家出錢補貼金融家、地產商、投機商,卻無力發展工業、農業和教育,這反映出治理政體治理能力弱化,如財政力量有限、資金捉襟見肘。其本質是在逆商與市商的纏鬥中,人權得不到有效保障,這就是逆商政體依靠犧牲人權來讓易利市商化發揮作用,贏得經濟的發展。對逆商政體來說,是相當危險的,無疑是其快速自殺行為,必將推進市商替代的加速進行。

其二,隱形多元,和平選項與治理政體替代。埃及經濟和公共危機,以及威權統治所致,使公眾階層分裂、民眾強烈不滿,進一步侵蝕了治理政體的合法性。埃及穆兄會利用經濟改革後公共服務不足,替代治理政體履行保障服務和救濟職能,不斷強化其動員能力,更有效削弱了威權治理政體的合法性。2000 年議會選舉期間,約 900 家穆兄會企業為其議會候選人提供資金。穆兄會通過提供保障服務,將清真寺、經文班、家庭、親朋圈等作為主要活動場域,擴大了公眾影響力。威克曼認為,穆兄會主要在權力中心之外的「半邊緣」(職業或專業協會和利益集團)和「邊緣」(宗教機構、社區和青年中心、學校、家庭等)地帶活動,建立起與治理政體平行的「伊斯蘭部門」。穆兄會等伊斯蘭組織是非純正的資本主導的市商化易利經濟改革直接受益者和堅定擁護者,改革推動了穆兄會的發展壯大,使其成為後穆巴拉克時期率先崛起的政治力量。1998 年,共發生勞工抗議示威活動約 80 次。抗議活動隨後由工人蔓延至其他階層。2010 年,全國抗議罷工活動多達 700 多次。2001 年至 2011 年,約有 200 萬埃及人參加

罷工。其中規模最大的是 2004 年至 2005 年以「受夠了」為抗議口號的「爭取變革運動」，包括知識份子、藝術家、專業人士、高校師生和工人在內約 2,000 人簽署宣言，代表埃及各政治與公眾團體及廣大民眾的聲音，並以抗議遊行示威、集會等非暴力形式，反對總統世襲。「爭取變革運動」是影響最大的維權運動，它雖以失敗告終，卻成為後來「一・二五革命」的預演。[26] 由此預判，埃及進一步市商化，和平的幾率令人高企；即使是類似伊朗的逆商革命，和平選項的幾率也會很大。

2. 軟化政體：市商文明和平升級轉型必然選擇。治理政體的硬化還是軟化，是市商文明升級轉型戰爭或和平選項的決定性因素。

其一，軟化造就妥協，使和平升級轉型成為可能。波蘭前總統克瓦希涅夫斯基認為，「在某種意義上看，圓桌會議是自相矛盾的事件。一方面，它是由於軟弱引起的。黨弱、政府弱、團結工會弱、蘇聯弱。另一方面，它也是由於認為突破是可能的和圓桌會議可以進行的人們的力量所致。」《選舉日報》主編米赫尼克指出，「妥協通常是由兩個相當弱的夥伴達成的。當局太弱不能踐踏我們，而我們太弱不能推翻當局。正是由於雙方的弱點才出現了妥協解決方案的新機會。圓桌會議妥協是可能的，因為雙方都有人冒著被其支持者指責為背叛的風險。」而硬化治

26　田冉冉、丁隆：《埃及新自由主義改革與政治劇變的關係探析》，上外中東研究所，2019 年 6 月 2 日。

理政體，使和平升級轉型斷無可能。治理政體硬化就是極權或通往極權的路上，就意味著沒有法治制衡，就會侵犯各個獨立的和自由的領域。硬化的治理政體由最高權力擁有者行使中央集權的絕對權力，通過控制國家機器貫徹執行個人意志。正如路易十五所言：「最高主權繫於朕一人，王國的法庭和各級官吏的存在與權威源於朕一人，整個行政機構以朕的名義履行職能，朕獨享立法權。」這樣，和平選項的文明升級轉型、替代或逆市商轉型，都不可能。一個硬化的治理政體自身在規模、職能、權力和行為方式上具有無限擴張、不受法律和公眾群治的有效制約的傾向，這種傾向直到它被新的治理政體所取代之前其膨脹的趨勢不會自動中止。顯然，在硬化的治理政體條件下，和平升級轉型毫無希望。這從反面說明瞭軟化政體對和平選項的重要性。

其二，和平擁抱文明，治理政體軟化的自我革命。在冷戰時期，原東歐國家捷克斯洛伐克在逆商的道路上越走越窄，覺醒的治理政體領導人在市商文明的感召下自我革命，選擇和平改革，主動軟化政體。如果沒有外來逆商強力的干預，完全可能實現自上而下的「自我顏色革命」，完成市商化文明升級轉型。1968年4月5日，捷克斯洛伐克共產黨中央委員會批准通過了《行動綱領》，「布拉格之春」全面地登上歷史舞臺，宣告對捷克斯洛伐克進行了整整20年的史達林主義統治將被清算；同時，新的治理政體組織在這個經過了重大手術的國家肌體上生長起來。改革家杜布切克認為，要討論經濟分立，就必須先討論治理政體分

權；要分，就先從上面分起，從黨政分起。新就任的總統是72歲的斯沃博達，在50年代大清洗中曾遭監禁的他，將改革作為掌權後的頭等大事。捷共領導人在一個月內就拿出了全新的政治改革設計，其最大成就在於對強硬僵化的逆商治理政體作根本性改變。《行動綱領》承認，捷共已從為全體國民服務的組織蛻變成凌駕於公眾之上、對國民實行統治的特殊利益集團。為改變這一狀況，綱領指出：共產黨依靠的是國民的自願支持，它不是靠統治來實現自己的領導作用，而是靠忠誠地服務於自由、進步的社會主義發展而贏得它。黨的目標不是當「總管家」，不是用自己的指令捆住國民的手腳，對生活的每一步都加以限制。對實行鎮壓職能的安全部門進行整頓和徹底改革，把它們的權力嚴格地限制在保衛國家安全，對付外國敵對勢力的範圍內。綱領強調，要堅決制止公安機關對公民政治信仰和思想意識觀點的干預、限制，不允許這個機器用來解決內部政治問題和社會主義矛盾。綱領確認了國民議會為國家的最高權力機關和唯一的立法機構，而國民議會通過直接普選產生。綱領對民抉、自由作了十分具體的規定，要由法律保證公民有建立自願組織、興趣組織和社團的可能性，不要加以限制；實行新聞自由，取消新聞檢查，「排除實際上存在的事先進行新聞檢查的可能性……在報刊中要把國家的官方立場、黨的機關報和新聞評論加以區別」。「今後，捷克斯洛伐克的任何組織，不管是軍隊還是體育組織，都不要再做為共

產黨服務的順從的傳送帶。」[27] 顯然，這是軟化治理政體的重要舉措，更是全面市商化的重要體現，也表明執政黨自覺推進市商化的改革取向。歷史證明，這是捷克斯洛伐克治理政體市商化非常正確的選擇，也是與市商文明融合的必由之路。

總體來看，治理政體軟化與民抉政體建存，對所有非市商化國家的市商文明升級轉型都非常重要。比如法西斯國家日本，儘管經過二戰才突破市商化臨界點贏得衝刺的機會，但在最後衝刺的過程中之所以平穩和平完成，與治理政體軟化（因被美國等擊垮，治理政體領導權已被美國取代）有決定性的關係，也與民抉政體建存不無關係。日本從1879年開始設立府縣議會，其初衷固然是為了協商稅費徵收問題，客觀上卻促成了地方選舉的開始。當時，全日本每屆選舉2,000位左右的府縣議員，每郡產生約1－5名。凡20歲以上、年交納田賦5日元以上的男性公民均擁有選舉權，這樣，全日本約有4%－5%的公民首次獲得了地方選舉的選舉權。此後，治理政體市商化升級轉型繼續有節奏地推進。1889年頒佈憲法，確立立憲政治的原則與君主立憲制的基本框架；1890年，開始舉行首次全國大選，並成立帝國議會，約有1.1%財產較多的成年男性公民獲得了全國議員的選舉權。全國大選的舉行又促成了政黨政治的發展。這樣慢慢形成了兩黨主導的多黨競爭格局，並在1918年出現首個政黨內閣。最終使得日本25

---

27 趙啟強：《「布拉格之春」四十周年祭》，炎黃春秋雜誌，2008年第10期。

歲以上的所有成年男性公民在 1925 年獲得了普選權。[28] 其治理政體市商化自由民抉的思想和運動大體經過了三個時期。第一階段發生在明治政體的確立和資本主導的市商化易利經濟發展的搖籃期。以大井憲太郎、中江兆民和植木枝盛等為代表的自由民權思想家，吸收了洛克、密爾和盧梭等人的思想，不僅提出了具有人道含義的觀點，還向天皇專制思想發起了挑戰。在自由民抉運動的治理實踐層面，則首先在 1874 年，由板垣退助等人發起，並與當時興起的農民運動相結合而掀起了包括成立各種社團、黨派並宣導成立國會的民抉運動。但到 19 世紀 80 年代中後期由於治理政體收買分化，使得 1889 年帝國憲法徒有君主立憲之名，卻行天皇專制之實。這樣，日本歷史上第一次有點規模但又有些曖昧和可疑的自由民抉運動就此不了了之，「明治絕對主義」取得了勝利。第二階段的自由民抉運動被稱為「大正民抉時期」（1912～1926 年）。它是繼承明治十年的、並在資本主導的市商化易利經濟發展進入鞏固期而興起的第二次民抉運動。其理論上的代表人物之一吉野造作，針對「國家中心主義的詖扈」，提出「至少有必要對個人自由及其利益、幸福之類的問題多加注意」。故此，同時期及其稍後的具有憲政萌芽的政黨內閣時期（1924～1926 年），日本的民抉治理政體市商化有所發展。但隨後在軍部勢力興起和法西斯政權形成之後，使日本在「相對穩定時期燦爛開放的『一朵芙麗的花朵』」轉瞬即逝，自由運動和初步的憲政實踐

28　包剛升：《日本政治轉型的四條經驗》，共識網，2013 年 4 月 24 日。

就此走入低估。只有在二戰後的第三階段，自由民抉運動由美國佔領當局對日本進行了大規模的改造之後才得以復興。[29]

　　理論與實踐一再表明，文明升級轉型和平選項的確立，民抉建存、多元並存與規制權力、政體軟化非常重要，之所以稱之為和平基本要件，就是其對一個國家市商文明升級轉型的和平選擇發揮決定性作用。如果治理政體自然人能夠認識到這一點，自覺站在市商文明升級轉型的時代潮頭，順應人類文明發展潮流，那麼該國的和平選項就能夠得到確立，並把市商文明升級的成本降低到最低。那將是該國之福，也是人類之福。反之，則是該國的不幸，是人類的不幸，更是該國國民的不幸。當然也是該國治理政體領導者及眾多自然人的不幸。歷史證明，任何阻礙人類文明發展的治理政體領導人、自然人都是罪人，都將受到歷史的審判，結局大都異常悲慘。希特勒如此、墨索里尼如此，薩達姆如此、卡紮菲如此，今天的普京總統也是如此，假如普京總統不懸崖勒馬、主動退位的話，其結局早已註定。

29　何新華：《東亞資本主義發展道路的演變和終結》，互聯網，2011年6月8日。

第五章 戰爭選項動因

有組統計數字：西元前 3200 年至今，人類共發生了 14531 場戰爭，使 36.4 億人喪命，占同期死亡人數的 4.55%；在這 5200 多年中，和平時期只有 296 年，占比 5.69%（馬駿教授）。也就是說，戰爭與和平一直伴隨人類，尤其是人類進入文字文明時期，直至人類文明升級為市商文明之後，戰爭的性質才發生了根本性變化。近 500 年來，即資本主導的市商易利文明以來，市商與逆商不可調和，衝突之劇烈，為人類史所罕見。但此時期的戰爭主體，已經演變成為市商清除逆商的戰爭，戰爭成為消除戰爭的戰爭。

人類的市商化包括兩個方面，一個是一國市商化，一個是全球市商化。兩個方面市商化互為影響，且往往呈現比較複雜的局面。因而，無論是各國還是全球，市商化過程都極為可能發生戰爭。而戰爭則是市商化無奈的選擇，而且往往也是一些國家和地區突破臨界點的終抉。

考察市商化過程是否需要以戰爭為終抉，主要關應注三點，即「一看，二變，三違背」。一看：看領導人。即看逆商治理政體領導人是否搞獨裁，是否權力沒有制約，是否謀求非正常選舉而得到的連任成為事實上的終身執政。這一看非常重要，只有這條具備，戰爭就具有了獨裁者（反抗市商或主動出擊）主觀意志的條件。二變：兩個變數兩組指標。一是市商易利經濟與掠奪財富關係變數，如果逆商國家掠奪財富關係占主體，戰爭的選項就不可避免；二是極權、專制與單極（治理政體壟斷與獨佔），如

果此條具備,那麼戰爭選項的治理政體條件就具備。這兩組指標也是互為影響,關係更為緊密。後者對前者起決定性作用,而前者則是後者的經濟基礎。在落後國家,由這兩大變數所決定,戰爭的風險則更大。因為掠奪的財富關係與市商化易利經濟形同水火,市商化就是市商化易利對掠奪財富關係的替代;而與掠奪財富關係相匹配的是極權、專制與單極。後者即使願意引進市商化易利所創造的工業文明,也是為了鞏固其單極地位,與市商文明天然敵對。凡是這樣的國家,無論是市商化,還是逆市商化,都極有可能確定戰爭選項。三違背:違背市商文明升級和平轉型的「易利創富邏輯、和平選項原理和文明融合共蕃」。只要違背了一條,戰爭的可能性就很大;如果全部違背,戰爭就難以避免。因此,可以依據「一看,二變,三違背」來識別戰爭風險,警惕戰爭催化,分析戰爭層級,判斷戰爭的可能性、即將來臨的大致時間和範圍。而且,在市商文明三大維度構建不同步不協調的情況下,也將難以避免戰爭。如果在市商化所要構建的三大維度——「平等自由、私產私權、契約信用」市商出現缺失,或出現不平衡,則可能成為通向戰爭的導火索。如果三大維度皆無,則和平市商共蕃無望,戰事成為必然。

第一節 壟斷獨裁

判斷一個國家是否以戰爭的方式突破市商化臨界點,也就是在市商化過程中戰爭風險的大小及其視窗期的長短,主要看兩個要

素的惡化程度：一是治理政體單極壟斷惡化的程度，二是治理政體領導人獨裁專制的惡化程度。兩大要素是戰爭的催化劑，具備了一個，就有戰爭早晚要來臨的風險；如果具備兩個，則戰爭終抉可能很快就會到來。實際上，通向戰爭風險的道路上，逆商的主導者，所謂的治理政體強人，往往雙管齊下。這是其本性所決定的。逆商及與之相伴的戰爭也就成了必然，而且會很快到來。只要一個國家和地區具備了這兩個表象，就一定是狂奔在通向戰爭終抉的路上。

一、單極壟斷動因

在多元存在、利益制衡的關係中，治理政體的市商化，也是突破臨界點的市商化中，就有較大的和平選項概率；而單極一元壟斷的治理政體中，要實現治理政體的市商化，就會遭到其暴力抵制，逆商治理政體對暴力掌控的力度越大，逆商暴力抵制的力度就會越大。在這種情景下，單極一元的壟斷治理政體就是戰爭選項的最大風險。因為這種體制，治理政體對暴力的掌控擁有絕對的權力，假如治理政體自然人對市商化大勢沒有相當的認知，或缺乏對和平的理性，戰爭很可能就成為唯一選項。這裡的戰爭大多不是國內戰爭，而是一國逆商治理政體勢力與人類全球市商力量整體的戰爭。二戰時期的納粹如此，今天的俄羅斯普京總統也是如此。單極一元越完善，對暴力的話語權越絕對，這種戰爭爆發風險就越大。

1. 單極壟斷：一元專制治理政體的共同特性。一般來講，單極一元的壟斷治理政體往往是從威權政體演化而來。每個政體的極權都要有一個過程。東方專制極權政體除外，其單極一元是歷史淵源與傳承，如俄羅斯。因而，戰爭的風險很大。

首先，威權趨向單極。威權政體涉及到一個名詞「威權主義」，這一概念是由沃格林於20世紀30年代最先提出的。阿根廷學者奧唐納爾稱之為「官僚權威主義」。奧唐奈爾在探究拉美威權主義國家治理政體結構時，對「官僚威極主義」的特徵概括為：強力維持秩序，壓制公民權利，取締民抉機構，排斥民間經濟活動，支持與保護大壟斷寡頭，與跨國生產組織聯姻並推動其增長，關閉大眾與治理政體間的民抉通道，只保留軍隊和大壟斷企業的參與。根據亨廷頓的解釋，威權主義是「幾乎沒有治理爭論和競爭，但治理政體對民間組織及民營經濟的控制是有限的。」羅榮渠認為，所謂威權主義政權是指二戰後一些發展中國家和地區出現的軍人政權或由非軍人統治（一般是一黨執政）的具有高度壓制性的政權。只要有極權政體傳統的土壤，威權政體就很可能會發展成為極權一元壟斷政體，尤其是類似俄羅斯的束方專制國家。所謂「極權主義」是以極少數人獨裁統治為特徵，主要通過強制和鎮壓，對國民生活、思想等各方面都進行嚴格控制，迫使其服從治理政體及其領導人的意志。這種體制可以分為傳統的極權主義和現代極權主義。前者為東方傳統的極權專制國家，後者，一般是指20世紀30年代出現的德、日、意等法西斯

政權，包括前蘇聯。實際上，普京總統治下的俄羅斯正飛速地狂奔在極權一元壟斷治理政體的道路上。極權一元壟斷治理政體基本特徵是：一元化治理，黨、政、軍一體化，一黨或軍人集團獨佔政權，不允許反對黨和反對勢力存在等等；公眾在高度強制性的動員下，廣泛參與服務治理政體的各種事務活動；具有強烈的統一的官方或最高領導人的意識形態。有觀點認為，包括東亞各國在內的後發外源型現代化國家，從獨立建國起就處於「追趕」先發展國家的狀態。這種現代化是一個「被壓縮了的過程」，它意味著在同一歷史時空下，要完成早發型現代化國家經歷500餘年市商化才得以完成的經濟手段現代化任務。這種觀點表面看有一定道理，但沒有任何國家和族裔能夠用幾十年完成市商化文明幾百年能夠完成的任務，沒有彎道超車。那種「要想實現現代化，必須通過自上而下依靠看得見的手加以推動，由強大治理政體的力量發揮領導、組織、干預、扶植、推動等不可替代的積極作用」的說法，毫無道理。此外，那種「在現代化的過程中，中央集權、民族融合、民眾動員、經濟發展、治理參與、公眾福利等等，不是依次而至，而是同時發生」的說法也站不住腳。[1]20世紀初華夏民國的短暫市商化過程已經毫不留情地否定了這種觀點。東方專制國家的威權體制建立，完全是少數投機份子借助工業化的機會實現個人極權逆商野心的藉口或說辭而已。任何威權體制在沒有任何易利市商化基礎的情況下推進的工業化都是揠苗

---

[1] 陳峰君：《試析東亞威權政體成因及其轉型》，互聯網，2014年4月8日。

助長，必須靠市商化全面推進為其「擦屁股」。在不發達國家內部，「市場秩序」還未壯大到能夠整合秩序的程度的情況下，依靠治理政體的力量推進的不是現代化（天然地包括市商化），而是工業化，是成本最高的工業化。華夏清朝的「洋務運動」就是實證。所謂的「洋務運動」只是工業化而且是重工業化的代名詞。真正的【洋務】就理所應當地包括市商化，而「洋務運動」則不是。通過政體強人的統治，來維持整個國家發展的秩序與安定，創造一個比較穩定的環境所進行的工業化，是最不經濟的工業化。

另外，威權必然單極也與極權國家的專制慣性不無關係，工業化、現代化只是極權專制者的工具、噱頭或藉口而已。作為國民而言，由於沒有足夠的啟蒙，對市商文明一無所知，對改善自己的前工業化、現代化窘況又十分迫切，所以非常容易被極權專制者所畫大餅所吸引，也不能容忍經濟發展不可能一蹴而就的速率，迷信集中力量辦要事、快辦事，因此難以按照需要歷史沉澱的市商文明所主導的工業化、現代化。這可能是威權、集權、極權存在的一個非常重要的原因。

威權體制只要沒有制約，必然走向單極。這種體制排斥多黨制、甚至排斥多派制，其往往從多黨向多派再向不允許公開多派演化而來。多黨制即代表不同階層、不同主張，以兩個大黨為中心的多黨並立的體制。1917 年前後，俄國就經歷了多黨制、清一色社會黨人治理政體、一黨治理政體，最終走向一黨制甚至是一

人制的單極化過程。這一過程往往伴隨暴力。1922年3月,原蘇俄最高領導人在黨的十一大上說:「凡是公開宣傳孟什維主義者,我們的法庭應一律予以槍決。」1922年5月原蘇俄最高領導人建議在刑法典中「應把槍決(也可代之以驅逐出境)的適用範圍擴大到孟什維克、社會革命黨人的一切活動。」1922年春,季諾維也夫在十一大作報告,宣佈布爾什維克是「唯一合法的政黨」,有必要「不給我們敵人政治自由」,1922年俄共十一大把它變成決議。同年十二大代表會議強調要在「較短的時期內徹底消滅社會革命黨和孟什維克這些政治力量。」1921年上半年,任何出版自由、集會自由、言論自由,都被認為是「致人死命的藥」和「自殺」的行為。1922年8月1日通過了《關於行政驅逐》。1922年底完成數十萬人的驅逐,驅逐與逃亡國外者達二百多萬人,多黨制、多派制為一黨制、一人制所取代。[2]

　　第二,單極必然壟斷。單極就是壟斷。而這種壟斷又是治理政體領導人的壟斷,這種個人壟斷又必然導致個人獨裁,實際上壟斷就是獨裁。前蘇聯布爾什維克的成功實現單極壟斷,得益於其他黑社會形式的組織,而其源頭是以俄羅斯皇權專制所派生出的民粹傳統。金雁指出,布爾什維克實行的民主集中制就來自於民粹派,這一套建黨模式在早時的民粹派就已經有了。布爾什維克關於入黨要兩個介紹人等等規定,都不是來自於共產黨自身,而是來自於民粹派。金雁認為,民粹有很多東西實際上與布爾什維

2　尹彥:《十月革命後俄國政局演變》,貓眼看人,2008年7月28日。

克是相通的，比如說民粹主要的主張就是人民專制，實際上布爾什維克後來搞的就是這一套。當時盧森堡、托洛茨基都與原蘇俄最高領導人發生爭執，說黨員成了齒輪、螺絲釘，按照領袖的意志來運作，這種「手工業方式」最後的狀況，就是個性的喪失，任何事情都實行少數服從多數、下級服從上級、全黨服從中央、中央服從領導人，這樣的教主狀況下，不允許質疑，跟現代政黨原則有本質的區別。1917 年 2 月到 10 月，俄羅斯有五屆臨時治理政體，一屆比一屆左，到最後攻打冬宮時裡面的部長基本上都是信奉社會主義的溫和型部長。在立憲會議選舉，布爾什維克是少數，輸掉了這次選舉，不僅僅是選票，而且這次選舉是布爾什維克奪權之後自己組織的。原蘇俄最高領導人後來說選舉依據的法律已經過時，但考茨基和盧森堡都說，如果事前你們認為這部法律過時了，為什麼又要組織這次選舉，為什麼要展開那麼宏大的宣傳？僅僅是因為自己選舉得了少數就不認帳？當時原蘇俄最高領導人就想取締立憲會議，調了一個團的兵力。1918 年 1 月 5 日，為了防止立憲民主黨當選議員的參加，已經出現槍殺行為。後來高爾基憤怒地寫下了《1 月 9 日和 1 月 5 日》，他把一五慘案與 1905 年「流血的星期日」相比，他說俄國優秀人士奮鬥了百年的東西，就被布爾什維克的來福槍這樣輕易的扼殺掉了。原來是革命憲政，現在變成了革憲政的命，驅散立憲會議，把革命的歷程完全顛倒過來，本來是民抉革命，現在成了革民抉的命。原蘇俄最高領導人說是「無產階級專政」粉碎了「資產階級民主」，

後來乾脆簡化地說是專政粉碎民拱。解散立憲會議是俄國大流血的開始。三年的俄國內戰造成 1,300 萬人死亡。原蘇俄最高領導人說,「內戰就是蘇維埃政權反對普遍、直接、平等、秘密選舉的鬥爭」,而普遍、直接、平等、秘密選舉就是治理政體的市商化。[3]

權力壟斷是單極的本質。1938 年之後,納粹德國內閣就再也沒有開過一次會議。部長都是在希特勒的命令下單獨工作。甚至連部長也常常是從報紙廣播中才知道「德國政府」做出了什麼決定,或者頒佈了什麼法令。納粹的權力壟斷不僅借助於族裔至上、國家復興的旗幟,而且把政黨作為單極壟斷的有效工具。在政府機構之外,設置了一個與政府機構平行的納粹黨機構。希特勒的口號是:「政府並不控制黨,而黨卻控制政府。」戰爭罪犯古德里安在回憶錄裡也說「於是就發生了一種不正常的現象,行政權轉到了黨的手裡,一切實權操在黨的手中。」黨老爺成了實權派。國會形同虛設,由於議員開會只是高唱國歌《德意志高於一切》和納粹黨黨歌《霍爾斯特‧威塞爾之歌》,此外沒有任何發言辯論,被稱為「昂貴的合唱團」。授權法案的規定,使得希特勒的命令具有和法律平等的權力。德國國防軍被黨化,成了希特勒的私家軍。軍隊不是忠於國家,而是忠於納粹黨,忠於元首希特勒。1934 年 8 月起,全體德國國防軍官兵必須宣誓:「我在上帝面前作此神聖的宣誓:我將無條件地服從德國國家和人民的元

---

3 金雁:《回望 1917 年俄國十月革命 90 年》,貓眼看人,2011 年 7 月 11 日。

首、武裝部隊最高統帥阿道夫·希特勒；作為一個勇敢的軍人，願意在任何時候為實行此誓言不惜犧牲生命。」這是多麼可怕、多麼恐怖。當一個政黨、一個國家、一個族裔把其命運與權利交到一個人手中，而且對這個人沒有任何制約，可以讓其胡作非為，那麼這個國家比皇權專制國家則更加可怕、更加恐怖。希特勒之後的所有政治強人無一例外，均是希特勒的好學生，都沉迷於無上權力，沉迷於極其荒唐無恥的個人崇拜。二戰後的歷史充分證明，凡是出現這樣境況的國家，其民眾無一不陷入巨大的災難之中。納粹希特勒的出現實在令人唏噓，一個政黨、國家和族裔要荒唐到什麼程度，才會把政黨、國家和族裔的命運、把所有黨政軍的權利交給一個人的手上，並對其頂禮膜拜。這是對平等自由維度最無情地踐踏，是典型的逆商行為。而市商化易利文明需要的是對每個人的價值均高度尊重。在市商化易利文明下，民抉和法治成為迄今為止人類逐步形成的最好的制度和公共生活規則。任何人，任何國家的國民，本來都有野蠻和文明兩個方面。文明就是約定俗成或通過合法程式制定的規則和制度，在經濟上就是市商化易利文明。只有後天灌輸的這些規則和制度才能約束、制止人類的野蠻（即逆商秩序財富關係形態選擇）。德國人就是因為錯誤地選擇了逆商秩序財富關係形態，才犯下大屠殺的滔天罪行。[4] 納粹德國的悲劇及教訓，並沒有被後來者所汲取，今天所謂的政體強人皆是希特勒的複製品。

4　袁偉時：《銘記德國法西斯興起的歷史教訓》，天益社區，2005年5月1日。

2. 不歸壟斷：一元專制治理政體的路徑依賴。單極一元壟斷治理政體有三大規律性癌變：壟斷依靠暴力、單極導致獨大、一元必然獨裁，這與「平等自由、私產私權、契約信用」市商文明三大維度構建反向而行，走的是逆商路徑依賴的不歸路，戰爭只能是唯一選項。

首先，單極必然覆滅。單極一元壟斷政體，也就是所謂的強人治理政體帶來的最大惡果是公共權力私有化、家族化，特權橫行、貪腐肆虐，最終的結果是民怨載道。家族政治取代國家政治，權力移接不暢。卡紮菲在位42年；已被推翻的巴沙爾2000年繼承父親的權力，其家族統治敘利亞已有54年（截止2024年）。壓制任何批評性的言論，打擊反對派，拒絕國民對權力的監督和制衡。卡紮菲治下的利比亞不僅沒有公民組織，更沒有反對黨，只有兩類人：特權階層和有口難言的群眾。未經流向優化的財富成為貧富分化加速器。利比亞並不是世界上最貧窮的國家，人均GDP已經達到1.5萬美元，是名副其實的高收入國家。但沒有監督，沒有法治，財富為少數特權階層佔據，卡紮菲家族竊取的國家財富達到千億美元。結果，特權階層揮金如土，而無權無勢的大學生只能失業，正是這種強烈的反差使得無數底層無權勢人們產生一種強烈的被剝奪感，加上互聯網帶來的資訊爆炸，導致顏色革命爆發，最終擊碎了曾經的治理政體等級，推倒了權力高牆。[5]

5　孫興傑：《為什麼強人政治終將走向末路》，共識網，2011年11月2日。

第二，壟斷亡於外戰。逆商治理政體單極壟斷，與市商文明的衝突不可避免。戰爭是這種衝突的極端表現。在與市商文明的博弈中，逆商治理政體由於一元專制和單極壟斷，往往會忘乎所以，過高評估自己的力量，因而會主動地挑起事端，從而使自己走向了戰爭的不歸路。俄羅斯之所以發動對烏克蘭的侵略戰爭，完全是普京總統治下的單極一元壟斷政體的必然選擇。當然，這既是俄羅斯逆商對全球整個市商化的挑戰，也是全球市商化對逆商進行覆蓋的又一機會，幾乎與二戰侵略與反侵略在性質上完全相同。那麼，俄羅斯為什麼沒有沿著戈巴契夫及葉利欽的市商化道路平穩實現與全球市商文明的融合？原因很多，其中重要的原因是俄羅斯、前蘇聯單極一元壟斷政體的傳統所致，是逆商在俄羅斯成功逆襲。當然俄羅斯逆商傳統造就了總統普京，普京總統推動了單極一元壟斷逆商政體的回歸，甚至不得不進行的一搏——侵略烏克蘭。他雖然沒有公開拋棄民抉的言行，但可以見到的是越來越多的「有管理的民抉」；這標誌著治理政體的市商化在俄羅斯轉軌中已喪失了它的初衷。普京總統重新構建「可控制的經濟」，其執政後堅決打擊金融寡頭，曾嚴詞質問金融寡頭：你們的錢是哪裡來的？中央稅警也開始清查其在海外購置的不動產，進一步強化了治理政體對經濟的管理。以 1996 年初達沃斯世界經濟論壇和當年俄羅斯總統大選為標誌，俄羅斯「資本寡頭」正式誕生。在當年年初的達沃斯世界經濟論壇上，12 個與會的俄羅斯鉅賈（主要是銀行家）決定集中所有人力、財力、物力

去幫助葉利欽競選連任成功。葉利欽如願以償成功連任。別列佐夫斯基這樣概述自己的主張:「資本應該擁有高水準的獨立性,並不受來自國家的干擾。企業家的活動應該加強其在國家中的作用。今天,俄羅斯國家政權最強大的維度是大資本」;「作為國家,有責任聽取企業家們的意見,而無權給他們穿小鞋。」[6] 這是市商化的聲音,卻被逆商者定義為資本寡頭操弄政體治理。「資本寡頭」原本是資本主導的市商化易利經濟的自然現象,對非資本主導的易利經濟國家無疑是一種進步,但卻被醜化為寡頭資本主義,逆商人士往往千方百計予以極盡貶低,把易利資本主導市商化的必然伴生的負面現象盡可能擴大。不認可資本主導的市商化易利是一種進步,不認同市商化需要持續完善的長期過程,而且出現的一些問題往往是逆商反抗的結果。在易利市商化轉型過程中,確實會遇到許多問題。比如,有實力的商業領袖利用他們與治理政體官員的特殊關係時常得到一些扶持,例如免於支付稅收、社保、水電費甚至工人工資。但應該看到,之所以俄羅斯的商業領袖要結交治理政體官員,正是因為企業意識到他們必須積累政體治理「人脈資本」才能生存,他們必須努力提高自身的地位才能獲得治理政體補貼及其他特殊利益。正是因為治理政體市商化的嚴重滯後或逆商退步,所以才有由寡頭管理的大公司和大銀行組成的強大網路以及一些地區頭目,趁此機會借助政體治理力量向處於弱勢的行業和地區掠奪資源等腐敗現象的發生。而逆

---

6 梅新育:《俄羅斯共企私有化造就權貴資本主義的教訓》,共識網,2011年3月4日。

商者卻指責：有實力的經濟團體掌握著進入市場的途徑，他們將資源從弱勢群體那裡抽走。[7] 應該說葉利欽執政 8 年，俄羅斯治理政體市商化還相對取得了不少的進步。比如通過政治體制的改革，使一黨壟斷、黨政融合、議行合一、高度集權、拒絕民抉等為特徵的史達林式的政治體制不復存在，過渡到了以設置總統、多黨制議會民抉、三權分立、自由選舉等為特徵的市商化模式。但在此過程中，難免有許多問題出現。俄羅斯形成的新的類市商化治理政體有著嚴重的局限性與不完善之處，尚未成為一個現代的民抉體制。而出現的有些問題不僅不是市商化的問題，更是逆商回歸的問題，主要表現在：一是俄總統權力過大，在很多方面實行的是「總統集權制」，不少重大政策的決定是由葉利欽個人作出，因此，往往帶有葉利欽獨裁的性質。「總統集權制」有明顯的負面效應，難以使行政和議會充分發揮作用，嚴重影響三權分立體制的作用發揮，容易出現決策失誤，這也是導致俄政局不穩定的一個重要因素。（葉利欽在 8 年裡，撤換了 7 個總理，9 個財長，6 個內務部長和 3 個外交部長）二是政黨治理政體很不成熟。政黨過多，1999 年 12 月俄議會選舉獲准登記的黨派就有 26 個。在議會占多數的黨派無權組閣，政黨的作用受到制約。這樣，使政黨在決定國家重大方針政策方面難以發揮作用。三是俄公民在實現自己民抉權力方面還存在不少問題，很多民抉權尚難

7　拉茲羅‧布魯斯特：《俄羅斯的教訓：市場經濟需要有效的政府》，經濟管理文摘，2001 年 5 期。

享用。[8] 在葉利欽治下，俄羅斯憲法史上影響最大的事件是 1993 年的憲法危機。當時俄羅斯總統葉利欽在與俄羅斯人民代表大會及最高蘇維埃爭執不下之後，以「炮打白宮」的方式將議會解散。顯然，葉利欽的做法是違憲的。因為在「炮打白宮」之後通過的俄羅斯憲法中，總統擁有了極大權力，被一些學者稱為「民選沙皇」，而一些俄羅斯立法者曾有的建立均衡的三權分立體制的夢想未能實現。在雄心勃勃的普京總統身上，這種總統制的弊端就更加明顯地暴露出來。葉利欽的憲法為普京總統的新威權集權提供了憲法條件，使其權力變得日益難以制約。[9] 單極一元壟斷政體的再現和日趨強化，終於使俄羅斯市商化走上了一條戰爭選項的不歸路。俄羅斯入侵烏克蘭就是普京總統獨裁治理政體崩盤的起點，終點當然是普京總統獨裁的徹底垮臺。

1936 年的民抉逆轉以及明治維新之後的一系列對外侵略戰爭，離不開日本首部憲法及其制度模式的嚴重缺陷。日本首部憲法的制度缺陷之一是，在承認君主立憲制框架的同時規定了天皇和議會的雙重主權，其初衷是為了平衡天皇權力與議會統治之間的關係。但是，這一政制模式使得帝國議會很長時期內不能決定內閣（治理政體）的組成，無法真正塑造基於議會主權的現代政體治理。第二個制度缺陷也與此相關，即憲法規定軍隊統帥權屬於天皇，這使得軍部對帝國議會和內閣具有了獨立性，從而構造了一

8　陸南泉：《葉利欽時期的經濟體制轉型》，共識網，2013 年 11 月 11 日。
9　劉波：《泰、烏、俄三國的轉型歷程》，共識網，2014 年 5 月 21 日。

種危險的軍政關係。從各國經驗來看，凡文官治理政體無力控制其軍隊的，軍隊往往會在關鍵時刻反過來控制文官治理政體。這種危險的軍政關係既強化了日本軍部主導的對外擴張勢頭，又在1936年「二二六事變」中導致了民抉政體的垮塌。釀成日本悲劇的兩個制度缺陷，在戰後日本民抉重建過程中最終得以解決。[10]

二、單極獨裁動因

　　單極一元治理政體的伴隨物是獨裁極權——把治理政體及其領導人，尤其是領導人推向至高無上的獨裁位置。單極一元治理政體是集中權力的體制，層級向上越高，權力越集中，也就越大；同時權力越集中越大，對職級的能力要求就越高。由於單極一元獨裁統治不存在分權分責，而政體治理要面對方方面面，涉及的學科知識及經驗也越多，因而對層級自然人的要求，隨著層級的上升，自然要求也就越高。到了最頂層，只有神一樣的自然人才能勝任這種權力高度集中的崗位。但人畢竟不是神，無論是知識、經驗還是性格、素質等，與神相差甚遠，但崗位一元集權又要求需要神一樣的自然人，所以，解決的辦法就是神話自然人，把不可能達到神一樣能力的領導人塑造成為神一樣的人。這樣，個人迷信就隨之產生。當然，這只能是自欺欺人。所有逆商單極一元治理政體都是如此，對其最高領導人都要進行神話，搞

10　包剛升：《日本政治轉型的四條經驗》，共識網，2013年4月24日。

個人迷信。不然，最高職級領導人就很難履行自己的職責，就難以使下面信服地指揮千軍萬馬，以確保單極一元治理政體能夠運轉起來。顯而易見，如果把不是神的當做神被放在最高領導職位上，結果會是什麼顯而易見。在個人迷信的氛圍中，領導人被賦予無限的權力與權利，又不可能有任何力量去制約之，而逆商的單極一元治理政體天然的是以暴力為基石的運行體，信奉叢林法則，靠暴力為後盾來指揮，其運行主要目的是掠奪，靠對內對外掠奪財富來為治理政體提供物質基礎，顯然，戰爭就是其抗拒市商及維繫逆商的必然選項。這在納粹德國和前蘇聯有淋漓盡致的體現。所以，個人迷信是戰爭（包括內戰）的直接催化劑。這就是單極獨裁動因。

1. 獨裁崇拜，個人迷信必然導致思想一律。所有的烏托邦逆商都崇拜治理政體，青睞強權，禁錮思想。柏拉圖就曾宣佈了一條對於詩人的禁令，他主張對所有的「危險思想」都要進行檢查，就像後來的納粹德國、法西斯意大利和軍國時期的日本所規定的法令一樣。[11]

首先，個人迷信需要控制資訊和灌輸。在逆商秩序財富關係形態極權國家，每一種獲得資訊的途徑都被牢牢控制了，包括廣播、報紙、新聞短片、電影、海報、音樂和動畫片等。於是，軍國時期的日本國民只能以規定的方式思考限定的內容。反對意見

---

11 湯因比著；曹末風等譯：《歷史研究》上冊，上海人民出版社，1986年版，P.231。

都被抨擊為「極端思想」，那些在過去支持自由主義思想的人或被邊緣化，或身陷囹圄。官方用各種口號將其認定為正確的思想和信念強行灌輸給日本人民：「戰勝之前我什麼都不渴求」……「一億國民，一種思想」……仇恨西方（民抉體制）的情緒被用來激發民族（裔）精神。在治理政體推動的全方位宣傳中，美國和英國經常被說成是密謀否定日本在亞洲擴張的神聖權利，和這兩個國家開戰是在所難免的，只是個時間問題而已。西方的文化影響被詆毀為精神腐敗，當局的目的就是「淨化」或者「清理」，使日本國民不受那些外國思想的「荼毒」。在一場名為「國民精神總動員」的全國性反奢華運動中，日本婦女被迫摘下珠寶，不再化妝，也不能穿西式服裝和留西式髮型。學校告訴孩子們，天皇是神的兒子，他的神聖血脈流淌在每一個子民的身體裡。天皇的畫像張貼在每一所學校中，是學生每天朝拜的對象。老師經常向學生大聲朗讀明治天皇的《教育敕語》。教師或者校長在朗讀這份神聖的檔案時哪怕有輕微的錯誤，也要被迫辭職。學校教育孩子們在用報紙包食物之前一定要確認報紙上沒有印天皇的照片，否則油脂或者食物會弄髒天皇的形象。征服海外是一項神聖的任務，目的是拯救亞洲（甚至亞洲以外）所有在黑暗中深受迫害的人。[12] 在這種官方推進的愚昧宣傳中，理性就會被關進籠子，愚蠢就會大行其道。1941 年日本和美國 GDP（國內生產總值）比例為 1：26，重要戰略物資的生產力比例為 1：77.9。國

12　伊恩・托爾著；徐彬、王斌、王曉翻譯：《蒙蔽國民，日本走上軍國主義》，知本論，2021 年 12 月 13 日。

力如此懸殊，為什麼日本愚蠢到要與美國開戰？其結果不但讓世界遭受塗炭，也讓自明治維新以來幾代日本人奮鬥得來的發展成果毀於一旦。其重要原因就在於此。馬國川認為，盲目的個人迷信可以蒙蔽國民的心靈，也可以蒙蔽國民的雙眼。特別是在遭受世界經濟危機之後，日本沒有審視自己的問題，而是從外面的世界裡尋找敵人。它也如願以償地找到了：西方。日本是傲慢西方的受害者，日本應該從西方的文化侵略和政治壓制下解放出來，這種輿論成為主流。在明治維新時代被推崇的現代文明價值觀和秩序，被輕蔑地貼上「西方」、「資本主義」、「物質主義」等標籤。盲目的個人迷信讓日本拒絕承認西方普世的價值觀。鼓吹自己的特色，宣揚自己文化獨特、制度優越，號稱要「近代之超克」（克服現代性）、「超越西方」，彷彿全世界都應該學習日本。於是，政黨政治、議會制度等現代市商文明被踐踏，天皇制度被吹捧為世界最好的政治體制，膽敢懷疑者就會被斥責為「非國民」，遭受打壓。[13] 兩次世界大戰表明，市商文明價值觀一旦陷落，極權逆商就必然興起。

第二，個人迷信必然導致思想控制和改造。希特勒和歷代獨裁者一樣，他不僅要控制國家、土地和人民的肉體，還要控制人民的精神和思想。希特勒說過，「民眾不思考就是政府的福氣」。納粹讓孩子從小就接受納粹精神的培育，成立了「少年隊」、

13　馬國川：《崛起後的日本為何將世界推入深淵》，先知書店，2022年3月13日。

「希特勒青年團」、「德國少女聯盟」等組織，把所有的孩子按照不同年齡都囊括進去，組織起來了，從而培養出符合納粹精神的新人。第三帝國的指導性口號是：「元首命令，我們緊跟！」德國人民必須聽希特勒的話，跟納粹黨走。要做到這一點，僅僅靠教育宣傳是不夠的，還必須有嚴密的組織保證。就思想文化控制而言，有著納粹黨和政府的兩大系統在發揮大羅地網式的作用。比如，1934年1月設立了納粹黨世界觀學習教育監察處，負責監管黨員的思想教育和培訓。1933年3月，德國成立國民教育與宣傳部。戈培爾出任德國國民教育與宣傳部部長。他強調，大眾傳媒絕對是納粹黨的工具，任務是向民眾解釋納粹黨的政策和措施，並用納粹主義思想改造德國人民。[14]

2. 獨裁一元，個人意志必然導致趨戰瘋狂。獨裁一元的伴隨物是把逆商治理政體及其領導人同化為國家。無論是對外掠奪還是對內掠奪，都是以被獨裁極權領導人以國家利益的名義展開的。而且這裡的國家往往是治理政體的代名詞，治理政體頂層從業者往往有意把國家與政體混淆，這樣所謂的愛國就隱含著愛逆商治理政體，愛治理政體就要愛治理政體的領導人。實際上，越是現代國家，治理政體在國家中的分量就越輕，其重要性遠遠低於經體、文體等。反過來，越是落後的國家，尤其是專制愚昧的逆商國家，治理政體往往越重要，甚至凌駕於國家一切內涵之上。由此，就會很好理解為什麼一元獨裁往往強化國家復興崛起思維理

---

14 黃鐘：《納粹德國：崛起如何成為災難》，炎黃春秋雜誌，2005年第7期。

念及其行為。

首先，以愛國道德綁架國民、驅使國民。「愛國」成為逆商者、獨裁極權與野蠻掠奪很好而且必用的遮羞布和迷幻藥，與現代正常國家的愛國完全是兩個觀念，根本不能劃等號。國家一詞的出現在現代發達國家，如果從法國大革命算起最早也就幾百年的時間，在落後國家出現的更晚。民族國家出現也就在1200年至1500年的時間段，西歐無數政體經過暴力競爭，最終演化出民族國家。但在13世紀及14世紀的人很少稱自己是英國人、法國人等，而會稱是某地域的某城市的市民。現代國家的出現是以政體為標誌的，如英國、美國等。因國家主權往往由治理政體代表予以行使，所以不少人會誤認為國家就是治理政體，治理政體就是國家。但國家的外延比政體豐富的多。逆商國家的政體逆商的主要工具，就是獨裁極權，以國家的名義強化逆商治理政體行使暴力對內對外進行掠奪的合法性。在逆商掠奪性財富關係中，一個重大的外在特點，是群體或集體性發生財富關係，而不是個體性財富關係。即使是有個體性財富關係，也是間接性的。無論是掠奪方還是被掠奪方，財富關係都發生在掠奪行為之後。以群體或集體抹殺個體，無不以國家的名義來推進。日本從1853年黑船來航、打開日本國門，到1945年日本徹底失敗、無條件投降，是其第一輪現代化的完整過程：開國──追趕──崛起──末路──毀滅。應該說，日本的崛起，是與其以鼓動民眾以愛國的名義進行道德綁架，驅動其全面參與侵華並取得勝利分不開的。

甲午一戰，巨額戰爭賠款，不僅給了日本工業化以雄厚的資金，完成了工業化的原始積累，國內建設蒸蒸日上，1910－1920年經濟增長60%；同時也給了日本軍國主義者急劇膨脹的信心，以及國民國家自豪感，從而走上了逆商的不歸路。1929年世界經濟大蕭條給日本帶來巨大的打擊，也給右翼勢力膨脹及付諸行動提供了機遇，在兩年後的1931年就製造「九·一八」事變，再次在向弱者進行野蠻掠奪中嘗到了甜頭，逆商成為脫韁的野馬無法控制了。整個日本人，從平民到天皇，都是贊同，甚至歡呼這種野蠻掠奪，並以此作為愛國的崇高表現。從納粹德國到軍國日本，無不體現這一特性（通病）。

第二，以個人獨裁駕馭國民、愚弄國民。逆商的政體特色就是搞個人獨裁，實現極權、集權或威權體制，實行終身制，還有一個普遍現象就是搞個人迷信。要維護獨裁就必然要搞個人迷信。納粹德國特別突出對希特勒的宣傳、神話、崇拜，把希特勒封為領袖、統帥、元首，搞極端的個人迷信。連「元首永遠是正確的，元首的意志就是法律」都可以公開地提出來。讓元首領導一切，以元首的思想、著作（《我的奮鬥》）、指示為行動指南。全國民眾無論是著名學者、還是專業人士，都要聽學歷一般的希特勒的引領、控制，以希特勒的思想為思想，以希特勒水準為水準，全國的智商都劃在希特勒之下，從而狂熱地實施反人類的各種行為。納粹黨成為希特勒一人的黨，納粹德國成為希特勒一人的國家。《我的奮鬥》幾乎印發到每人一冊有餘。人人都

要學，每個人的思想都要統一到希特勒著作的胡言亂語裡。納粹德國對希特勒搞個人崇拜僅僅六年，德國就走上了對外掠奪的法西斯道路，為人類帶來災難。勃列日涅夫一上臺就忙著製造輿論搞個人迷信，為其獨裁開道。就是在他任上，發動了對阿富汗的侵略。但是，這麼一個庸愚的人有什麼東西可以叫人頂禮膜拜而任其獨裁呢？事實上，這種頂禮膜拜在逆商體制已成為制度，誰上臺誰就是上帝，人們就得頂禮膜拜這個人間的神。即使他再平庸、再沒有文化，也要如此。搞個人獨裁就必然要搞極權專制、窮兵黷武。勃氏最突出的表現，就是恢復半史達林式或新史達林式的統治。特點是停止揭露史達林時期的黑暗現象；基本上停止了平反冤假錯案的工作；重新迫害文化人；對外大大恢復了史達林時期的武力擴張政策（在中蘇邊境陳兵百萬，為赫魯雪夫時期的5倍；1968年佔領捷克；1979年出兵佔領阿富汗）；更加集中力量搞擴軍備戰等等。出兵佔領捷克，是勃列日涅夫上臺四年時幹的，從此以後，「改革」的話題就談也不談了，或者以改革之名行倒退之實，把赫魯雪夫僅有的哪一點改革再變本加厲地改回去，實行大踏步地後退。此外，在對內鎮壓方面，勃列日涅夫時期還發明瞭一個「瘋人院」政策，即把所謂「持不同政見者」紛紛加以變相監禁，用逮捕與綁架等方法把人捉進「瘋人院」去。十八年的專制、守舊、倒退的新史達林式或半史達林式統治，使國家處於外強中乾的危險狀態。勃列日涅夫和他的主要助手、總顧問蘇斯洛夫忙於搞的是絕對的頭腦專制、思想獨裁，全國只需

要有一個頭腦,即勃列日涅夫、實際是蘇斯洛夫的頭腦就行了。[15]

今天來看,判斷一個國家是不是掠奪型逆商國家很容易。只要這個國家對治理政體最高從業者搞頂禮膜拜,搞終身制,實行的是集權、極權政體,都無一例外的是掠奪型逆商國家。要麼是對內掠奪,要麼是對外掠奪,要麼是內外掠奪兼施。實力不允許,一般是對內掠奪。實力稍微有點感覺,就會自我膨脹,進行對外掠奪。至於結局如何,也不難判斷。只要走上對外掠奪,就走上了一條不歸路。即使單獨進行對內掠奪也不會太長久,「油」總會被榨乾的,其垮臺也是早晚的事。由此,可以斷定,獨裁極權最大的風險,是其天然存在的不確定性,以及必然走向極端。主要是權力不受約束,對權利進行壟斷獨享和隨其所願進行分配。因此,獨裁極權及其膨脹,是對戰爭最直接最有效地催化。

第二節 一統暴力

逆商即暴力,暴力醞釀暴力,暴力服務於暴力,暴力上升為制度,治理政體權力蛻變為暴力本身。市商天然排斥暴力,只有當市商受到逆商威脅、干擾、破壞,才會主動使用暴力抵禦逆商或清除逆商。而清除逆商也是市商的偉大使命。

15　佚名:《勃列日涅夫:一個時代的終結》,貓眼看人,2015年10月8日。

卡爾‧馬克思博士在說明東方公社的時候，指出：土地公有、農村公社和專制國家三位一體是東方文明的特徵。這種三位一體就是逆商治理政體壟斷單極形態的終極標本：治理政體從業者控制全部國家財富（資源），同時也控制國民的思想和衣食住行，這樣的國家就是典型的逆商國家或叫非市商國家。而且這些逆商國家通過不可遏制的擴展極權，使治理政體尤其是最高領導人為所欲為，最終走向戰爭，走向覆滅的不歸路。這就是一統暴力規律。在這一規律的作用下，其一切行為，包括極其殘暴的行為都是為其逆商服務的。如納粹德國，就其內在逆商目的而言，反猶種族主義只是一種手段。納粹的真正的敵人是市商文明，實際上，它是借打擊猶太人來打擊或清除德國殘存的或處於幼弱狀態下的資本主導的市商化易利經濟文明，實現逆商掠奪擴張的戰略目的。當納粹無法以超過市商文明的新概念取代市商文明時，反猶主義應運而生。[16]

一、極權一統動因

極權必然一統，一統通向戰爭。逆商意識形態系統是一種世俗神權機制，該系統以世俗之身，獨佔世俗的一切位置，也以世俗的名義強佔宗教的位置。在這種極權專制獨裁政體治理的機制下，逆商的目的當然是建立不容任何人分享的獨家天下，逆商的

16　彼得‧德魯克著；洪世民等譯：《經濟人的末日》，上海譯文出版社，2015年版，P.10。

手段因而也必然是強制與暴力。鉗制言論、扼殺自由、強姦民意、消滅異己、鎮壓反對派等等暴力手段於是成為制度。這乃是這種排他的單極治理政體逆商邏輯的自然歸宿。這就是暴力極權一統動因。

1.經濟一統，極權控制的不二法則。極權控制最為關鍵的一招，是控制國民的生存權。包括謀生的權力，衣食住行的權力，財富擁有的權力。再則才是國民發展的權力。控制的手段，就是控制經濟，實行經濟一統。

首先，控制住了國民的生存權就控制了國民的一切，也就控制住了國民。這樣，極權治理政體就可以為所欲為、恣意妄為。納粹上臺後實行的經濟模式，實際上是以治理政體極權一統的「國防經濟」。在這種經濟模式下，毫無平等自由可言，是對市商文明維度的系統性破壞。所有的人與人的關係，包括易利關係，都要遵照「上級與下屬」、「軍官與士兵」的關係要求。極權一統以軍令的權威取代經濟權力，以軍事獎賞的殊榮取代按經濟貢獻取酬，以軍隊的榮譽取代私人的財富擁有動機，以單兵的功能取代生產線上工人的功能。用依賴關係的屈從、報酬的不公，嚴厲的紀律等，取代資本主導的市商化易利經濟的平等與自由，來為極權一統的軍事目的服務。它剝奪了勞工的一切自由，剷除了工會，不允許工人罷工；要工人工作多久，工人就得工作多久。工人不得向雇主提出要求，不得自行換工作、換企業，未經允許，不得搬出城鎮、不得出國。在國防經濟體制下，從最下級到

最上級的每個成員，都不允許有任何的獨立決策空間，必須盲從上級的命令。雖然雇主可以要求工人順從自己，但其不再擁有任何自由及控制權，也要遵從所有的命令，不得有異議，即使個人利益受損也是如此。命令則來自易利經濟以外的或凌駕其之上的力量，如總參謀部或治理政體的官員。治理政體可任意決定雇主的工廠應不應該關閉，或者要不要加倍生產。這意味著，雇主與雇員一樣沒有自由，未經治理政體官員允許同意，業主不能解雇工人，也禁止向競爭對手挖人。官員會告訴雇主該付員工多少工資。雇主工廠的產品要賣多少錢，也由治理政體官員決定。有的雇主，包括大型工業企業的雇主，他們接單生產的固定價格往往低於成本，如果是治理政體的訂單則更是如此。大多數企業的訂單中，80%以上是治理政體的訂單。工業是這樣，農業也是如此。農場變成不能讓與，不能被分割、買賣和抵押。農民必須完全服從、盲目地遵從命令；必須留在自己的農場，不准離開。治理政體官員叫農民生產什麼，農民就得生產什麼；農民還必須以治理政體制定的價格，把產品賣給國家。農民已經失去了所有的易利經濟自主權。[17] 第一次世界大戰時期的德國也是如此，根據古老的《普魯士圍城法》，有效控制戰爭經濟的權力交給到軍官們的手中，整個國家被劃分為若干「軍糧區」。在每個區內，代理總指揮官實施定量配給，分配貨物，控制物價。實施過程採取鐵腕手段，最終給國家帶來了災難性的後果。過低的農產品價格打

17　彼得・德魯克著；洪世民等譯：《經濟人的末日》，上海譯文出版社，2015年版，P.74、75。

消了農民生產的積極性。德國無力自給自足，這成為德國戰敗的根本原因。[18]

第二，控制了企業就控制了國民經濟的命脈，實行治理政體控制的經濟體制。納粹德國經濟的共有化程度，尤其是集中和壟斷的程度、按計劃發展的程度，在世界各國也是相當高的。早在1931年，在「民族社會主義經濟政策基本觀點和目標草案」中，德國就提出推行中央集權的國家統制經濟，強調「國家應通過對國民經濟的監督和領導，確保民族共同思想及其統治」。而法蘭克福學派成員紐曼認為，納粹執政後的德國經濟有兩個廣泛的、顯著的特徵，它是壟斷經濟，也是命令經濟。顯然，這是逆商的典型特徵。與市商文明維度諸如自由平等是格格不入的。1930年初期，德國就開始創建一套強有力的計劃經濟體制。包括建立一系列經濟控制機構，通過壟斷集團來控制企業，甚至直接由治理政體來規定商品價格，等等。德國納粹黨的黨綱裡更是明確提出要實現「社會主義」，要求將壟斷性企業收歸共有，工人分享企業利潤，取消地租，禁止土地投機，要求取消不是靠工作而得到的收入，嚴懲高利貸者等；建立一個強大的超越議會的中央集權的「人民」國家，致力於建立治理政體控制一切的制度。因為共營企業占比並不高（其資金1932年相當於私營公司與有限公司的7.3%，1939年12月底為8.7%）。希特勒就通過對經濟干預來強

18　大衛・哈克特・費舍爾著；XLi譯：《價格革命》，廣西師範大學出版社，2021年版，P.210。

化德國壟斷資本的地位，1933 年，希特勒頒佈法令，成立了「全德經濟總會」。這個操有德國經濟大權的機構，除了 5 名納粹頭目，其餘的是銀行寡頭和工業巨頭。資本、尤其是壟斷資本，在希特勒時代得到了前所未有的發展。以克虜伯公司為例，其利潤從 1932 － 1933 年度的 650 萬馬克猛增至 1937 － 1938 年度的 12,100 萬馬克，五年時間增長了 17.6 倍。[19] 看看納粹黨章的規定：第十一條，取締不勞而獲的收入，廢除利息奴隸制。第十三條，我們要求將一切托拉斯收歸國有。第十四條，我們要求分配大企業的利潤。暴力上臺的納粹，實行掠奪的集權壟斷經濟體制，顯然並不是為了經濟發展與純粹國民福祉，而是對外掠奪對外擴張，以掠奪之財富彌補自身逆商體制經濟增長內驅動力不足的缺憾，以此贏得執政的法理。因而，戰爭的風險是顯而易見的。

儘管前蘇俄、蘇聯有許多誘人的類似理想國的美好詞彙，也標榜要為人類以後文明發展的選擇做出重要貢獻，但也不得不被歸到逆商的精典類型之列。如果前蘇俄和前蘇聯走上北歐的文明發展道路，可能人類市商文明的發展絕不會像現在這樣堅毅。與納粹略有不同，蘇俄是直接消滅私產私權。1918 年 9 月 2 日，蘇維埃全俄中央執委會宣佈：在戰爭形勢下全國成為統一的軍營，隨後成立工農國防委員會，按軍事方式對整個國民經濟進行改組。在政策措施上表現出強烈的極端逆商。從 1918 年夏天起，蘇俄頒

19　佚名：《納粹黨的另一面——為什麼德國人民沒有反抗納粹》，天益社區，2005 年 9 月 26 日。

佈一系列法令限制，排斥私人商業和市場交換。而流通和分配機制的非市場化則導致經濟關係的實物化，原本因通貨膨脹已大幅度貶值的盧布進一步失去了它的價值，在很大程度上退出了流通領域，企業之間取消貨幣結算，職工工資的 90% 以上以實物形式支付。顯然極端逆商的所有舉措均無視經濟規律，唯一的目的就是全面推進國家邁向暴力秩序的逆商陷阱。[20] 而毀滅私產與清零私權，是與市商化私產私權維度構建完全相背離的，毫無疑問是典型的逆商。

2. 行為一統，極權統治的不二選擇。極權一統迷信權力，膜拜極權。與之相對應，就是對個體的貶低與蔑視。雷頤指出，納粹政權的種族主義理論、文化專制主義、對法治的破壞，從根本上說，是對「人」的否定，對人權的否定。[21]

首先，強化集體行為、蔑視個體權力。逆商治理政體為了實現口號式的所謂國家強盛，可以完全蔑視和侵犯個人權利。而尊重個體價值是避免掠奪性財富關係行為的必然選擇。對個體生命與價值的漠視，對個體尊嚴的踐踏，是一切掠奪型財富關係悲劇的根源。德國納粹完全輕視或抹殺個體，其所謂的「民眾」「公眾」，都是以集體為單位的。所以一切都是服從治理政體的需要。早在德意志帝國時期，「德國人對國家的看法」就是：國家

20　馬海：《兩次世界大戰之間蘇俄與蘇聯的社會主義革命與建設》，馬海的個人網站，2006 年 2 月 28 日。
21　雷頤：《納粹倒臺六十年的今天意義》，新聞週刊，2006 年 10 月 30 日。

既不是由個人建立或組成的,也不是一個個人的總和,它的目的不是為任何個人的利益服務。它是一個人民的共同體,在這個共同體中人民是只有義務而沒有權利的。這完全是逆商思維。17、18世紀普魯士崛起,統治者就蓄意培植非常徹底的軍國主義。1713年至1740年間在位的威廉一世,被稱為「士兵王」,他以四條措施推進軍國主義化:只有224萬居民的王國,軍隊人數竟達8.3萬人,青年男子10%以上都當兵去了;財政收入的85%用於軍隊;因為實行的是長子繼承制,把除長子以外的幾乎所有容克貴族子弟從小就送進皇家的軍事學堂,使之在利益和榮譽感上成為忠誠於王室的軍官;在軍隊訓練中,把紀律、服從、盡忠職守作為管控訓練的重中之重。

第二,信奉強權獨裁,格殺異端分子。強力與權力是集體行為一統必備的基礎性要件,所有逆商者無不迷信強力和權力。比較典型的代表人物是桑巴特教授,其臭名遠揚的《商人與英雄》一書是在1915年出版的。有人就指出,桑巴特教授對於在整個德國境內傳播逆商思想和各種色彩的對市商化資本主導的易利的憤恨,沒有人比他做的更多;並且,如果說逆商思維定式深入到德國人思想中的程式是俄國革命以前其他任何國家前所未有的話,那麼這在很大程度上要歸功於桑巴特。在戰時,這個老牌逆商宣揚者對「德國戰爭」表示歡迎,認為它是英國商業文明和德國英雄文化之間的一個不可避免的衝突。他對喪失了一切尚武本能的英國人的商業觀點表示無限的蔑視,認為個人對權利的要求始終是商業精神的一種結

果；1789 年的思想，如自主、平等、博愛，是典型的商業思想，除了保證個人的利益外，沒有任何其他目標。[22]

逆商的存續完全得益於對治理政體權力的應用，即一部分人運用權力對另外一部分人進行專制領導、控制與指揮。從心理上看，逆商幻想源於對權力的畏懼與期待。幾百萬年原始野蠻狀態產生的叢林法則基因影響，使人類某些人群依然相信，誰擁有權力，誰下定決心使用權力，他就能為所欲為。這些人完全不會認為權力限制了人類生命個體生活和生產，相反，認為權力應該是無限的、無所不能的，而且，誰擁有暴力誰就應擁有權力，誰就是老大。而在市商文明的易利經濟中，企業家和生產手段的所有者，除了市場的領導之外，不接受其他任何領導、控制和指揮。

近現代人類偉大學者已經摧毀了逆商的權力觀念，如大衛·休謨、亞當·斯密、哈耶克、米塞斯等等。他們的科學論證已經告訴人們，權力無力摧毀市場現象所必然具備的一致性，權力行使主體對之無能為力，反而必須適應它，正如他們不得不適應自然法。強制和權力干預市場過程只會帶來災難。這些傑出的理論對干預主義、逆商之後果的預言，完全如其所料。

逆商者一定是獨裁信奉者，尤其是他們的最高領袖一定是獨裁者。俄國在一戰中被德國擊敗後，德國軍方開出了條件為大量割讓土地與勒索巨額賠償的布列斯特和約。原蘇俄最高領導人為了

22　哈耶克：《納粹主義的社會主義根源》，共識網，2010 年 7 月 9 日。

爭取時間鞏固逆商政權，決定接受。當時政治局內幾乎所有的成員都反對原蘇俄最高領導人，只有史達林堅決支持原蘇俄最高領導人，可謂「英雄所見略同」。不能包羞忍恥，怎能成就大事？1918年，當俄共（布爾什維克）在第一屆議會選舉中失利後，原蘇俄最高領導人便迅速地以武力解散了這一屆議會。從此在70年的時間裡，議會再也沒有恢復過。1920年，原蘇俄最高領導人宣佈在黨內戒嚴，「禁止小組和派別的存在，禁止批評中央委員會機關和政治局的路線。」幾乎與此同時，原蘇俄最高領導人下令槍決數千名東正教神職人員，禁止這些人再宣傳舊思想，與蘇俄新宗教來爭奪信徒。永久的、刻骨的仇恨將導致永久的逆商情緒與逆商狀態，不間斷的逆商將導致理所當然的永久的獨裁。思想自由與人格平等，有悖於嚴格的紀律，並且將喪失領袖的「神授魅力」。而如果喪失了生殺予奪的絕對權力，就不會令人肅然起敬與絕對服從。絕對的權力具有壓倒一切、腐蝕一切的能力。羅馬共和國晚期，獨裁官蘇拉在取得終身獨裁統治權的第三年，突然自願放棄一切權力，以一個普通公民的身份歸隱鄉間。辭職後，一個青年曾當面辱罵他，奇怪的是，這位「一半是獅子，一半是狐狸」的蘇拉竟然忍受了這位青年的辱罵，但他說過這樣一句話，「這個青年將使以後任何一個掌握這個權力的人不會放棄它了。」[23]

---

23 佚名：《從史達林看革命與獨裁》，教育網，2000年10月。

二、極權暴力動因

極權必然暴力，暴力通向戰爭。極權為了保障其極權，必然使用暴力，強化暴力機器。一方面使體制成本無限增長，另一方面又會弱化其暴力能力。因為體制成本在增加，創造財富的能力在減少，所以其在毀滅創富能力的同時，也使自己走向毀滅。由於保障其極權的本性所決定，其在極權受到威脅時，必然使用其全部的暴力能力。而市商文明升級轉型正是對其極權的否定，也是其最大威脅。而這一威脅又主要來自市商文明世界，市商文明世界的文明對付極權暴力的能力遠遠大於極權維護其極權的暴力能力，所以戰爭不可避免。這就是極權暴力動因，也可叫暴力極權毀滅規律。

1. 極權一統：必然導致暴力。實現極權一統要通過暴力。逆商者為了打倒敵人，往往具有「狂熱的信念、嚴酷的紀律與極端的行動能力」，敢於泯滅人性中一切天然的憐憫心與種種道德禁忌，為的就是要把敵人斬盡殺絕，甚至連他們的孩子也不憐惜。維護極權一統更需要暴力加持。

首先，消滅異己分子需要暴力。美國記者兼史家威廉‧夏伊勒在《第三帝國的興亡——納粹德國史》一書中對納粹德國有過系統揭露。從 1933 年的最初幾個星期，當那些當權的人開始進行大規模的任意逮捕、毆打和殺害時起，在納粹統治下的德國就不再是一個法治的國家了。納粹德國的司法界名人公然宣稱：「希特

勒就是法律！」戈林對普魯士的檢察官們說，「法律和元首的意志是一回事」。1933年公務員法推行後，很快就不僅清除了司法界中的猶太人，而且還清除了那些被認為對納粹主義的信仰有問題的人。1937年一項新的公務員法......規定要撤換一切「政治上不可靠」的官員，包括法官在內。秘密員警，像希特勒一樣，就是法律。它原是戈林為普魯士邦設立的，以代替普魯士邦原來的政治員警IA處，從而創造了一個先是在德國後來又在國外令人談虎色變的秘密暴力組織。早在1935年，普魯士最高行政法院就在納粹黨的壓力下裁決，秘密員警的命令和行動不必經司法複審。1936年頒佈的秘密員警根本法把其放在法律之上。法院絕對不得干涉它的活動。同秘密員警相聯的是保安處，保安處的一個任務是查明誰在希特勒的公民投票中投了「不同意」的票。在希特勒當權的頭一年，第一批集中營就迅速建立起來了。達豪集中營擬訂的條例包括：犯有下列罪行者以煽動者論處，一律絞死：凡......談論政治，發表煽動言論，舉行煽動集會，組織小集團，與人廝混盤桓；為了將暴行傳聞供反對派宣傳而收集集中營真假情報；接受、隱藏、傳播、外遞此類情報給外國客人等等者。[24]

　　第二，持續實施暴力需要創造敵對勢力。族裔／種族思維具有強大的精神煽動性，極易激發起一種熱血沸騰的英雄觀念、浪漫情懷，並使反對者背上「賣國」、「民族叛徒」的罪名。煽動族裔至上情緒，樹立族裔至上崇拜，樹敵——真正的敵人或假象的

24　黃鐘：《納粹德國：崛起如何成為災難》，炎黃春秋雜誌，2005年第7期。

敵人，是極權、集權甚至某些威權體制國家或政黨慣用的伎倆。希特勒認為，必須始終存在一個看得見的反對對象，而不能僅僅是一個抽象的對象。他明白，只有製造一個全族裔共同的敵人，產生同仇敵愾的效應，才能奪取、鞏固政權。希特勒說過，「動員民眾不能用愛要用仇恨，仇恨是最好的凝聚力」。製造仇恨當然離不開恐怖，這是赤裸裸的掠奪零和財富關係思維。幾乎所有極權國家的政體主導者，都用恐怖凝聚民眾、控制民眾、驅使民眾，被逆商治理政體用於有利於掠奪的工具。其主要運作就是把族裔推向至上的地位，通過個人迷信，確立叢林法則，把烏合之眾黏合起來。族裔至上就是把族裔劃分為優劣等，凡是劃為劣等的族裔不僅是敵人，而且不被作為人。從生物學角度和現代文明看，民族或族裔毫無意義。族裔在文明落後國家稱之為民族，因為民族是一個落後的概念，因而現代國家用族裔代之。今天，受全球化的影響，一個單一族裔的國家不是太多，國家大多由多族裔組成。族裔主要是個血緣概念、文化概念，國家則是地域概念、綜合性概念。從歷史看，為了財富、為了利益，有時民族或族裔也毫無意義。中世紀，熱那亞和比薩的進步引起了威尼斯的嫉妒。威尼斯不能容忍這些新來者分享它想要保持壟斷的貿易。威尼斯與他們屬於同一個民族，信仰同一個宗教，說同一個語言，這些都是枉然；因為它們已經成為仇敵。1100年春，威尼斯就偷襲了比薩的商船，於是開啟了兩個沿海城市之間的衝突，終

其繁榮之世,衝突延續不絕。[25] 但民族對逆商來說則意義非凡,它是愚弄民眾、凝聚民眾、驅使民眾的強大武器。因為現代國家多為多族裔國家,單一族裔國家極少,這樣,占比較大的族裔就可以以選擇一個族裔為敵對勢力,就可以為逆商領導人實施暴力、維護極權提供充足理由。

2. 暴力逆商:極權一統必戰。族裔至上、族裔崇拜對內,創造敵對勢力實施暴力;對外,依然是樹立敵對勢力,那將必然導致戰爭,或者說,族裔至上、族裔崇拜是對外戰爭的誘因。兩次世界大戰雖然不是人類大規模掠奪(逆商)與反掠奪(市商)之戰的絕唱,也是掠奪與逆商行為的喪鐘。在現代歷史中,逆商掠奪的重要工具和手段,正是族裔至上、族裔崇拜。

首先,對內實施暴力,使民眾走向恐怖極端。世人大都認為納粹是靠市商民抉上臺的,實則不然,納粹純粹是以逆商方式上來的。為了贏得執政,其動用了自己的非法武裝——衝鋒隊。在希特勒當上總理後,衝鋒隊為納粹贏得全面執政立下了汗馬功勞。凡是以武力贏得執政的組織,大多都是逆商組織,上臺後必然走逆商之路。在 20 世紀 20 年代,由於市商化資本主導的易利仍處於市商化易利的非成熟期,經濟的週期性會造成短暫的財富極缺,或創造財富的能力極缺。為了彌補財富的極缺,在短時期內「暴富」,自然而然地就會選擇有利於集中財富的權力暴力集

---

[25] 亨利・皮雷納著;陳國梁譯:《中世紀的城市》,商務印書館,1985年版,P.56-57。

中。因為權力暴力集中可以在短時期內贏得不義之財,納粹的上臺就成為必然。所以,在當時的德國,沒有納粹也會有類似的組織出現;又因為當時的德國實行的是民抉制度,所以納粹就以政黨形式、選舉形態和逆商暴力的方式贏得了政體治理的壟斷權。如果當時的德國實行專制體制,仍然會有獨裁的暴力強人出現,通過內部推舉、層級選拔贏得治理政體壟斷權。奪取政權後,納粹更加精心編織構造了一個頗為完備的關於族裔特性、族裔文化優越,最終導致種族優越論的意識形態理論體系;聲稱人類歷史就是一部優劣種族間血統對血統、種族對種族的鬥爭史,當代日爾曼人是最優秀的人種,是被賦予「主宰權力」的高等民族,理所當然地「應該主宰世界」。為使這種「理論」要為民眾接受,納粹實行了極其嚴酷的文化專制統治。重點是煽動起民眾的民族情緒,以「群眾」的名義進行,把那些「有毒」的書搜走,或按中世紀的習慣把這些書釘在恥辱柱上示眾,或把書籍燒成灰燼。1933年5月10日夜晚,一群群興奮激動的德國青年學生在納粹宣傳部長戈培爾的煽動指揮下,在柏林市中心的歌劇院廣場點燃熊熊烈火,焚燬了二萬冊圖書。隨後,開始了一系列更大規模的禁書、焚書活動,對思想家殘酷迫害。希特勒本人最重要的藝術成就,當數他為納粹黨設計具有血腥標誌的旗幟和制服:象徵社會主義的紅色,象徵族裔主義的白色,還有那醒目的鉤形圖案。而納粹黨實際就叫做——民族的社會主義的工人黨,而不是漢語翻譯的國家社會主義工人黨。當然這樣的區別意義也不大,族裔至

上與國家復興崛起崇拜，邏輯上完全一致。

第二，對外實施暴力，使國家走入戰爭深淵。在19世紀的德國，宗教已經讓位於族裔至上、國家復興崛起的宣傳。在公立學校，孩子們被灌輸對「敵人」的仇恨，以及不惜一切打贏戰爭的渴望。族裔至上，是暴力的思想；戰爭，是暴力的工具。國家的使命就是打贏戰爭，全體民眾都要為戰爭不惜一切的犧牲，私人財產可以隨時被徵用，企業要去生產武器。法國將軍福煦說：「這種戰爭是瘋狂的，因為它註定會把國家的一切資源都耗盡⋯⋯也就把每一個人的私人利益與財產都當成了賭注。」一戰前，世界文明的中心是英國，它以《大憲章》、個人為本和市商化資本主導所塑造的一套現代市商化易利秩序，造就了經濟的蓬勃發展，電話，蒸汽船，火車等新技術應運而生。然而在當時，所有後發國家想要學習的幾乎都是「德國道路」。德國依靠培植強大的軍事力量，在普法戰爭中打敗了歐洲超級大國法國，成為落後族裔崛起的榜樣。德國以普魯士式的集體至上為基礎，以族裔復興為使命，想盡一切辦法吸收世界先進技術，但卻壓制啟蒙思想，試圖用權力之手控制一切，最終陷入「修昔底德陷阱」（古希臘歷史學家修昔底德的說法，當一個崛起的大國挑戰既有的霸主時，最終幾乎都會走向戰爭）。威廉二世登上皇位後，以強硬的國家形象示人，四處出擊挑釁。而在「鐵血首相」俾斯麥執政的三十年間韜光養晦，大力引進英美技術發展工業，秘密推行產業政策，「德國製造」殺進各國市場，德國GDP超越了英

國。按照威爾·杜蘭特的觀點：人類文明的進退，在於兩種傳統的拉鋸戰，一種是以雅典為代表的商業個人為本傳統，一種是以斯巴達為代表的農業集體至上傳統。因此，一戰不僅是國家間的對抗，也是個人為本與集體至上兩種傳統之間的對抗，即市商與逆商的對抗。[26] 二戰前的德國為何會法西斯化並成為二戰的策源地？以袁偉時的觀點：發動兩次世界大戰，包括奧斯威辛屠殺在內都是極其醜惡的逆商現象，除了經濟危機等時代背景外，德國的文化傳統因素也很關鍵。德意志人是眾多部族的混合體，17世紀中葉，德意志人分別居住在314個邦和1475個獨立騎士領地上。德國的統一道路是畸形的，是通過三次戰爭完成的。俾斯麥上臺一周後就慷慨激昂地宣佈，「所有德意志人」、「不可避免地將通過一場嚴重鬥爭，一場只有通過鐵與血才能解決的鬥爭來達到目的」。1864年，普魯士聯合奧地利打敗丹麥，基本上解決了易北河三個公國的歸屬問題。1866年6、7月間歷時七周的普奧戰爭，把奧地利逐出德意志族裔的爭霸圈，建立了北德意志聯邦。1870年7月開始的普法戰爭，打敗了法國，不可一世的拿破崙三世成了俘虜，新的德意志帝國成立。這個鐵與血的畸形統一過程，集中體現了德意志文化中的逆商負面因素。

蘇俄及前蘇聯在暴力上幾乎與納粹無異，其實質是為對外掠奪鋪平道路。毀滅私產與清零私權靠的當然是暴力，與集權與極

---

26 李強：《百年憂思：文明的隕落與戰爭的餘燼》，先知書店，2019年11月11日。

權相輔相成。獨裁組織和專制執政方式，上臺的只能是所謂的暴力強人，其執政的目的也不可能是為了經濟的發展和國民的福祉，而是以發展工業尤其是重工業來維護自己的特權統治，同時為對外掠奪服務。蘇俄及前蘇聯自始至終都沒有停止其對外掠奪的步伐，對芬蘭、波蘭的侵略及對經互會國家和周邊國家的掠奪有目共睹。有人會認為，蘇聯垮塌並沒有發生戰爭。實際上這不過是沒有看到蘇聯形雖滅，但神未死，其繼承者正沿著必戰的道路頑固地前行。普京總統完全是沿著蘇聯逆商的思路進行全方位回歸，其先後發動的對格魯吉亞、烏克蘭的入侵與前蘇聯入侵阿富汗幾乎是殊路同歸。這種逆商行為已經被全球市商化所不能容忍，使對烏克蘭的戰爭演變成為對所有市商文明國家的戰爭。戰爭終抉到來了。

當然，導致市商文明升級轉型戰爭選項確立，還有諸多條件，但單極壟斷、獨裁和極權一統、暴力動因是主導，甚至是最終的決定性因素。只有逆商治理政體有以上動因存在，戰爭選項幾乎不可避免。

第五章 戰爭選項動因

第六章 市商文明共蕃

第六章 市商文明共蕃

　　20世紀是市商文明取得歷史性勝利的世紀,其標誌不僅是一戰與二戰的勝利,更是市商文明升級和平轉型的勝利。這一和平轉型的實質是和平市商共蕃的勝利,最為典範的事件是「天鵝絨革命」。其狹義上是指捷克斯洛伐克於1989年11月發生的這場市商化突破臨界點的革命,沒有經過大規模的暴力衝突就實現了治理政體權力的和平升級轉型。從廣義上講,「大鵝絨革命」是與暴力革命相對比而來的,這一名詞特指在20世紀後期一系列發生在中亞、東歐及獨聯體國家的治理政體和平轉移更迭。展示了治理政體自然人與國民的智慧,也是國家之大幸。實踐證明,市商文明和平升級轉型是最佳的選擇。為此,市商文明國家已經做出了自己的努力。和平升級轉型成本最低,收益最高,而且使無數寶貴生命個體免遭塗炭。因為不管採取什麼形式,全球市商化都在不可阻擋地推進之中。所以,和平市商就異常珍貴。

　　隨著易利經濟全球化的深入推進,已經越來越展現出市商文明元素的滲入,並逐步顯示出市商文明共蕃的力量。而隨著易利經濟全球化積極成效的不斷擴大,這種元素的滲入會越來越明顯。根據2024年WTO秘書處發佈的資料,自1994年4月15日簽署《馬拉喀什協定》以來,全球貿易額激增,到2023年超過30.4萬億美元,是1995年的五倍。在WTO框架下,關稅顯著下降,有助於降低貿易成本。在WTO成立後的30年間,全球貿易總額持續增長,從1995年至2023年年均增長5.8%。服務貿易的增長速度高於貨物貿易,年均增長6.8%。全球貿易增長速度超過了同期

全球國內生產總值（GDP）增長速度。從 1995 年至 2022 年，全球價值鏈參與率穩步增長，前向全球價值鏈參與率（包括向負責下游生產階段的合作夥伴出口）從 15.7% 增至 20.4%，後向全球價值鏈參與率（包括用於生產出口商品和服務的進口）從 19.5% 增至 28.3%。到 2022 年，全球價值鏈總參與率（包括前向參與和後向參與）達到 48.7%，創下自 1995 年以來的最高水準。自 1995 年 WTO 成立以來，關稅呈現明顯下降趨勢。WTO 成員實施的簡單平均關稅（即給予所有其他成員相同貿易待遇的關稅稅率和市場准入）從 13.1% 降至 8.8%。按貿易加權計算的關稅也呈類似趨勢，最惠國平均關稅從 7.1% 降至 3.8%。基於充分利用優惠關稅的假設，貿易加權平均適用關稅從 6.9% 降至 2.0%。1995 至 2020 年間，全球各部門的國際貿易成本下降了約 6% 至 10%，貿易障礙的減少促使全球貿易顯著增長，估計增幅約為 30% 至 45%。

當然，易利經濟的全球化仍處於波折之中，因為其與易利經濟自身（含科技與資本市場等）已經成為市商化與非市商化博弈的工具與手段。這種波折體現的正是市商與逆商的衝突。「全（易利）球化已經結束」，2023 年 3 月下旬全球最大的資產管理公司美國貝萊德掌門人拉里·芬克的這句話引起了全世界的關注。他指出，由於俄羅斯進攻烏克蘭，至今的全球化已經無法持續下去。與此同時，美國著名智囊團「彼得森國際經濟研究所」所長亞當·波森也發表了題為《全球化的終結？》的論文。這篇論文雖然在題目中加上了問號，卻同樣分析了全球化的僵局。表示全球化倒退的「逆全

球化」和表示全球化減速的「慢全球化」成了歐美媒體競相使用的詞語。新興國家也置身其中的現代全球化的起點,應該是1989年柏林牆倒塌導致東西方冷戰結束。冷戰結束後,東西方的隔閡消失,人員、貨物、資金開始在世界各地自由流動。隨著世界貿易組織(WTO)等不斷推動貿易和投資自由化,企業紛紛瞄準全球工資最低、環境最完善的地理位置,推進了生產基地的國際化。這為俄羅斯及東歐等原蘇東陣營以及新興國家等的迅速發展提供了契機。隨著新冠疫情、俄羅斯侵略烏克蘭、俄歐(美)對立的出現,在環境發生變化的情況下,易利的全球化迎來了巨大考驗。[1] 但實際情況絕非完全如此,即使是易利的全球化也沒有那樣悲觀。尤其是民抉市商化及價值觀並沒有停滯其全球化。俄羅斯入侵烏克蘭恰恰是全球市商化新的契機。僅就易利全球化,也並不是所有人都認為出現停滯或倒退。按照英國央行前副行長米諾切·夏弗克的觀點,全球化並未倒退,只是在改變。這種改變預示著市商化價值觀及政體治理民抉的全球化的必然加速。

包括美國、新加坡、澳大利亞、馬來西亞等12個亞太國家參與的跨太平洋夥伴關係協議(簡稱TPP),與傳統多邊貿易協定相比,TPP強調的不僅僅是關稅減讓和配額削減,而是各國經濟活動在勞工保護、環境治理、智慧財產權保護、共有企業、互聯網資訊自由流動和反腐敗等領域的價值觀和規則的重塑。TPP所包含價值觀的力量等,正是市商文明全球性覆蓋的表現,體現的正是「平

---

[1] 藤井彰夫:《全球化,變了》,日經中文網,2022年5月20日。

等自由市商、私產私權市商、契約信用市商」三大維度的全球構建。其中當然包括治理政體的市商化。美國在推動 TPP 談判過程中起著主導作用，因此，美國所長期宣導、並為許多亞太經濟體所接受的理念和價值觀成為 TPP 中包含的核心精神。在這些核心價值觀中，比較突出的有對勞工權益的保護（包含對最低工資的要求）、對自然環境和稀有物種的保護（美國稱 TPP 為「史上環保要求最嚴的貿易協定」）、對良好政體治理和經濟透明度的要求（包含對腐敗的打擊）、對食品安全的要求以及對自由、開放的互聯網的要求等等，對於尚未跨越「中等收入陷阱」的發展中經濟體而言，由於法治不夠完善、治理政體透明度不高，更是造成了環境惡化、腐敗蔓延、盜版侵權等問題愈發嚴重，以致於不僅影響外來投資，而且也導致國內資金、人才外流，創意經濟等新的增長點難以培育起來。一些共有企業沒有按照市場化規則去管理，反而依靠壟斷、特權不斷膨脹，嚴重擠壓外資和民資企業的生存空間，破壞了平等競爭的遊戲規則，國家競爭力和經濟效率難以提升。[2] 顯然，包括治理政體市商化以及市商文明三大維度的全球性構建，必然涉及到民抉市商的全球覆蓋。只有政體治理的市商化有質的飛躍，這些問題才能迎刃而解。

由於市商化價值觀的推動，先進市商國家先後自覺或不自覺地推進全球市商化，盡可能將非市商國家掛鉤在全球市商文明列車上，以推進非市商文明國家治理政體的市商化。在這一過程中，

2　陳剛：《TPP 對東亞發展模式的衝擊》，貓眼看人，2015 年 10 月 27 日。

凡是自覺或願意與先進市商文明掛鉤的非市商國家，突破市商化臨界點時大多會確定和平選項；凡是排斥與先進市商文明掛鉤或掛鉤後又千方百計脫鉤的非市商國家，突破市商化臨界點時往往會確定戰爭選項。這就是和平市商共蕃鐵律，也可通俗地稱之為「英（國）式市商共蕃」或「美（國）式市商共蕃」鐵律。當然，也有逆商共亡定律。這些非市商國家與逆商國家沆瀣一氣，行為、思想與結局大同小異。在此不多做論述，朝鮮、古巴及原東歐國家就是鮮活的例證。

自冷戰始，市商化先進文明國家已持續加大和平共蕃力度。人們長期以來對冷戰存在誤解，而冷戰的實質就是以和平方式實現人類市商文明共蕃，其標誌是鐵幕演說，即1946年3月5日，英國前首相溫斯頓·邱吉爾在美國富爾頓城威斯敏斯特學院發表著名的反逆商演說。實際上這就是成本最低、收益最高的市商化，是熱戰無法比擬的。熱戰是無奈之舉，也是逆商自絕於市商文明的必然結果。鐵幕演說也被認為是正式拉開了市商與逆商的和平市商共蕃（冷戰）序幕。邱吉爾在演說中公開指明蘇聯「擴張」，宣稱「一幅橫貫歐洲大陸的鐵幕已經降落下來」，蘇聯對「鐵幕」以東的中歐、東歐國家進行日益增強的高壓控制：幾乎在每一處都是治理政體實行極權控制，員警暴政占了上風，根本沒有真正的民抉。對蘇聯的擴張，不能採取「綏靖政策」。美國正高踞於世界權力的頂峰，應擔負起未來的市商化責任。邱吉爾強調，人們不能無視一個事實，就是美國和大英帝國的公民到處都

可以享受的自由,在許多的(逆商)國家裡是不存在的。在這些(逆商)國家裡,各種包羅萬象的員警暴力對民眾強加控制,達到了壓倒和違背一切民抉原則的程度。或是一些獨裁者,或是組織嚴密的寡頭集團,他們通過一個享有特權的黨和一支政治員警隊伍,毫無節制地行使著國家的大權。邱吉爾清晰而又堅定地指出:在這多難的歲月,我們的責任不是用武力去干預那些我們不曾征服的國家的內部事務。但是,我們絕不能放棄以大無畏的聲調宣揚自由的偉大原則和基本人權。顯然,邱吉爾所不能放棄的正是市商文明維度重要內涵。其所言的責任,就是和平市商共蕃責任。實際上,早在鐵幕之說提出之前,就有了市商和平共蕃的實質性行動。美國是人類最先進的市商文明國家,目前仍然是資本主導的市商文明國家,在冷戰之前就把蘇聯當成最大的逆商國家和威脅,認定前蘇聯的制度是反人類、反自由、反民抉的。

和平市商共蕃也是市商國家對逆商國家所採取的一種「競爭性演變」,靠市商文明基因的注入和市商文明的感召力促使逆商國家的價值觀、尤其是制度發生變化。和平市商共蕃也是一種非暴力的衍生變化過程。這一具有戰略意義的和平市商共蕃,是由約翰‧福斯特‧杜勒斯在20世紀50年代初提出的,他在美國國會考慮任命其為國務卿時的證詞中明確提出了「解放政策」,要把逆商國家的國民從「被奴役」狀態「解放」出來。同年美國政要甘迺迪明確提出,要「通過援助、貿易、旅遊、新聞事業、學生和教師的交流,以及我們的資金和技術」,來具體實現「和平

市商共蕃」的戰略目標。1961 年，甘迺迪就任總統後不久，美國就立即擬定了「和平市商共蕃」的戰略目標。實際上，早在美國建國初期，美國市商文明共蕃戰略實施就已開始。早期美國市商文明共蕃的主要對像是拉丁美洲。二戰結束後，美國的市商文明共蕃主要對像是日本、德國等。冷戰爆發後，美國的市商文明共蕃戰略實施更為堅決。冷戰結束後，其歷屆治理政體將促進市商文明共蕃上升為全球戰略。1993 年 1 月，克林頓正式提出美國外交政策的三根支柱，即經濟安全、軍事安全與促進民主。1993 年 9 月克林頓首次提出「擴展戰略」，核心目標是追求「全球民主化」，即市商文明共蕃。至今，市商文明國家國家實施的以貸款、貿易、科技等各種手段向逆商國家傳導市商文明，促使它們向市商文明靠近、向資本主導的市商化易利文明升級轉型的「和平市商共蕃」意義重大，效果也十分明顯。和平市商共蕃既是逆商國家實行市商化和平升級轉型極為重要的外部條件，也是市商文明強大的具體體現。

對和平市商共蕃，逆商國家開動所有機器予以反擊，其中包括利用宣傳手段製造謊言，對和平市商共蕃進行妖魔化。比如流傳甚廣的《十條誡令》就是一則至今還在輿論場流動的謊言標本，它是由前蘇聯的擴張策略製造出來的謊言。[3] 根據《十條誡令》改版出來的題為《一圖看懂美國煽動他國顏色革命六大招術》，宣

3　草雲：《和平演變「十條誡令」原來是由蘇聯的擴張策略改版的謊言》，網易博客，2015 年 2 月 11 日。

稱自從 2003 年 11 月格魯吉亞首次發生顏色革命以來，美國一直嫻熟地利用各種手段，染指他國大選，製造「街頭政治」，形成了一整套相對完整的、隱蔽干預手段。如下這段話卻是對和平市商共蓄很生動地描述：公開資訊，揭示真相；大力發展非政體組織，以國際文化交流的名義展開活動，形成多元局面；與親市商文明精英或高層長期接觸，培育市商化升級轉型的領導力量；抓住時機，資助市商化力量，推動（文明升級的）「顏色革命」。借助宗教語境可以說，先進的市商文明國家是市商文明的傳道士，為人類文明升級轉型肩負起了其神聖職責。

第一節 市商共享

英國，由於西方尤其是西歐文明的孕育，形成了市商文明奇點並爆發。應該說，這是英國對人類最為重大的貢獻，而市商化依靠文明已經也必將給人類給其他各國帶來無盡的福祉。除英國外，其他所有國家都是市商文明的後發國家。對於後發國家來說，注入市商文明基因是和平升級轉型的基礎因。美國是對英國市商文明的直接繼承與創新發展，是具有市商文明基因的五月花號的乘客在北美大陸的偉大實踐，至今仍然引領世界市商文明的發展。

第六章 市商文明共蓄

在助推市商文明共用上，美國市商治理政體非常具有延續性。克林頓總統任期內美國政府採取了四大措施：其一，強化市商文明核心力量聯盟，同市商文明國家的合作與協調；其二，鞏固擴大市商文明陣地；助推市商文明升級轉型國家的全面發展。其三，孤立和打擊「逆市商而動的國家」，對實行集權制、支持恐怖主義、進行大規模毀滅性武器及彈道導彈技術擴散、壓制本國國民、威脅鄰國安全、對市商文明持敵對態度的逆商國家進行威懾和打擊。其四，充分發揮人道主義行為的影響力，對於那些尚未進行市商文明升級轉型的發展中國家，提供人道主義援助，促使其發展市場經濟和市商文明升級轉型。克林頓任職期間奉行以人道主義干預為主要內容的「新干涉主義」，其核心內容有兩點，一是捍衛人類普遍的價值觀；二是堅持人權高於主權。1998年後又設立了專門的促進民主（抉）辦公室。克林頓政府還對國際行動的預算進行了重新分配，重點關注「建立民主（抉）」。通過這些措施，把市商文明共用作為美國政府機構的基本職能，使市商文明共用的政策措施進一步機制化、固定化、長期化。[4] 為進一步推進市商文明共用的全球化，2003年11月6日，布希總統在華盛頓國家民主（抉）基金會20周年大會上，首次正式提出了「自由的進取戰略」概念，而大中東民主（抉）改造計畫正是這一「戰略」的集中體現。

4　羅豔華：《美國民主輸出的戰略手段與現實困境》，人民論壇網，2022年3月31日。

如果說1946年，英國著名首相邱吉爾發表「鐵幕演說」是有意識推動全球市商化的話，那麼，2001年「9·11」恐怖襲擊事件之後，反恐（清除極端逆商）就成為美國對外政策的首要任務。基於對和平市商共蓄論的認同，小布希認為只要是市商文明國家就不支持恐怖主義，所以，只有從根本上改變逆商治理政體，才能斷絕恐怖主義的根源，維護美國及全世界的安全，免受恐怖主義的威脅。因此，小布希任職期間把市商文明共用提升到對外戰略全域的高度。為此，「大中東計畫」應運而生。這一計畫的實質就是推動全球全面的市商化，是試圖用「民抉」也就是首先用治理政體的市商化改造伊斯蘭世界。這完全符合全球市商化發展大勢，也應該是發達市商文明國家的使命。布希提出的「大中東計畫」，參照了曾加速蘇聯、東歐國家劇變的《赫爾辛基協議》，其涉及範圍包括22個阿拉伯國家外加土耳其、阿富汗、巴基斯坦等，巴林、埃及、利比亞、敘利亞、突尼斯、阿聯酋等國當然地位列其中。計畫內容包括，為治理政體選舉提供技術幫助，促進議員的國際交流和能力提升；培訓女性領導者，提供基層法律援助；支持新聞媒體獨立；向從事民抉、人權、媒體、婦女組織活動的非治理政體組織，提供資金支援和專業培訓等。這些都是應該的，也是完全正確的、正義的。除了「大中東計畫」之外，據稱，從1990年代中前期，歐美國家在阿拉伯世界啟動的民抉促進計畫還有很多項。這些計畫大多經過半民間仲介機構加以實施的，內容包括對於潛在意見領袖如議員候選人、法

官、法學專業學生、記者、教師和非治理政體組織積極分子加以培訓;再通過他(她)們遊說治理政體、要求漸進改革和發展自由,用以刺激民抉「需求」。事實上,全面落實這些計畫,則必將為阿拉伯國家培養出一批具有「市商文明意識」的時代精英,他們會在認同、接受市商文明價值觀念的同時,自然地成為現有威權逆商統治的反對者。[5] 可以說,效果是非常明顯的。美國「大中東計畫」的提出與實施,使「民主(抉)」這個詞成了阿拉伯媒體中使用頻率最高的詞之一,在民間和新聞媒體也展開了激烈的討論,老百姓都能夠耳熟能詳。在美反恐和市商文明共用的高壓下,阿拉伯世界進入大動盪、大改組、大變革的時代,其治理政體受到了內外雙重衝擊,尤其是這些國家的領導人面臨著空前的巨大壓力。很多阿拉伯國家也開始悄悄地走上了市商化文明升級轉型之路,沙特宣布,同意在沙特建立第一個合法的人權組織;埃及宣佈願意成為阿拉伯國家市商化文明升級轉型的「試驗田」,以自身為主,根據國民的需要和呼聲,在不影響國家穩定的前提下,進行一系列改革,並且願意將改革的經驗供阿拉伯國家參考。[6] 隨著阿拉伯「顏色革命」的掀起,人們看到的是市商文明共蕃全球化的曙光。當然,這一計畫也包含非和平因素,其中也體現「布希主義」。該主義有兩大支柱,一是堅持美國有權對

---

[5] 陳家喜:《國際干預與民主轉型:基於「阿拉伯之春」的經驗觀察》,愛思想,2013年8月6日。

[6] 萬鋌:《美推民主計畫阿拉伯加速變革兩種改革較量中東》,新華網,2004年03月20日。

逆商國家進行先發制人的打擊，二是運用「政權更迭」的手段推進市商文明的全球化。

一、助推市商共享

縱觀近現代，以英、美為代表的先進市商文明國家，確實在以其極大的勇氣和責任心，來履行其在全球市商化的歷史使命，而且效果顯著。比如智利等國家的和平轉型就是得益於市商共蕃的傍美所賜。1985 年後智利反對派得到了美國的大力幫助。雷根任命的新大使強烈支持反對派組成一個聯合陣線，並對皮諾切克及智利軍隊施加很大的壓力，要求他們遵守在憲法中確立的原則，最終反對派組成的「否決聯盟」在 1988 年的公民投票中擊敗了皮諾切克。[7]

1. 基因注入：市商化升級和平轉型有了內在驅動。為助推市商文明的全球化，美國在西歐設立了大型廣播電臺——「自由歐洲電臺」和「自由電臺」。這兩個電臺公開表示，其主要任務和目的是從全人類利益出發，通過向蘇聯、東歐國家的國民特別是青年傳播國際以及蘇聯、東歐國家內發生的重大資訊，介紹市商文明的成就、生活及價值觀念，促進蘇聯、東歐的言論自由和人權原則受到尊重，即尊重人權和民抉原則、尊重言論自由，促進自由交流思想。顯然，這些都是市商文明維度及其價值觀的重要內

---

[7] 斯迪芬・海哥德，羅伯特・R．考夫曼著；張大軍翻譯：《民主化轉型的政治經濟分析》，社會科學文獻出版社，2008 年版，P.98。

容。這種非物理性的隔空思想影響，也可以稱之為市商文明思想觀念基因的注入。

而是否與市商文明先進國家進行物理定義上的掛鉤，則在歷史的發展和結果上有著非常大的差異，因為與市商文明先進國家物理上的直接掛鉤是與市商文明融入的快捷方式。這在美洲有具有說服力的最好例證。儘管拉美各國在20世紀70年代起就啟動了改變軍政獨裁政制的治理政體市商化改革，但為何在其後所啟動的資本主導的易利經濟市商化過程中，沒有建立起有效地確保市商化易利經濟運行的法律制度？說到底就是與是否與市商文明先進國家掛鉤有根本性關係。作為市商文明創始之地的英國，從大憲章運動開始，先後經歷過1688年的光榮革命和隨之發生的一系列相對和平和漸進憲政民抉的建設與演變過程，到19世紀末20世紀初，英國的憲政民抉政制和法治國家逐漸形成且不斷完善，從而有效約束了治理政體對易利經濟的「掠奪之手」，相應地建立起了非常完備的保護私有財產和市場交易的法律制度。受其直接影響，與英國掛鉤的北美相繼興起。北美興起的根本原因，是在伴隨近代市商化易利經濟文明生成和擴展過程中，一種民抉和法治條件下的保護私有產權的法律制度形成。而非市商化易利經濟文明的西班牙、葡萄牙，所走過的歷史演變道路則完全不同。由於在近代歷史上西、葡的皇權專制一直強大，現代民抉、法治和憲政體制遲遲未能建立，相應地有效保護私有財產和市場運行的法律制度也沒有建立起來（儘管這兩個國家均是在有著完善的

羅馬法體系的羅馬帝國的版圖之中），因而，白銀沒有在西班牙停下，而是最終輾轉流入了市商文明國家的英國、荷蘭和其他歐陸國家，變成了這些國家經濟起飛的資本。西班牙以及葡萄牙，均缺失財富創造和經濟迅速增長的發動機，說到底，是市商化資本主導的易利經濟文明嚴重匱乏或滯後。結果，直到20世紀後半期，受英國直接影響、與市商文明掛鉤的北美，日趨發達，也基本上形成了憲政民抉下的法治化市商易利經濟。而受西班牙以及葡萄牙直接影響（殖民）的南美國家，由於沒有與先進的市商文明國家掛鉤，基本上是軍人獨裁政治、家族統治、裙帶關係、以及市場交換中的人情關係這些因素在起作用，從而從根本上缺乏類似於北美國家中的保障市場交易的剛性的法律和政體治理制度。在美國，總統雖然有很大權力，但無論是誰上臺，基本的法律制度框架是碰不得的。拉美國家則不同，在這些國家中雖也有選舉上的形式，但選出的總統往往把法律掌握在自己手中，任意玩弄和行使行政自由裁量權，使總統權力可以凌駕於法律之上。決定拉美國家政治制度的，有更深層次的宗教、歷史、文化、甚至語言原因，但最主要的還是缺失市商文明基因的早期注入。這是拉美經濟長期萎靡不振的主要原因。[8]1812年，西班牙議會通過了所謂的「加的斯憲法」，要求在國民主權觀念的基礎上引入立憲君主制。還要求結束特權，引入法律面前人人平等的觀念，對南美的精英來說，這些要求非常令人討厭，他們仍然控制著由賜

---

8 韋森：《拉美經濟停滯的制度、文化與歷史原因》，中國經濟學教育科研，2013年4月26日。

封制度、勞役制度以及他們既得的絕對權力和殖民治理政體等所塑造形成的制度環境。[9]但是，由於絕大多數拉美國家最終與市商文明實現了對接，因而在突破市商化臨界點上，採取和平選項的概率要遠遠大於其他沒有與市商文明對接的國家和地區。

2. 注入基因：市商化升級轉型結出和平之果實。事實上，在全世界範圍內，有沒有與市商文明先進國家掛鉤或受其影響，也就是是否受市商文明國家外力融入推動，在市商化引進歷程、以及突破臨界點市商化能否選擇和平，結果大不一樣，與美洲無異，都可在北美及南美中分別找到相似或類似的例證。

成為英國殖民地之前，非洲的肯雅一直未有獨立成國。1895年，英國治理政體接管東非公司的權力，建立英屬東非保護地，1907年成立歐洲人移民的立法會議（1919年開始選舉），1925年設立地方非洲人立法會議，非洲精英人士進入。1960年，經過憲法談判，英國同意肯雅實行多數非洲人統治，允許成立政黨，允許非洲人在立法會議中占多數。市商化民抉基因注入基本完成。1961年2月，肯雅大選，民族聯盟在立法會議中獲得多數席位。肯雅獨立後，曇花一現的多黨制很快被一黨制代替，1982年乾脆規定一個政黨執政其他黨都不存在，專制以法律規定下來。1990年，面對強大的國內外壓力，一黨制重新回歸多黨制，民抉治理政體的演變過程總體平穩，沒有出現大規模動亂，也沒有大量死

9　德隆·阿西莫格魯、詹姆斯·Ａ.羅賓遜著；李增剛譯：《國家為什麼會失敗》湖南科學技術出版社，2015年版，P.18。

人，前後時間不到30年時間，這是非洲獨立後政局一直比較穩定的國家。肯雅非人聯盟成立於1944年，他們受過較好教育，並不激進。1964年12月12日肯雅共和國成立，仍留在英聯邦內；推動治理政體市商化，發展混合經濟，不實行共有化，大力吸引外資等。1990年，肯雅東非長老會教長蒂莫西‧恩喬雅新年佈道說，肯雅應該回歸多黨制，引發國民積極回應。同年2月調查腐敗的部長羅伯特‧奧科被殺，引發巨大震動，4月開展全國大辯論否定一黨制，但執政黨拒不接納。7月，當局逮捕了幾十個反對派領袖，還對反對派組織的集會給予鎮壓，造成20多人死亡。與此同時，經濟上一直依賴市商文明國家的肯雅，面臨越來越大的外交壓力。美國駐肯雅大使公開支持反對派，強調美國的援助將與多黨制掛鉤。1991年11月，美國、德國、瑞典三國大使館公開派員反對派集會，「巴黎俱樂部」12個成員國一致決定停止3.5億美元的經濟援助，英國、丹麥各自也將援助與多黨制、反腐敗聯繫起來。巨大的國內外壓力迫使肯雅總統宣佈接受多黨制，並修改憲法，正式實行多黨制，民抉在和平中重新回到肯雅。作為一個獨具特色的大陸，肯雅的治理政體從部族一下跳到民抉，其跨度之大是不可思議的，獨立之後各國紛紛走上了專制獨裁，還有些進入了政變、動亂、四分五裂的狀態，僅有極少數幾個國家民抉體制沒有垮掉。肯雅獨立後沒有走上混亂，1991年後也真正拋棄了專制，這正是與市商文明先進國家掛鉤，受市商文明外力融

合推進所致。[10]

　　馬來西亞，一個被英國「捏成」的亞洲國家，是一個多元化融合體。政局一直穩定，經濟一直發展，憲政民抉始終存在。1946年，以柔佛總理翁惹化為首的馬來人組織成立了「馬來民族統一機構」（簡稱巫統），提出了建立獨立的馬來人國家的要求。獨立後的馬來西亞，國家治理政體權力的運行從未超越過憲法的規範，僅有1969年5月騷亂後21個月的憲法中斷（有法可依的），以後恢復了再未中斷，治理政體一直根據憲法規定定期選舉實現更替與運作。以巫統為首的聯盟黨不僅一直執政，而且長期是在較為公正、自由的選舉中獲得議會中2／3的議席執政，這就牢牢支配了所有法律制定、修改的絕對權，尤其是憲法修改的2／3的權力。20世紀60年代經濟年均增長率為6.5%，70年代年均增長率7.8%，1981－1985年均增長率5.8%，1987－1996年均增長率8%，2000－2008年均增長率5.5%。這其中就有令人「不可思議」的政體治理密碼，即協商式一黨制憲政民抉的高穩定性，而密碼的形成則是與市商文明先進國家的掛鉤，是市商文明外力的融入推進。英國對馬來西亞採取了海峽殖民地（1826年成立）、馬來聯邦（1896年成立）、馬來邦屬（1914年）、公司制4種形式治理。這些各自獨立的區域，除海峽殖民地外，其他統治形式都是間接統治，它們以各自的君主作為統治

10　梁木生博客：《和平轉軌的肯雅民主走得平穩》，163網，2011年10月17日。

者發揮作用,但受海峽殖民地總督的節制,委派總駐紮官或顧問參與管理。同時,對無論哪一治理形式都實行議會制與文官制的管理。海峽殖民地,總督之下設立法會議與行政會議,總督是兩個會議的議長,有權否決會議決議和直接頒佈法令。1909年,馬來聯邦設立議會,由馬來聯邦最高專員兼任議長,各邦法律均由聯邦會議通過,然後交付各邦蘇丹執行;各邦最高行政機關為邦務議會,由各邦蘇丹兼任主席,都逐步採用了英國的選舉制與文官制,獨立後形成了各族群政黨協商式民抉架構。早在獨立前,馬來西亞的治理政體運作就在英國建立的市商化易利治理政體框架下開始了協商式的民抉實踐。整個獨立進程中,英國與馬來西亞政體治理精英,各蘇丹國的蘇丹王與馬來西亞各主流政黨之間,各政黨之間及其各政黨內都是具有協商式的民抉機制發揮著作用,尤其是代表馬來人的巫統與代表華人的公會之間,在權力分享、協調立場、政策制定等方面一直都是通過民抉協商的機制進行的。主要政黨之間的協商式民抉又以各自政黨內部具有真正的民抉機制確保各政黨領袖都是各族的真正精英與能人統治,如巫統內部黨首的產生就是主要通過黨內黨員民抉產生,不可能通過指定產生,巫統的歷任黨首都是在激烈的競爭中勝出的。這種黨內黨員民抉制與黨外一黨聯盟協商執政的政體治理格局弱化了一黨制的專制獨裁色彩,更是確保了這個政黨聯盟能夠獲得國人信任而能夠競選成功。馬來西亞的君主立憲制幾乎是絕無僅有的(阿聯酋算一個),君王不得世襲,但通過統治者會議每5年從9

個君主立憲州的蘇丹中產生,這也約束了君主的胡作非為。這一機製成了一股君主統而不治的穩定力量——君主制也納入了協商民抉的範疇,有效地消解了組建後各蘇丹國的離心趨向。這一政體治理機制可以冠之為「雙層君主立憲制」,而它成功的黏合劑就是協商式民抉。[11] 儘管其還不是完全意義上的民抉制,但為全面市商化以及升級轉型的和平選擇奠定了堅實的基礎。當然,這種協商制對完全意義上的治理政體市商化來說,也只是一種過渡,儘管過渡時期可能是一個相當長的過程。

相信絕大多數的拉美國家以及肯雅、馬來西亞等「市商共蕃」國家,在突破市商化臨界點時,和平選項的概率要大於非「市商共蕃」國家。

二、護航市商共享

市商共蕃發揮巨大作用有很多很好的例證。1982年,波蘭宣佈取締團結工會之後,美國立即宣佈對波蘭進行經濟制裁,1983年7月12日,美國總統批准了國會關於為波蘭前團結工會的基層組織提供100萬美元津貼的決定。在波蘭發生劇變的過程中,美、英、法等市商文明國家都對波蘭治理政體施加了巨大壓力,而對團結工會都給予巨大支援。

11　梁木生博客:《馬來西亞:協商式一黨制憲政民主的平穩演進》,163網,2010年10月3日。

韓國和華夏臺灣都是在20世紀六七十年代關鍵的經濟起飛階段，身處冷戰前線，但市商化得天獨厚的優勢是有了「美（國）式市商共蕃」所起的決定性作用。因而，保障了人身自由和私有財產，維護了自由貿易，建立了自由市場得以運行的資本主導的市商化易利經濟制度。而世界上其他眾多右翼威權治理政體卻沒有做到，這些國家和地區的右翼威權治理政體本身不能保證資本主導的市商化易利經濟制度的建立，需要一個支援資本主導的市商化易利經濟制度的憲法基礎來制約它的權力，這個憲法基礎要麼來自內生的憲政結構（一種多元權力相互制衡的穩定結構），要麼來自外部強加的憲法性約束。然而，產生內生憲政結構的條件極為苛刻，概率極低，所以，能夠指望的就只有外部約束了。而美國恰恰提供了這種外部憲法性約束。為了維持與美國的良好關係，以便獲取必要的支持和援助來抵禦所面臨的外部威脅，韓國和華夏臺灣治理政體被迫接受美國的市商化治理政體制度和標準，其中包括人身和財產保護，自由貿易，寬容治理，以及起碼的言論和結社自由。無意中，美國扮演了憲法制訂者和最終裁判者的角色。[12]

1. 輸送文明：市商化和平升級有了外在保障。荷蘭人於1624－1655年佔據了臺灣部分港口商埠，他們一方面鼓勵閩粵等沿海居民攜帶商資移居臺灣，另一方面則以臺灣為中轉將食糖轉

12　輝格：《戰後新興國家的成功秘訣》，梁木生博客，163網，2013年7月30日。

運至中東、歐洲和巴西。臺灣回歸清王朝之後，荷蘭人留下的貿易體制繼續發揮作用，大米、煙草、棉花、白銀成為新的出口商品，當清王朝於19世紀中期轉變其鎖國政策、尋求變革之時，高雄等港口商埠已具備相當現代化的城市規模。二戰結束後，太平洋戰爭時期興建的化工、礦產和電力設備，使光復後的臺灣具備了前所未有的工業環境。在經濟穩定與軍事建設指引之下，國民黨在20世紀五、六十年代成功推進了土地改革和穩定匯率兩大目標的實現。不過，至關重要的資本主導的市商化易利經濟變革顯然不是一日之功。由國民黨掌控供養的主要企業和公務人員同樣是體制轉換的一大包袱，此時的臺灣也只能沿用國民黨在大陸時期的經濟體制。在美國的影響下，臺灣的舊體制中再一次開始出現外部力量。根據國民黨與美國的雙邊協定，美援會（CUSA）、農復會（JCRR）等合作機構開始在臺灣扮演重要的經濟角色。前者持續為臺灣提供不菲的資金援助，後者則在提供農業技術的同時監督「土改」的全過程。美國在對台投資中超過30%的權重。[13] 美國文明對華夏臺灣的影響，對其市商文明和平升級轉型可謂至關重要。市商文明在臺灣的落地生根，是上蒼給華夏的最好禮物。任何毀壞這一禮物的行為都是對人類的犯罪。

2010年底開始於突尼斯的動盪幾乎席捲整個阿拉伯世界。動盪迫使突尼斯總統出逃國外，埃及總統宣佈辭職下臺；美、歐等

13　郝博陽、劉亦凡：《20世紀的臺灣：外來的轉變和自我的內省》，羅慰年博客，2015年4月29日。

市商文明國家利用聯合國安理會1973號決議，對利比亞發動空襲戰並支持反對派擴大內戰，打倒卡紮菲。這是被稱之為「顏色革命」的一部分。「顏色革命」的由來：在20世紀80年代至90年代發生在中亞、東歐和蘇聯加盟共和國和地區的一系列政權更迭的事件中，由於每次「革命」都會採用一種特別的顏色或者花朵作為標誌，因此被稱為「顏色革命」或「花朵革命」。典型的「顏色革命」案例，主要有發生於2003年的格魯吉亞「玫瑰革命」、發生於2004年的烏克蘭「栗子花革命（橙色革命）」、發生於2010年的吉爾吉斯斯坦「鬱金香革命（黃色革命）」和發生於2011年的突尼斯「茉莉花革命」等等。「顏色革命」的關鍵，在於「組織和動員民眾參加遊行示威或街頭革命」。在這一方面，NGO具有天然優勢。因為在很多機構的運作理論中，就有一種被稱為「教育宣導公眾」的方法論——教育和影響民眾的意識可以改變其行為，使其向著自己宣導的目標行動。他們以「民抉、自由、人權、環保」為旗幟，運用演講、網路、報紙、傳單、手冊、地下電臺、電視臺、社交軟體、自媒體等各種大眾傳媒工具，通過發表報告，舉行研討會、論壇、培訓班等形式，啟蒙民眾，助力顏色革命。一旦大量民眾上街，很快就會演變成反治理政體示威的群體性「革命」事件，治理政體承擔的壓力會成幾何倍數的增加。2004年，索羅斯基金會先後向烏克蘭NGO和反對派資助了約6,000萬美元，用於「與選舉有關」的各類項目，包括為大學生積極分子提供培訓、為「獨立」報刊和電臺提供支

援、為選舉提供監督和民意調查；2005 年，索羅斯基金會在吉爾吉斯斯坦發揮同樣的作用，迫使總統阿卡耶夫流亡國外。在這一進程中，NGO 起到了極大的推動作用。所謂 NGO，即「非政府（治理政體）組織」，是志願性的公民組織，也是市商共蕃起作用、使市商文明的外力融合推進的主要工具和通道。NGO 主要由面向任務或興趣相同的人們推動，既不隸屬於治理政體也不隸屬於私營部門的「第三方組織」；主要是一種活躍於西方市商化政體治理文化與制度下的社團組織，也是民間市商全球化組織，類似於基督教傳教士。美國境內的 NGO 多達近 200 萬個，不僅數量龐大，而且種類齊全，幾乎涵蓋了人類所有的活動領域，還與很多國際性的 NGO 保持著密切聯繫。一些老牌的美國 NGO，更是有著長達百年的歷史，比如成立於 1911 年的卡耐基基金會與成立於 1913 年的洛克菲勒基金會。1983 年，在雷根總統的主導下，美國國家民主（抉）基金會成立，是具有官方色彩的市商化民間組織。[14] 沒有市商化先進文明國家官方及民間的大力支持，落後逆商國家的弱勢國民對強勢獨裁專制治理政體的反抗很難成功。正是由於西方市商文明國家的加持，使逆商國家的市商化得以啟動，並有可能有幸在以和平方式取得成功。

2. 嚴守文明：市商化和平升級有了內在保障。二戰以後，在美國的幫助下韓國成立，史稱第一共和國。隨著韓戰結束，韓國

14　胡日查：《美國的 NGO，是如何向全世界輸出「顏色革命」的》，汪八裡文藝之聲，2023 年 3 月 6 日。

的威權體制建立起來。全球化的發展也導致易利市商化價值觀的全球傳播，嚴重削弱了其國民原有的集體至上價值觀，使民族（裔）至上，國家復興崛起觀念日趨衰落。按照二戰後的歷史經驗，一般國家很難實現由威權到民抉的跨越，最終墮入金權勾結的泥潭，造成國內嚴重階層衝突與動盪。然而，韓國卻順利跨越了由威權體制到實質民抉的鴻溝，實現了治理政體市商民抉化轉型。幸運的是，有長期的美國保護和影響，使美國的民抉、自由、平等、法治、人權等思想廣泛傳播，並逐漸成為國民的共識。而基督教的廣泛傳播，市民的不斷壯大，經濟的快速發展，中產階層的崛起，（韓對教育超常重視）國民文化素質的全面提高，都有利於市商文明普世價值觀的傳播和共識的達成。這樣，韓國獲得了新的易利市商化的「資本」，並依此突破了利益集團的權力壟斷，超越了差序格局價值觀，獲得對市商文明普世價值的共識，最終實現了由威權體制到民抉體制的順利轉型。[15]

當然，這主要還是國民在市商文明價值觀引領下勇敢抗爭的結果。朝鮮戰爭（韓戰）結束以後，韓國國民奮鬥了30多年，最終突破了臨界點，實現了文明升級和平轉型。1960年4月，首都大學生和高中生湧上街頭，180多名學生和市民在員警的槍口下失去了寶貴生命，為此李承晚發表下野聲明，長達12年的李承晚政權垮臺。突然放鬆的官僚階層出現了大規模腐敗的機會。1961

15　王文龍：《韓國威權體制轉型與阿拉伯之春展望》，愛思想，2013年7月10日。

年，朴正熙少將率領韓國軍人發動政變，一度推翻了民選治理政體。但迫於關注憲政的美國的壓力，又不得不恢復了民選治理政體。朴正熙辭去軍職參加大選，順應韓國民眾求穩定、求發展的要求，在競選中獲勝，連任三屆總統，執政長達16年。朴正熙任內經濟獲得了高速發展，GDP在1969年首次超越朝鮮。1962年到1980年，外貿出口總額從5,670萬美元增加到175億美元，人均國民收入也從87美元增加到1,510美元，這一速度被稱為「漢江奇跡」。在這段時期，朴正熙依靠專制手段貫實施其政策，利用所謂「維新體制」使他得以通過嚴密控制的選舉程式實現無限期的持續執政，並保證他在立法機構中擁有穩定的多數。1980年，繼任者全鬥煥以武力血腥鎮壓光州學生和市民運動，製造了震驚世界的光州「5·18事件」，死傷總數逾千人，並把異議人士金大中、金泳三等以幕後黑手的罪名拘捕入獄，甚至判處金大中死刑，只是在美國的壓力下才將金大中驅逐出境。1987年，為了平息國民的不滿，執政的民主正義黨代表委員兼總統候選人盧泰愚以「置之死地而後生」的姿態，通過電視發表了「6·29民主（抉）宣言」，接受反對派的要求：採納直接總統選舉制、赦免反體制人士、擴大和保障人權、保證言論自由和新聞自由、治理政體不干涉大選、恢復政黨活動自由、開展對話等。「6·29宣言」揭開了韓國市商化民抉化進程的新紀元，使得治理政體市商化轉型走向拐點。[16]

16　曹思源：《韓國社會轉型的幾個拐點》，共識網，2010年12月8日。

事實證明，市商共蕃包括「英式市商共蕃」或「美式市商共蕃」的外力融入推進，對易利經濟的市商化及突破臨界點的和平選擇所起的積極作用是多麼重要。任何反美反西方都是自絕於市商文明，以及對自身絕望的反映，都是反智行為，國民也必將遭受更大的苦難，治理政體領導人也必將遭受更大的失敗。

第二節　市商共蕃

向全世界推進市商化易利經濟文明，在世界現代史上一直被先進的市商文明國家視為當然和天然的歷史使命，甚至將此視為「上帝差遣」，是上帝安排給的「特殊任務」。1918年，市商文明最先進的美國完全主宰了巴黎和會。二戰結束之時，美國同樣高居世界之巔，有能力有責任肩負起以市商文明推進整個世界易利文明的歷史責任。冷戰謝幕給美國以更偉大的機會和信心。克林頓總統或許說得最清楚：「我們壓倒一切的目標，就是必須在全球範圍內推廣和強化以自由市場為基礎的民主（抉）制度」。華盛頓共識明確主張：徹底私有化。[17] 這就是全球化的易利市商化，沒有理由對此懷疑，因為這種全球化是任何落後愚昧的勢力都無法阻擋的。

17　鐘生：《盎格魯——撒克遜式資本主義，正面臨極大挑戰》，貓眼看人，2009年11月19日。

一、市商移植共蕃

實際上，在市商文明升級轉型中，所有有機會選擇以和平方式突破市商化臨界點的國家，都是享受市商共蕃包括「英式市商共蕃」或「美式市商共蕃」紅利的國家。沒有英美等西方市商文明先進國家及其義無反顧地履行責任，全球的市商文明轉型不僅時間更為久遠，而且難以避免殘酷的戰爭。而（和平）市商共蕃起直接作用或立竿見影的作用，莫過於市商化先進文明國家外力主導的轉型。最好的例證，是原瘋狂逆商的法西斯國家日本和德國（西德）。在被徹底打敗後，兩個國家都得益於市商共蕃的直接作用，不僅實現了市商化突破臨界點後的和平轉型，而且國民經濟快速發展，國民福祉持續提升。

1. 外力主導：日本踏上市商文明快車道。在美國佔領下，日本迅速實現了民抉政體治理再現代化和市商化。在突破了市商化臨界點後，其文明所取得的全面進步，使其一躍成為市商文明最先進的國家之一。1945年6月11日，美國國務院、陸軍部和海軍部協調委員會制定了《戰後初期美國對日政策》，明確提出要剷除日本人心目中的軍國主義逆商思想和極端民族（裔）至上逆商思想。這個委員會進一步提出「必須鼓勵日本國民培養起爭取個人自由，尊重基本人權，特別是宗教、集會、言論和出版自由的願望」。根據《戰後初期美國對日政策》的精神，美國佔領當局頒佈了一系列旨在促進日本治理政體市商化的命令。9月10日，盟

軍最高統帥麥克亞瑟對日本治理政體下達了關於言論和新聞自由的命令。26日,又下達了取消一切通信自由的限制,並鼓勵日本國民批評政體治理的政策。10月4日,佔領當局盟軍最高統帥部頒佈了題為《撤銷對於政治自由和其他自由的限制》的命令,發出了廢除原日本軍國治理政體對民權及信仰自由的限制法令,要求日本治理政體當局立即解除對公民和宗教權利等的一切限制,廢除一切鎮壓和壓制法令,釋放一切嚴格意義上的反對專制治理政體的犯人,取消一切新聞檢查,解散一切鎮壓機構和憲兵隊。廢除了日本所有限制基本人權的法律和法案。這項命令後來被人們稱為日本的「人權法案」。戰後美國對日本的改造對日本來說是繼明治維新以來,日本的又一次大變革。[18] 盟軍總部接下來的大手筆是修改憲法和擴大選舉權。其原則是:天皇皇位世襲,但不行使權力,實際上是廢除了天皇的政體治理權,也就是廢除了皇權獨裁專制;日本不再擁有軍隊和交戰權;廢除封建制度,貴族特權只限於尚在的一代。經過一系列治理政體市商化「手術」,麥克亞瑟成功地將現代市商民抉制度根植到日本本土傳統政體治理文化中,在很大程度上推動了日本的全面市商化進程,為其日後走向現代化奠定了基礎。[19] 如果說前一次變革(明治維新),是基於西方壓力作出的反應與選擇,那麼第二次變革(戰後改革)則是掃除日本軍國主義、摧毀前「大日本帝國」而進行的全面強

18　信力建:《國家轉型究竟需要多少年》,共識網,2014年4月8日。
19　信力建:《危機下的變奏曲——國家轉型》,共識網,2013年4月1日。

行改革。「明治維新」是日本主動從西方引進君主立憲的專制制度，而戰後改革是先進市商文明國家向日本強行導入現代民抉制度。日本的確幸運，即使戰敗也能收到上帝的如此大禮。僅此，就在彰顯市商文明偉大的同時，也展示出了大和族裔尊重現實、海納百川的實事求是態度和寬廣心胸。在大和族裔的身上值得落後國家族裔學習的地方，實在太多人多。

二戰後，美國對日本進行了一系列改革，都是站在世界市商文明化的高度，而且舉措有力有效，包括解除日本原有的750萬的軍事武裝，只保留30萬的自衛隊，實行和平憲法，建立三權分立的制度，打破經濟壟斷，重塑日本自由經濟，從科教書入手剷除軍國主義教育體系等，對日本進行了脫胎換骨的改造，使日本走向了真正意義上的市商化現代化國家的正途。麥克亞瑟成為日本市商文明升級的「再造之父」。而且在改造日本的過程中，彰顯出美國市商文明的偉大：戰後，美國援助日本的350萬噸糧食和20億美圓的經濟援助被緊急送往日本。不僅保留了日本原治理政體，赦免了天皇，佔領軍最高領導人麥克亞瑟甚至關心普通日本復員軍人的命運，給他們以生活的出路。40萬登陸美軍也用克制、善意和獻身精神征服了日本人。當在日本狹窄的城市街巷裡，日本平民與美國大兵相遇而通過困難時，總是美國兵站在一旁讓日本人先走。1945年8月25日，美國佔領軍允許日本婦女建立自己的組織；9月，公佈了給予日本婦女選舉地位的法案；日本婦女歷史上第一次獲得了選舉權和被選舉權。10月，解除了對報

紙的禁令，日本實現了新聞自由和言論自由。12月，頒佈了《工會法》，工人真正地擁有了自己的組織（1947年9月，頒佈了《勞動基準法》，規定了最低工資標準和最長勞動時間）。1946年2月，盟軍總部起草日本憲法樣本，制定憲法的準則是：日本必須絕對由全體選民授權並對全體選民負責。5月，盟軍提交了憲法草案。10月，日本國會通過了憲法。11月，天皇頒佈新憲法。這部憲法強調了日本人的基本公民權利，把這些權利視為「天賦而不可剝奪的權利」加以保障。這些權利包括：選舉權；集會與出版自由；沒有律師的即時介入，任何人都不得被逮捕定罪；保障國民居住安全，禁止無端的搜查與剝奪等。同年10月，國會通過《土地改革法案》。日本治理政體購買了所有外在地主的土地和在鄉地主的多餘土地，再把土地轉賣給沒有土地的農民。對沒有錢買地的農民，給予抵押貸款。一夜之間，不流一滴血，不殺一個人，所有的無地農民都獲得了真正屬於自己的土地。1947年3月，頒佈了《教育基本法》。宣佈教育的首要目標是「尊重個人尊嚴，努力培養人們熱愛真理與和平。」日本的學校不再被官方所控制，而是由公眾選舉的教育委員會管理。選擇教師、課本和設定課程完全由民間自主決定。美國佔領軍當局是1952年歸政於日本的。這「亡國」的7年，徹底地改變了日本的發展路徑，把國家主權從專制者那裡轉移到了日本國民手裡，圓滿完成了市商文明升級的歷史歷程，引發了日本的根本性進步。國家繁榮，國民富裕，安全穩定。而且，如前所述，美國佔領軍當局並沒有花

費日本納稅人的錢,他們的花銷是由美國納稅人買單的。[20] 有興趣的讀者,可以對比逆商國家前蘇聯佔領的東德及華夏東三省,就可看到逆商國家的殘暴與專橫。

2. 市商引導:德國和平統一並全面轉型。二戰結束,作為世界上最為先進的市商文明國家的美、英,即以極其寬闊的胸襟和全球市商化的遠見告誡各國:「一個有序的、繁榮的歐洲,需要一個生產力發達的德國」,這就要求必須用市商化予以徹底地改造,堅定地去逆商化。為此,美國出臺了「馬歇爾計畫」,對西德(以及其他西歐國家)進行大力援助,並實施了深度的市商化改造。首先,徹底地去逆商化,以「非納粹化」根除納粹的影響,確保新的秩序建立在真正民抉基礎之上。其次,易利經濟市商化,促進財富流向優化,為經濟發展創造條件。第三,治埋政體市商化,通過選舉和機構改革,建立了現代民抉制度,保障公民權利。三大關鍵改革,使西德(聯邦德國)經濟騰飛,公共事業等全面發展進步,為之後的和平統一奠定了引領型統一基礎。1945 年二戰結束時,西德地區一片狼藉、百廢待興;但到 1965 年時,西德卻已經成為僅次於美國的富國。作為由市商文明國家組成的盟國佔領者,對西德各個方面的改造都是非常成功的,體現了市商共蓄的權威性。比如農業,在聯邦德國,1946 年 9 月,美國佔領當局最先頒佈了《關於向居民提供土地和關於土地改革

---

20 正義之哥:《二戰後,美國對日本的政治改造和精神征服》,貓眼看人,2018 年 9 月 29 日。

的法令》。翌年,英、法佔領當局也相繼發出了《關於分配大土地所有主的土地的指示》,德國西部地區的土地改革全面展開。允許土地自由買賣和出租,鼓勵已經在非農部門就業的農村人口出賣和轉讓土地,促使原本規模很小、沒有生命力的小農戶轉變成為擁有 10－20 公頃或規模更大的有競爭力的核心農戶。截止 1987 年,西德基本實現了農業機械化、電氣化、化學化。隨著工業化和城市化水準的不斷提高,西德農業就業人數占全部經濟就業人口的比例已由 24.6% 下降到 3.74%。到了 1980 年代末,西德農民人均純收入已達到 3 萬馬克,相當於城市居民收入的 75%。總的來看,經過「二戰」結束後半個多世紀的時代大變革,德國農業徹底走出了「普魯士式道路」的歷史陰影。[21]

當然,對西德進行市商化改造並非一帆風順,而是有方方面面的阻力,包括思維觀念上的阻力。二戰結束後,在逆商的影響下,幾乎所有的德國政黨都傾向於蘇聯式逆商道路。美國則極力反對這種傾向,認為通過引入民抉制度和教育的方法,可以為建立更好的民抉政體創造必要的條件,建立自由的政治制度這一目標要與比較自由的經濟制度相一致。隨後,對軍國主義進行了系統的清算,整個國家建立趨中的輿論環境,從而給整個國家奠定了一個比較穩定的政體治理基礎。當年的聯邦德共有 6000 萬人口,只有二十多萬平方公里的土地,資源嚴重不足,因而對外需的依賴較高。從 20

---

21 張新光:《農業資本主義演進的「普魯士式道路」歷史終結及其啟示》,互聯網,2009 年 4 月 25 日。

世紀50年代中期起,美國私人資本大規模湧入聯邦德國。1957年美國對聯邦德國私人直接投資5.8億美元,到1969年猛增到42.8億美元,年平均增長率為18.1%。德國人之所以痛恨納粹,其中一個重要原因是這個政權剝奪了德國人的自主權和獨立權,或者說,這個政權誘使德國人放棄了他們與生俱來的根本權利。納粹致力於建設這樣一種體制:在這個體制中,公民只有依靠治理政體指導才能找到生活的道路,並由治理政體代替國民進行思考。進而,治理政體凌駕於所有國民之上。但正如艾哈德所說的:「政府不可能通過運用某些政策、法規,或者意識形態,就為公民提供永遠的安居樂業。」德國的振興雖然不能說完全是外部市商文明力量的功勞,但如果不是美國當初的雪中送炭和堅定實行市商文明和構建市商化治理政體,讓民眾獲得權利上、經濟上的自由,德國也不可能有今時今日的地位。聯邦德國國內生產總值年平均增長率在1952年至1959年間為9.1%,同期美國為4.1%,法國為9.4%,英國為6.3%;國民收入年平均增長率在1952－1959年間平均增長率達9.2%,而同期美國為4.8%,英國為6.3%,與法國差不多(法國為9.6%)。按美元計算,聯邦德國1952年至1958年的7年間其國內生產總值均低於英國和法國,到1959年已略高於法國,到1960年已趕上了英國。[22]

22　信力建:《二戰後美國如何幫助德國崛起》,貓眼看人,2011年10月20日。

二、市商文明共蕃

實現市商文明的和平升級轉型，需要諸多條件。就此而言，全面論及市商化和平升級轉型，就不能論及西班牙。

20世紀80年代，西班牙民抉政體成功地應對了各種挑戰，如經濟改革、軍隊現代化、分權化改革，這些挑戰曾讓很多新興的民抉國家痛苦不堪。這一成就被拉美、亞洲和中東歐的新興民抉國家驚為「奇跡」和「模範」。從20世紀90年代中期到21世紀初，當很多新興民抉國家退化為委任制民抉或「非自由的民抉」時，西班牙的民抉制度仍然保持了良好的品質，沒有像那些國家一樣受到普遍的腐敗、大規模地侵犯人權、治理政體不透明、不負責任、權力高度集中等問題的困擾。[23] 有人認為西班牙文明市商化和平升級轉型，主要是獨裁者弗朗哥的選擇，由此認為獨裁者極權專制也可以實現和平轉型。這樣說也不無道理。戰後不久，佛朗哥宣佈恢復君主政體並自命為王——國家元首、「終身攝政王」。這時，他接回了前國王阿方索十三世的孫子——他心中選定的接班人，並尊為「殿下」。他精心地為14歲的殿下確定了培養的方向和路徑，即西方飽含著自由與民抉的傳統教育和先軍校後國內著名大學的成長道路。[24] 但是，西班牙20世紀的選擇是綜合因素使然。包括易利創富邏輯、和平選項原理及市商共蕃規律等方面的作用，也有弗朗哥自身對文明大勢的理解及順應。儘管

23　談火生：《公民社會與西班牙民主化》，開放時代，2013年第5期。
24　minhuaxi：《西班牙民主轉型的總設計師——大獨裁者佛朗哥》，貓眼看人，2013年3月29日。

他沒有像蔣經國一樣親自主導和平轉型,但為和平轉型創造了條件。西班牙市商化道路雖是特殊案例,但同樣證明瞭市商化和平路徑選擇必須要做到「三遵」:遵重內在邏輯、遵循基本原理、遵照共用需求。

1. 遵重邏輯:西班牙和平升級轉型依然由易利創富決斷。弗朗哥是在西班牙內戰靠軍隊上臺的。但被他打敗的是左翼共和治理政體。左翼執政者人民陣線上臺,實行的是激進的逆商經濟政策。這個民選的治理政體帶著對未來的烏托邦憧憬草擬了一系列改革方案,包括推行逆商經濟政策,搞共有制。這種逆商行為由於治理政體組成者各方觀念的差異及各種改革與民眾訴求的不一致等多種原因,導致政局持續的動盪不安,最終引發內戰,導致風雨飄搖中的共和國再次覆滅。[25] 佛朗哥統治西班牙的35年,摒棄左翼執政者的逆商經濟政策,在保證穩定與和平的同時,採取了一系列發展經濟的市商化有效創富措施,實行一定程度上的經濟和政體治理自由化,靠大力發展經濟來消弭國內不滿情緒,獲得了成功,在一定程度上打下了現代化基礎。內戰時,西班牙人口約2,000萬,為當時歐洲最窮的國家之一;1975年,西班牙人口約4,000萬,人均收入2,750美元,居世界第24位,居民平均購買力和英、法等國已不相上下。[26]

2. 遵循規律:西班牙和平升級轉型依然由基本原理主導。雖然弗朗哥實行殘酷的獨裁,但其治理政體並非鐵板一塊,傳統的

25　魏興榮:《西班牙民主轉型之路》,炎黃春秋雜誌,2014年第12期。
26　梁木生:《佛朗哥為西班牙的民主做了什麼》,163網,2010年1月11日。

法團主義和社團組織仍然發揮作用，在一定程度上軟化了其獨裁的逆商治理政體。按照「世界價值觀調查」，直到今天，西班牙仍是對社團生活最缺乏興趣的國家之一，西班牙人參加志願性社團（無論是工會、宗教團體，還是政黨）的比例是西方國家最低的。儘管公民參與卻步履蹣跚，但是仍然有１／３的成年人加入了至少一個社團，從事志願性社團或其他的公民活動。從歷史上講，西班牙的公民組織生活就非常脆弱，經過內戰和隨後的獨裁統治，本來就虛弱不堪的西班牙公民組織生活幾乎完全被摧毀。但是，在佛朗哥統治晚期，西班牙的公民組織生活曾經歷了一次真正的復興，其最典型的表現是城市草根運動的興起，工會、學生社團、鄰里協會、異見團體等都十分活躍。這些團體在民抉化過程中扮演了重要角色，給威權體制的精英們施加壓力，迫使威權體制打開大門，從威權統治的陰影中走出來。法團主義的傳統實踐也培養了西班牙人通過協商而不是對抗來解決衝突的行為模式。西班牙治理政體市商化民抉升級轉型的一個重要特點是，其威權體制和民抉體制之間沒有明顯的界線。整個轉型是在現有政權的主導下完成的。在此過程中，不僅反對派能與治理政體通過協商的方式達成共識，公民組織也認同精英們達成的這些共識。[27]

3. 遵照共用：西班牙和平升級轉型依然由市商基因決定。從20世紀60年代初開始，大獨裁者弗朗哥在堅決不搞民抉體制、血腥鎮壓社會黨和共產黨活動的同時，主導了對外開放的國策，大力引進外資，引進先進技術，推動經濟迅猛發展，並將國家經濟積

27　談火生：《公民社會與西班牙民主化》，開放時代，2013年第5期。

極融入歐洲市商化易利經濟發達地區。而且，允許美國在西班牙駐軍。[28] 這樣，就使世界上市商文明最先進國家美國在一定程度上，對西班牙弗朗哥治理政體有影響力和話語權，對西班牙市商文明升級和平轉型發揮了不容忽視的作用。

市商文明，包括資本主導的市商文明，自誕生以來，其對逆商的格式化清除以及逆商的反抗，一直在地球村上演。如前所述，考察市商化過程是選擇和平還是戰爭，主要取決於兩組指標。一是市商易利經濟與霸凌易利經濟變數；二是平等協商治理多元與威權專制體制演化。核心點是對暴力及其工具控制的如何，即治理政體的市商化。遵循的則是易利創富邏輯、和平選項原理和戰爭選項動因。實際上，在市商化轉型過程中，都是戰爭與和平兼有。由於轉型並非是一個被大多數人尤其是治理政體自然人預見的歷史事件，以及必然導致的各國（新）治理政體在文明升級轉型初期人多是以一種被動的、急促的方式決定或安排著轉型的具體路徑，結果就是對於各國的文明升級轉型歷程一般地並非依據某種慎思下的最小代價的路徑去演繹的。一些國家在文明升級轉型中付出巨大代價即戰爭，有些國家則非常幸運地選擇了和平。

華夏整體文明市商化則不那麼幸運。幾百年來，華夏領土任由沙俄切割；近現代以來，華夏市商化又深受蘇俄之害。華夏市商化命運多舛，令人唏噓。自滿清與民國交接治理政體權力後，和平市商轉型僅十餘年。民國成立不久即險遭袁世凱逆轉，12年後軍閥

28　minhuaxi：《西班牙民主轉型的總設計師——大獨裁者佛朗哥》，貓眼看人，2013年3月29日。

張作霖改總統制為大元帥制。國民黨市商化先驅並與逆商黨首嚴重分歧的宋教仁被暗殺，對市商文明有所洞見的陳炯明將軍被逼漂泊客死他鄉。20世紀20年代初，陳炯明即已在其治下實行縣長直選。之後經過逆商文人的蠱惑，華夏整體與和平市商行同路人。

綜前所述，市商的全球化，包括治理政體市商化民抉升級轉型的實現，通常有兩種類型，一是經由決裂轉型，即與威權主義實行一個完全的和暴力性的決裂，帶有革命的性質。二是通過改革的轉型，這是一個當權者與異見者互相讓步的談判過程。通過改革而實行的漸進務實的變革往往是增量的而非革命的，旨在以最小的風險實現文明升級轉型。通過改革的轉型，即後來所稱的「契約式」轉型。發生改革的關鍵是體制內的改革派與反對陣營中的溫和派之間達成一種諒解或談判契約。而與獨裁聯繫在一起的政治穩定並非是好事情。

總的來看，突破市商化臨界點的文明升級轉型，選擇和平需要所在國家在市商化長期不懈努力，使易利創富邏輯、和平基本原理和市商共享發揮作用。這不僅需要幸運和機會，也需要所在國國民，尤其是治理政體領導人的智慧與明智。哪些自不量力、剛愎自用，頑固抵制市商文明、排斥西方，與市商文明及西方脫鉤、斷鉤的治理政體領導人，不僅是獨裁專制，更是禍國殃民，但對市商文明大勢來說，這種愚昧的思維與抵抗則毫無意義。

第七章 強勢清場逆商

如果商品無法跨境，軍隊就會跨境。這句話從一個側面反映出市商與逆商以及二者搏鬥的真實影像。同時也詮釋了，為什麼自市商文明誕生以來，兩個市商文明國家之間卻很少發生戰爭。正如德國古典自由至上宣導者約翰‧普林斯－史密斯1860年所論及：由貿易自由發展而來的國際間利益交互，是阻止戰爭最有效的手段。如果我們進而能將每個外國人都當作好主顧，向他開槍的意圖就會大為減少。1748年，法國哲學家和政治思想家孟德斯鳩在他影響深遠的著作《論法的精神》指出：商業的自然效果是導致和平。互有貿易往來的兩個國家變得相互依賴；如果一方有購買的利益，另一方就有銷售的利益，而所有的聯合都是基於共同的需要。而跨境貿易，尤其是跨境投資，讓人們有了維持和平的利益。那些擁有更多的持續性的跨境貿易關係或投資的人，不太可能支援針對其客戶或商業夥伴的戰爭。道理很明白，人們不願看到自己的東西被轟炸、被毀滅。美國總統杜魯門在1947年評論道：在此特別時刻，全世界正集中其主要思想和精力，致力於實現和平與自由的目標。而這與第三個目標息息相關，重建世界貿易。其實這三者，和平、自由和世界貿易，密不可分。過去的慘痛教訓已證明瞭這一點。[1] 當然，其前提是貿易者雙方必須要有一致的價值觀和共同遵循彼此認可的易利規則。這從一個方面證明全球加速市商化的意義所在。

　　然而，現實很骨感。市商文明國家之間不發生戰爭，但市商與

---

[1] 湯姆‧帕爾默：《帝國與戰爭的政治經濟學》，風靈，2017年6月7日。

逆商的戰爭卻成為近現代戰爭的主流。這是無奈之舉，也是市商文明覆蓋之必然。當市商與逆商不可調和，就必然以戰爭方式終抉。這種終抉是為市商化突破臨界點掃除必須掃除的障礙，而挑起戰爭者一般是暴力機器較為強大的逆商國家。這說明挑起戰爭的逆商治理政體領導人的短視與狂妄以及無奈，其之所以挑起戰爭，主要是為了維持其終身執政或迭代執政，維護其財富及其享受的利益，包括其親屬黨羽的財富和利益。但由於其處在資訊、智慧和決策繭房之中，戰爭的結果會一概證明這些獨裁者的冒失及所受到的致命懲罰，包括剝奪其人身自由及其生命。以色列打擊恐怖分子創造了一個令逆商獨裁者膽寒的模式：定點清除逆商治理政體領導人。而在現代科技日趨發達的今天，這一點又不難做到。所以，市商文明所產生的科學技術及其發展，既是結束戰爭的手段，也是戰爭的手段，更是和平市商的支持手段。

　　但從已有的歷史來看，市商化對逆商的替代，往往是用無數生命換來的，因為阻礙市商的逆商者，是擁有各種暴力手段的治理政體獨裁者，這些獨裁者越頑固、強力工具越強大，以及逆商國家越多，戰爭的可能性就越大，戰爭的範圍就越廣。由於他們的短視及僥倖心理，在一個階段不太懼怕科技的力量，甚至誤認為科技只是手段，市商用得，逆商也用得。由於一國的市商化是全球市商化的組成部分，再因為一國的逆商與全球的市商化大勢尖銳衝突、不可調和，因此，戰爭往往是一國或數國的逆商與全球市商文明國家的衝突。以此可以把市商化與逆商之間的戰爭劃分

為整體與局部兩大層級。

第一節　整體清場

20世紀是全球市商化整體突破臨界點的世紀,也可能是人類市商化歷史上最為慘烈的世紀。在這個市商化大劇上演的世紀裡,不僅有顏色革命、和平轉型,更有史無前例的人類戰爭。據不完全統計,在這100年間,全世界共發生了373次武裝衝突與局部戰爭,死亡人數1億多,經濟損失超過了5萬億美元。戰爭殘酷程度達到歷史新高,但人類市商文明也取得了決定性的勝利,人們已經可以看到全球整體市商化的曙光。儘管仍將要付出不得不付出的沉重代價。所以,這既是市商文明取得決定性勝利的世紀,也是市商文明的世紀。歷史進入一個前所未有的市商化歷程。

一、正邪對決清場

英國首相鮑德溫認為,為了世界,應該讓民主(抉)更加安全;而美國總統威爾遜在一戰時有句名言:「為了民主,世界必須更加安全。」為此,他鄭重宣告,美國參戰的目標是為了民主,為了那些飽受獨裁統治壓抑之人的權利。他強調,主要的敵人是普魯士獨裁統治,而不是德國民眾。那時,美國已經成為市

第七章 強勢清場逆商

商文明世界的中心，之後即成為世界的中心——至今。

人類兩次世界大戰，是人類史上唯一一次治理政體市商的連續大清場。第一次世界大戰對阻礙市商化的皇權專制治理政體進行了清除，為全球市商化進行了第一次整體清場，使歐洲三大老牌皇權國家的皇帝被推翻，包括奧匈帝國、德意志帝國和沙皇帝國。第二次世界大戰對逆商進行了更大力度的清除，為全球市商化進行了第二次整體清場，使三大極權國家的法西斯統治被歷史性終結，之後這些國家先後實現市商化臨界點的突破，進入先進的市商文明國家；而且清洗區域擴大到全世界，並化小了區域易利實體，使許多國家獨立，強化了這些區域易利實體間性，以及整體市商易利的複雜裂變與進化。所以，可以把此次市商對逆商清除的戰爭作為第一層級，也可叫整體層級，就是以世界大戰形式出現的整體清場。當然，代價也是沉重的，上億的生靈被塗炭，這些生靈中無疑包含或會成為市商化易利各個領域的精英或傑出人才。

1. 追溯歷史：市商逆商第一次單兵對決。逆商暴力的典型是1789年的法國大革命，此次革命雖然實現了資本主導的市商化易利的一些要求，比如取消了特權，解散了同業公會法人團體，取消了貿易公司的特權，查禁了礦業公司的獨佔權等等。但把法國大革命列為逆商暴力的依據更多，其中最為主要的有兩點：一是否定私產與私權，而私產與私權是市商文明的重要維度。否定之，就是否定市商文明，就是逆商。正如柏克所指出的：這些人

被他們最初的不光彩的勝利的那種驕橫沖昏了頭腦,又受到他們對骯髒錢財的貪欲所造成的窘迫的壓力,雖然失望卻沒有洩氣,終於妄圖全盤顛覆一個偉大王國的範圍之內的所有各類人的一切財產。他們強迫所有道德人在所有的商業活動中、在土地處置中、在民事中、在生活中的全部交往中,都要接受他們的一種證券作為完全兌現的、良好的、合法的支付手段,而那是他們對自己計畫出售劫掠品的投機活動的象徵。他們還留下什麼自由或財產權的痕跡呢?[2] 二是法國大革命從未取得美國革命的主要成果,即一部對立法機關等治理政體的權力施加限制的憲法。法國大革命自始至終從未觸及的唯一一件事,就是治理政體行政當局的權力。它被廣泛地利用來保護行政當局免受法院的干預,對治理政體的權力起了加強而不是加以限制的作用。它經歷後來數十年的風雲變幻而原封不動。革命者認為,既然一切權力都已經到了人民的手中,那麼一切防止權力被濫用的保障,就成為不必要了。顯然,其所謂的「自由、平等、博愛」因此也必然會大打折扣。而且「自由、平等、博愛」口號並非法國大革命首創,它最早來自於市商文明較早的荷蘭。托克維爾指出,不受革命觸及的事物當中之一,就是中央集權制。[3] 法國大革命的逆商利用很大一部分人片面追求平等的心理缺憾,以平等,尤其是經濟平等的名義否

---

[2] 柏克著;何兆武等譯:《法國革命論》,商務印書館,2005年版,P.198、199。

[3] 弗里德里希・奧古斯特・哈耶克著;楊玉生等譯:《自由憲章》,中國社會科學出版社,2012年版,P.302、303。

第七章 強勢清場逆商

定私產與私權，將近代逆商中作為手段的暴力推到極端，為後來各國逆商革命樹立了極為惡劣的典範，尤其是1919年的華夏，放棄了近代革命的民抉指向，閹割了自由和人權價值。歷史上的暴力（這裡主要指大規模、有組織的暴力行為），從戰爭、侵略到起義、鎮壓、復仇等等，無所不有。暴力更多時候是源於權力、領土、利益、信仰之爭。暴力可以是反抗暴力的手段，可以是鎮壓弱小的手段，也可以是屠殺異族的手段。1914年的第一次世界大戰則孕育了兩場大規模的殺人逆商：原蘇俄最高領導人的赤色逆商與希特勒的褐色逆商。這兩場「噬子」逆商將人類的瘋狂推到了極致，因而也預示著理性的可能回歸。以法國逆商大革命為榜樣的近代逆商革命最終還是要面臨時代的大轉折。因為這一時代已是資本主導的市商化易利經濟所創造的工業文明代替農業文明的時代，民抉自律取代君權神授的時代，個體、自由、平等、協商、自願、多元等市商文明價值凸顯的時代。[4] 這一時期的市商化轉型既是人類有史以來空前激烈的，又是人類本身並無任何經驗可以借鑒的，最終以被迫的慘烈戰爭，扭轉了逆商的瘋狂，使人類總體上回到市商化正途。這就是從市商化角度所理解的兩次世界大戰。

需要強調指出的是，有時戰爭會被誤認為是革命。但此革命與彼革命則完全不同。美國革命爭來的是自由，而平等則在节命

---

[4] 陳彥：《從暴力革命到「絲絨革命」：革命的歷史和趨勢》，美國普林斯頓大學《當代中國研究》，2005年第二期。

之前即已存在。正是因為明確地意識到創建自由與平等的雙重任務,當然這有市商化維度建設的內容,因而歷來才對法國大革命看法不一,但總體看逆市商化成分居多。這應該是也可能必須是對市商化三大維度構建在不平衡狀態下的無奈選擇。也可能是市商化的初衷導致逆商的結果。因為平等往往會被誤解,即平等與平均混為一談。法國既無英國那樣的平等傳統可以依賴,又無平等自由的傳統基礎。法國大革命必須創造,必須重構秩序。1789年7月14日民眾武力攻佔巴士底監獄,1793年將國王路易十六送上斷頭臺,無疑是法國大革命留給後世集體記憶中兩幅最為鮮明的暴力圖像。從這個角度看,法國大革命也為後世開啟了以暴力尋求制度轉型之門。法國大革命奠基於市商化普世維度的構建,也訴諸於近代世人改變現狀的渴望,而這一渴望又源於工業革命所帶來的負面世俗結構的巨大變化。這也是後發工業化國家所必須面臨又希望儘快解決的共同難題。正因為如此,法國大革命之後,以暴力手段改朝換代的思路迅速傳播於世界。1917年的俄國逆商革命也充滿了血腥與暴力。從1789年到拿破崙稱帝,經過幾次君主制復辟,再到1848年革命,最後在1880年左右進入「第三共和」,約100年法國才最後擺脫內戰、暴力的陰影,實現治理政體的市商化,並逐步推進易利經濟市商化。俄國先有被稱為市商民抉變革的1905年巨變,但不是革命;然後有1917年原蘇俄最高領導人領導的布爾什維克「十月革命」。「十月革命」之後,先後經過了「蘇維埃國內戰爭」(1917－1920)、「大清

洗」、衛國戰爭等，一直難以逃脫暴力的魔咒，結果是逆商成功，對整個人類的市商化造成了不可估量的破壞。但我們主要探討的則是，在市商化突破臨界點時期，為什麼有的國家或有的時候會有無奈的戰爭選項確立。

逆商與市商化的第一次戰爭衝突也正是在法國大革命後，於19世紀初那場與英國的戰爭。最終法國失敗，也加速了法國及全球的市商化進程。英國的勝利也是市商化的勝利。對比英法兩國的不同，就會很好理解市商化為什麼會勝利。法國亨利四世和科爾伯特在城市裡扶持享有特權的製造商計畫，破壞了他們對國內自由貿易的努力。而英國同期曾經保護城市中的資本家，但是他們為城市之外的工業自由發展留下餘地，這個發展成為英國生產力的主要動力已經有了一百年。在法國，雖然貴族被黎塞留破壞而不復是國王的政敵，但封建等級差別和貴族特權卻保留了下來，甚至還增加了它的重要性。治理政體當局已經把一切權威操在自己手裡，不會輕易被說服而讓商人或製造業者自理其事務，科爾伯特曾經為這兩者制定了最具有約束力的規章。所以，18世紀的法國，工商業既必須承擔一個無所事事而逃避義務的貴族所加給他們的負擔，又不得不屈從於往往是愚昧的一個治理政體官員的管束或指揮，商人和製造業者既沒有自由，也沒有威勢。1804年，拿破崙稱帝，則是法國式貴族理念等逆商的強化與回歸。英國的情況恰恰相反，政體治理的支配權落在了貴族的手裡，而這個貴族與法國貴族不同的是，他們具有濃厚的商業興趣；而且使

貴族成為控制王室的主人。亨利八世沒有把沒收的教會土地留作王室之用，而是把大部分土地用來酬賞倫敦中心商業區或商業界裡曾經幫助過他的新人物。輝格黨人這個商業各階層的保護者完全戰勝了代表小鄉紳的整個村俗和封建偏見的托利黨人。因而，英國在19世紀是受一個強有力的商業化的貴族統治的。英國的大人物並不以經商為恥，該世紀中的首要大臣雖然對商業成就的原則意見分歧，卻一致看到商業易利的重要性，把商業易利當作政體治理的最高目標。英國還給與了商業自由行動之權。還在法國盛行封建和行會限制的時候，在英國已近乎絕跡。總之，英國已經是一個市商化資本主導的易利文明國家。英國有一個有利於商業的治理政體、一個國內自由貿易、一個興盛而又發達的紡織工業，它擁有許多股份公司和銀行制度，許多科技發明在英國這樣的國家獲得了最大的勝利。在這樣具有強大易利經濟生命力的市商化資本主導的易利文明國家面前，任何逆商國家都很難有勝利的機會。[5] 今天更是如此，何況逆商已經式微。

雖然21世紀，市商化也會經歷戰爭，比如2022年開始的反對俄羅斯侵略烏克蘭的正義戰爭，但慘烈程度不可能與20世紀比肩。儘管普京總統高喊要扔「煤氣罐（核武器）」，仍是如此。之前的19世紀也無法與20世紀相比，儘管也是到處的革命與混亂，以及局部的戰爭。1848年歐洲革命是歐洲歷史上最大規模的

5　哈孟德著；韋國棟譯：《近代工業的興起》，商務印書館，1959年版，P.58、59。

革命運動，讓大多數歐洲國家甚至一些南美國家都陷入混亂中，但它也是全球市商化的重要體現。同時，在 1848 年歐洲革命中也誕生了許多重要思想，這應該是 19 世紀的驕傲，其中有兩個偉大思想深深改變了歐洲國家的治理政體及其在世界上的角色。

第一個偉大的思想：治理政體必須表達國民的意願。於是，代議制傳遍了歐洲。俄國是個例外，那裡的舊政權和專制政體依然長期存在，並導致嚴重後果，也就是其之後長達百年的逆商化。民抉代議制的原則以及獨立戰爭的經驗教訓從根本上改變了歐洲治理政體的帝國治理方式。殖民地的居民應被視為公民而不僅僅是臣民；在殖民地，除了原始、尚未開化的土著，其餘居民都能夠參與治理和管理；所有通過武力和壓迫手段維持的帝國都註定將走向滅亡。這一理念無疑在價值觀上宣判了逆商治理政體的死刑。

第二個偉大的思想是：將人人平等視為一項人權原則。於是，歐洲帝國之恥——奴隸制被取締了。法國是第一個正式廢除奴隸制的歐洲國家。英國緊隨其後，議會於 1807 年通過了禁止奴隸貿易的《廢除奴隸貿易法案》，1833 年徹底廢除了奴隸制。西班牙在 1811 年廢除奴隸制，但是其殖民地伊斯帕尼奧拉島、波多黎各和古巴直到 19 世紀 80 年代才取締奴隸制。葡萄牙在 1869 年成為最後一個廢除奴隸制的歐洲國家，直到 1875 年，葡萄牙才真正在其帝國範圍內正式廢除這一制度。在 19 世紀最初的 30 年裡，「蓄奴是不可接受的」這一原則在歐洲的影響變得更加深入。[6] 然

6　麥克倫南：《革命與傳統：歐洲文明興衰與現代世界的塑造》，勿食我

而，俄國再次成為例外，在那裡，農奴制及變相的農奴制一直持續到 1991 年。而偉大的平等思想，是市商化易利的原則或叫基石，是市商文明的主要維度的重要內容。

一個很有意思的現象，俄國所有的治理政體改革，都跟戰爭有著分不開的關係：俄國只要是打贏了，就會保守，只要打輸了就會開始改革，使市商化看到了機會，但最終又回到了原點。

2. 難以調和：市商逆商集群對決。市商與逆商的衝突是不可調和的。一戰不是國家間的對抗，而是個人至上的市商文明與集體至上的逆商對抗。顯然，後者均是獨裁、皇權、專制國家。英國學者霍華德這樣評價當時的思潮：國家不再被認為是王室的「財產」，而成為那些獻身於「民族」、「革命」等抽象概念的威力巨大的工具。大多數民眾把國家包括治理政體看作是某種絕對「好」的化身，為了把國家及治理政體爭取到手，付出任何代價也不為高，做出任何犧牲也不為大。民族（裔）至上，是暴力的思想；戰爭，是暴力的工具。當兩種暴力結合時，一個怪胎誕生了，這就是軍國主義。[7]

第一次世界大戰前，世界文明的中心也是市商文明的中心是英國，它以《大憲章》、個人至上和自主、平等、協商、自願、多元、共蓄的市商化易利經濟，力圖在全球塑造一套現代市商文

黍，2021 年 1 月 13 日。
7　先知書店店長：《百年憂思：文明的隕落與戰爭的餘燼》，先知書店，2019 年 11 月 11 日。

明秩序；之後的美國接過了這個大旗，與英國等市商文明國家一道，維繫著全球的易利秩序。在英國主導的全球自由貿易體系下，世界進入了較為和平的幾十年，經濟蓬勃發展。然而，在當時的世界，「德國道路」的示範性則更強。

表面上，一戰前人們看到的是，德國商品充斥英國市場，「德國製造」這個標籤已經「肆虐」英國的各個角落。「一個巨大的商業國家正在崛起。它不斷蠶食我們的繁榮，與我們爭奪世界市場。」寫下這段話的是一名英國記者，恩斯特·威廉姆斯。他提到的崛起的商業國家，是德國。但這位英國記者只是看到了表面，實際上德國並不是嚴格意義上的商業國家，而是一個既商既盜既掠既戰以逆商為主的國家。作為皇權專制的後發國家，在經濟上，德國模仿英國的工業化，竊取英國的技術，無視英國的產權，生產假冒偽劣商品，在易利中以「劣幣驅逐良幣」；在易利秩序上，不按市商規則出牌，強化暴力機器，以作為破壞市商易利秩序的暴力後盾，並公然挑釁尚處弱勢的市商秩序。如此，造成市商與逆商不可調和的衝突，並激發這種衝突，最終挑起這場衝突。這就是第一次世界大戰的由來，實際上一戰是市商與逆商第一次世界性大決戰。逆商德國在全球範圍內挑戰英國維繫市商秩序的地位，這也引起英國的焦慮與反制，兩個國家一度進行了激烈的軍備競賽。從1870年到一戰爆發前的1913不止經濟上的競爭。德國領導人威廉二世上台後，開始推行著名的「世界政策」。據統計，1870年－1913年，德國每年GDP平均增長2.8

個百分點，遠超過英國的 1.9% 和法國的 1.7%。雖然比美國的 4.1% 要少，但德國在軍事上的外表實力，要遠超美國，直追英國。德國的工商界、農業界、貴族等，都希望德國的勢力能向海外擴張。威廉二世在與英國記者的談話中明確表示，「德國是年輕的、成長中的帝國，商業利益在全球迅速擴展，愛國的德意志人，他們的雄心不想受任何條約的束縛。德國一定要有自己的艦隊，要保護其在遙遠地區的商業利益。」威廉二世認為，只有海軍艦隊這樣的鐵拳舉在英國面前時，「英國雄獅才會縮起它的尾巴」。[8] 顯然，威廉二世信奉的是逆商叢林法則，而非市商的自由平等競爭法則。因而，第一次世界大戰就是市商與逆商兩大集團的戰爭，協約國是英國、法國和俄羅斯，同盟國為德意志帝國、奧匈帝國和土耳其帝國。只不過，俄羅斯的站隊有點令人意外，像二戰蘇聯站隊一樣。作為逆商的俄、蘇都與市商文明國家站在了一起。這可能也是市商文明的智慧和運氣。第一次世界大戰結束後，兩大集團六個大國中的俄羅斯於 1917 年被革命黨推翻，形成蘇維埃國家。奧斯曼帝國完全碎片化，留下破碎的中東。奧匈帝國解體出現東歐一批國家。德意志第二帝國消失了，填補其空位的是魏瑪共和國。一戰後全球一體化向前邁進了一大步。但二戰後全球一體化仍然阻力重重，因為二戰結束後形成了美蘇兩大陣營對峙的格局，市商與逆商兩個陣營相互對立，彼此隔絕，進入冷戰時代。這樣的局面因蘇聯解體而發生改變，雅爾達體系宣

8　梁靜怡、韓曉丹、陶短房、羅婷：《繁榮年代，大國為何走向戰爭》，解百衲，2021年11月10日。

告終結，為世界真正的一體化市商創造了條件。[9]市商文明取得了偉大的勝利。

從全球市商化的角度看，市商化在和平中緩慢推進。自1871年普法戰爭結束直到1914年一戰爆發，歐洲經歷了漫長的和平。普法戰爭是市商與逆商的一次國與國之間的衝突。是時的和平基礎十分脆弱，因為聯盟對峙所形成的均勢並不穩定。在工業革命時代，工業擴張和對外貿易引起的市商國家與逆商國家實力的消長要快於以往任何時代。在工業革命的意義尚未被充分認識之前，市商化自由貿易理念一度（1850－1860年代）通行於整個歐洲，雖然彼時的歐洲尚處在戰爭的動盪之中。1871－1913年的「漫長和平」迎來了人類歷史上第一波市商易利全球化浪潮。歐洲內部及其與外部世界的商品、資本和人員流動大大增加，而歐洲大國之間經濟的相互依存程度之深，即使與今日相比也毫不遜色。1871年，德國在普法戰爭結束後加入了金本位制；1895年，俄國也加入其中。到一戰爆發前夕，所有大國都加入了金本位制，這對於穩定國際貨幣關係、促進各國經濟合作起到了積極作用。但是，在民族（裔）國家體系裡，以實力也是權力為話語權始終是市商與逆商關係的主題。在19世紀工業革命時代，話語權的基礎就是建立強大的現代工業，市商國家與逆商國家同時認識到這一問題，而工業化尤其是重工業化是與軍事暴力緊密相連。

9　錢乘旦：《是不是可以形成一個沒有美國的全球化》，明清書話，2024年1月19日。

唯工（重）業化則必然與市商易利自由貿易的原則產生衝突。

　　市商與逆商衝突的初期或外在表象主要體現在貿易。英國早在1847年就開始推行市商易利自由貿易。而從1870年代起，工業化起步較晚的逆商德國就拋棄了市商易利自由貿易體制，轉而推行逆商保護政策，大幅提高關稅。不過，這種旨在保護本國幼稚工業的逆商經濟民族（裔）至上尚未拒絕對外貿易，因而與全球化並行不悖。在19世紀的最後30年，除了英國繼續實行市商易利自由貿易政策外，所有工業化進程中的大國都對本國產業實行了高關稅保護。到1914年，隨著工業化水準的提高，主要大國的關稅水準都開始下降。此時，關稅已經不是解決問題的主要手段。關稅保護對於德國崛起成為經濟巨人功不可沒，而逆商經濟民族（裔）至上與地緣政體治理的邏輯是完全吻合的。是時，資本主導的易利已逐步向一個世界體系發展，與作為政體治理概念的國際體系不同的是，世界體系還是個經濟概念，指的是經濟發達的宗主國與不發達的殖民地之間建立的一種相互依存的垂直分工關係。按照1950年代的著名左翼理論——「依附論」的解釋，世界體系是由核心（市商發達國家）和週邊（逆商不發達國家或殖民地）組成的，前者通過國際分工與後者易利，使財富大量流向自己，從而使後者長期處於不發達狀態。實際上這是一個逆商思維。從市商文明的角度看則幾乎完全相反，先進的市商文明國家依靠市商化，經濟取得了壓倒性優勢，從而通過國際易利帶動不發達國家的市商化及其經濟的發展。

從 1880 年代開始，治理政體逆商或叫非市商化國家的德國，其世界政策對英國治下的和平構成了挑戰。鑒於工業化對原料的巨大需求，以及對俄國工業潛力和軍事上可能陷入兩線作戰的恐懼，德國的唯一選擇就是在歐洲內部擴張勢力範圍，以建立國家生存乃至爭奪未來歐洲霸權的經濟基礎。[10] 實際上，獨立之後的德國，想盡一切辦法吸收全世界（主要是市商文明的英國）的先進技術，但卻壓制啟蒙思想，試圖用權力之手控制自由市場。在歐洲，逆商治理政體的德國的迅速崛起，自覺或不自覺地扮演了「英國主導的易利文明秩序挑戰者」的角色。[11] 恰恰是，這種挑戰顯示出市商與逆商的不可調和性。又因為市商文明是人類當今和未來發展的必然選擇，所以，任何逆商挑戰無一不以慘敗而告終。

二、整體對決清場

20 世紀 30 年代後法西斯主義的猖獗與 30 年代大蕭條有著直接的關係。在亞洲，「九一八事變」就是發生在 1931 年，即大蕭條發生的兩年之後，日本由此走上了戰爭和法西斯化的道路；在歐洲和南美，情況也大體類似。有人進行過統計，到 1933 年 10 月，在大蕭條的背景下，法西斯運動遍及世界上 23 個國家，半年後增至 30 個國家。而 1920 年時，全世界原本約有 35 個國家擁

10　嶽健勇：《一戰啟示錄：世界體系與國際體系的衝突及其後果》，共識網，2014 年 5 月 21 日。

11　先知書店店長：《百年憂思：文明的隕落與戰爭的餘燼》，先知書店，2019 年 11 月 11 日。

有民選的立憲政體,到了 1938 年,只剩下 17 個國家了,到 1944 年,又減少到了 12 個。[12] 但市商化是人類發展的歷史潮流,最終勝利的天平還是倒向了市商文明一邊。這種勝利就是市商對逆商的清場。

從整體層次上看,以戰爭手段對逆商進行清場,非兩次世界大戰莫屬。

1. 大對決:擊碎逆商頑固堡壘。因為作為逆商的治理政體又掌握強大暴力機器的皇權與極權,沒有更強大的暴力機器予以痛擊,其不可能自動退出歷史舞臺,也不可能和平進行市商化。第一次世界大戰和之後不久的第二次世界大戰的爆發,為擊碎這些逆商頑固堡壘,提供了難得的歷史機遇。大決戰終於開始了。

1914 年 9 月 22 日,德國潛艇發射魚雷擊中了「阿布奇」號英國巡洋艦。作為反擊,英國對德國實行了致命封鎖。英國的經濟封鎖十分奏效。戰爭初期,德國擁有將近四百萬噸的商業船隊,幾個月內,將近四分之一的船隻,要麼被英國海軍囚禁,要麼被擊沉。由於勞動力不足,飼料、化肥、農具等物資也嚴重缺乏,1917 年德國的農業生產量只是正常年景的一半。1914 年至 1918 年,德國有 75 萬多人餓死。德國治理政體曾企圖用「國家利益高於一切」的口號轉移國內矛盾,但在現實的困境下,這個擋箭牌失效了。1918 年 1 月,40 萬德國人走上街頭遊行抗議,工人的罷工也在蔓

12　孫立平:《在改革與法西斯主義之間》,中國經濟網,2008年12月23日。

延。[13] 從市商全球化的角度看，逆商的這種失敗是必然的。

從人類史看，一戰也是極其慘烈的。美國歷史學教授 L·S·斯塔夫裡阿諾斯在《全球通史》中寫道：「第一次世界大戰，死亡人數為：戰鬥員約 850 萬，非戰鬥員約 1,000 萬，直接經濟損失達 1,805 億美元，間接經濟損失達 1,516 億美元。」這場大戰，英國有 50 萬 30 歲以下的男子陣亡。1914 年入伍的劍橋、牛津學生，25 歲以下者有半數為國捐軀了。巨大的傷亡引發了戰後歐洲嚴重的男女比例失衡，英國的女人就比男人多出了 200 多萬。第二次世界大戰是迄今為止發生的規模最大，傷亡最慘重，破壞最大，影響最深遠的全球性戰爭。在這場決定人類生死命運的大夕搏鬥中，先後有 80 多個國家和地區捲入戰爭，波及 20 億人口（占當時世界人口的 80%），戰火燃及歐、亞、非、大洋洲和太平洋、印度洋、大西洋、北冰洋⋯在這場血腥的戰爭中，軍人和平民傷亡總數達 1 億左右，1913 年在工業企業幹活的男人中的 10% 在大戰中遭到殺戮，物資總損失價值達 4 萬多億美元。[14] 但從市商與逆商大決戰的角度看，戰爭及其犧牲，可能是人類文明發展不得不付出的代價。1919 年，作為戰勝國的市商國家，關於八小時工作制的法律在法國被通過了，導致了之後工作日長度顯著縮短。在 1930 年，各個不同類型工人的購買力比 1914 年提高了 14%－50%。在工業城鎮中，工人的老婆開始買雞肉吃了。在英國，每年休假一周等措施已

13　梁靜怡、韓曉丹、陶短房、羅婷：《繁榮年代，大國為何走向戰爭》，解百衲，2021 年 11 月 10 日。

14　聞溪：《要和平，不要戰爭》，知本論，2022 年 8 月 3 日。

經實施，在整個 30 年代，各家各戶的家長戶主生病時能夠領取微薄的補助金。而作為戰敗國的逆商國家德國，工業生產大幅下降，失業人數從 1928 年的 250 萬人增加到 1932 年的 600 萬人。其又一次企圖以逆商的模式擺脫困境並取得掠奪的更大成功，但最終逆商還是失敗了。由此證明：逆商是條死路。

市商與逆商的大決戰往往是逆商挑起又以逆商者失敗而告終。一戰後所有三個帝國，所有的皇帝或其繼承人都被殺或被罷黜了。一戰爭奪廝殺當然有勝有負，但羅曼諾夫王朝、哈布斯堡王朝和霍亨索倫王朝這些數世紀以來聲名顯赫的王朝土崩瓦解。俄國沙皇王朝沒挨到戰爭結束就亡國了。後方的軍隊拒絕上戰場，隨後發生了兵變，沙皇被廢黜。布爾什維克發動革命——蘇維埃在一戰的夾縫中誕生了。接下來，奧匈、奧斯曼帝國都垮臺了。德國基爾港的水兵起義演變全國的大動亂，威廉二世被迫流亡海外，德意志帝國變成了以市商化為取向的共和國。戰爭也帶來貧困和動亂，一戰的餘燼：自由思潮陷落，極權逆商仍然大有市場。一戰過後，曾經維繫了近一百年世界秩序、具有普遍共識的自由思想陷入低谷，戰爭帶來的貧困和動亂，使烏托邦思想、以及迎合多數人「逃避自由」渴望的極權逆商理念迅速興起，將世界重新分為市商與逆商壁壘深嚴、水火不容的陣營。顯然，市商與逆商必然要有新的對決。之後的二戰可以視作市商與逆商的再對決。有人說，利益的衝突要錢，觀念的衝突要命。一旦逆商中「非理性亢奮」的成分與當時大行其道的逆商「激進思潮」融合

碰撞，其結果更是災難。[15]

四年戰爭塑造了 20 世紀的格局。在歐洲的衰落中，世界重新分為三大陣營。第一陣營是市商化自由至上的美國、英國。未受戰火蹂躪市商文明國家的美國，迅速崛起為世界上最發達的國家。第二陣營是民族（裔）至上逆商仍占主流的德國，他們在二十多年後發起第二次世界大戰並敗亡，直到第二次世界大戰的結束，才宣告了民族（裔）至上逆商在西方的徹底瓦解，也是逆商集團的徹底垮塌。第三陣營是代表逆商的蘇聯。一戰之後，蘇俄開始崛起，二戰之後，成為和美國爭霸的極為虛假或虛弱的超級大國。20 世紀 80 年代末 90 年代初，蘇東劇變，蘇聯解體，逆商遭受重大失敗。[16]

2. 大決戰：擊碎逆商醉心夢想。第二次世界大戰是第一次世界大戰的延續，是二戰完成一戰市商清場未竟事業。到了二戰，市商文明國家對逆商國家即已形成戰略優勢。德國、意大利、日本三國越來越依靠軍備投入，來拉動內需。國家高度軍事化，所以才叫軍國。他們的國民收入，三個國家加起來（德 170 億美元、意 60 億美元、日 40 億美元），還不到美國（680 億美元）一半，只略比英國（220 億美元）多點。他們的對外戰爭，投機取巧，醉心夢想，結局同樣是失敗，是其逆商治理政體的徹底失敗，但

15　先知書店店長：《殘骸與啟示：一戰從未結束，時刻準備著捲土重來》，先知書店，2023 年 3 月 26 日。
16　同註 7。

最終勝利的是其國民、是人類、是人類市商文明。1941年12月7日，日軍偷襲珍珠港。這在戰術上，日本人取得巨大成功，但在戰略上，卻是自殺。之所以犯如此低級的錯誤，是由逆商國家本身機制缺陷造成的，希特勒納粹也有許多如此的錯誤。每個參與決策的高參們都是明白人，可誰也不敢說不，都指望別人出頭、自己附和，最終釀成集體災難。決策失誤不僅是最高決策人的問題，更是決策機制的問題，當高層利益與底層利益分離時，瘋狂蠢行在所難免。僅從這一點來看，逆商國家的覆滅也是必然。這也進一步說明，市商戰勝逆商的體現並不僅僅在戰場。二戰市商文明國家的勝利不僅在決策機制，在戰場戰士的英勇（1,600萬美國人，他們離開和平舒適的家園，為解放歐洲而戰。40多萬名美國青年為他們的國家和他們素不相識的國家的民眾獻出寶貴的生命），還有其他許多方面，比如在戰勝納粹中：一是在工業上用戰略轟炸掐斷德國的工業尤其是軍事相關工業。以虎王坦克為例，正是由於美英的戰略轟炸導致產量在1944年底出現了一個月只生產數輛的局面。德國飛機燃料的產量在1944年4月還能達到175,000噸，到了9月份下降到了只有5,000噸。不少完好的德軍戰鬥機由於缺乏燃料而無法升空作戰。二是掐斷德國的工業資源。1944年5月2日，西班牙同意將對德國的鎢出口減至上一年的一半，對德國鎢砂出口於8月完全中止。1941年，土耳其被美國列入租借法案受援國名單。到1944年4月，土耳其停止對德國

的鉻礦石供應。[17]

這裡還要談一談站隊的問題，市商國家在市商與逆商決戰中幾乎沒有站錯隊的，而逆商國家卻不乏其例。實際上，市商與逆商兩大陣營就非常清晰，卻發生了逆商國家站錯隊的事件。華夏民國由於以市商化為取向，因而正確地站在了市商文明國家一方，為國家和國民贏得了巨大的利益。俄羅斯本來應是逆商陣營，卻鬼使神差站在了市商集團這一邊。從另一個角度則會看到相當有趣的是，包括第一次世界大戰與第二次世界大戰的兩次對逆商的深度清場，都借助了逆商團夥的力量。第一次是借助的沙俄，第二次是借助的前蘇聯。兩次借力都削弱了逆商團夥的力量。這可能因為逆商是掠奪，其內部各方利益上是掠奪的關係，有難以調和的衝突誘因。第一次借力，使站隊市商正義一方的沙皇不僅退位，而且皇權被徹底推翻，俄羅斯再也沒有恢復皇權體制。這完全由沙皇窮兵黷武逆商本性所決定，一戰造成俄國國內經濟幾近崩潰，軍事失利加上經濟狀況惡化把國民逼上了絕境。僅1916年全國參加罷工者達100萬之多，「下層」國民也不願意照原樣生活下去。革命一觸即發。[18] 也由於逆商俄國財富積累乏力所決定，使其不得不在經濟上依賴市商文明國家，從中也可看出市商文明財富遞增的力量。在1914年一戰前，僅法國一國就借給俄國共

17　暗雲：《二戰中誰打斷了納粹德國的脊樑：並非蘇聯紅軍》，貓眼看人，2010年7月27日。

18　吳恩遠：《十月革命 必然性 歷史意義和啟迪》，天益社區，2007年12月6日。

計 113 億法郎；英國 1／8 的糧食、1／7 的黃油、1／2 的雞蛋和木材、4／5 的亞麻都賣給了俄國。隨著俄國參加一戰，俄軍前線戰爭失利，國內又發生了糧食危機，俄國借款的規模更加龐大。至十月革命爆發，蘇俄成立，當時的俄國共欠英、法列強的欠款，折合約 185 億盧布。一戰對市商化國家的影響也是巨大的。自 1920 年起，作為首個市商文明國家的英國也爆發了嚴重的經濟危機，工業下滑 30%－70%，失業率達 13%。對英國至關重要的外貿嚴重萎縮，在 1921 年出口呈現斷崖式下降，僅為 0.73 億英鎊。但市商文明國家經濟具有創富本能及強大的經濟自我修復的能力，也就是說具備對俄國出口的能力。而恢復對俄貿易更是英國力圖用經濟捆綁蘇俄、對俄和平市商共蘇的計畫內容之一。1920 年的英國財政大臣霍恩就認為，絞滅逆商的唯一方法，就是通過貿易把俄國和其國民帶到世界其他地區的文明影響之下。在多種考慮之下，英國開始嘗試恢復對俄接觸。[19]

英美市商文明先進國家的選擇是正確的，戰爭畢竟是代價最高的手段。而冷戰後，也不太容易爆發類似一戰和二戰式的世界大戰。隨即，市商清場的第二個戰爭層級將會出現，這就是局部逆商清除。

19　文史君：《戰爭一打，歐美經濟制裁俄國，俄國怎麼辦？蘇聯教你如何反制》，浩然文史，2022 年 3 月 20 日。

第二節　局部清場

　　美國研究民抉浪潮的知名學者亨廷頓，宏觀研究了全球的三次民抉市商化浪潮（和兩次民抉倒退），第一波發生在 1828 到 1926 年之間，源於美國獨立；第二波發生在 1943 到 1962 年之間，始於第二次世界大戰；第三波始於 1974 年的葡萄牙的康乃馨革命，該國中下層軍官和平民發動政變，推翻了 20 世紀西歐歷史最長的獨裁政權（42 年）。第三波延續時間最長，波及地域最廣。先是前蘇聯和東歐國家相繼結束專制、走向民抉。然後是從突尼斯的茉莉花革命，到埃及，到利比亞，以及伊拉克等國家的民抉選舉。按亨廷頓的統計，全球有過兩次逆商倒退，第一次發生在 1922 到 1942 年之間，22 個國家倒退，第二次發生在 1958 到 1962 年之間，又有 22 個國家走向獨裁。兩次倒退，都是在民抉市商化浪潮之後發生的。另據全球知名的《自由之家》的報告，過去 7 年（2015 年前），全球性民抉市商化有所倒退，俄羅斯、委內瑞拉、埃及、土耳其、泰國、尼日利亞、肯雅、阿塞拜疆、匈牙利等，都被列為在民抉市商倒退的國家。可見，市商與逆商清場與反清場複雜而艱鉅。但從全球的範圍看，今天的市商對逆商已經取得壓倒性勝利。世界上頑固的逆商治理政體寥寥無幾，比如伊朗、朝鮮以及俄羅斯等少數逆商國家。而且市商文明對這些少數逆商進行市商共蕃和局部清理，並沒有停止步伐、減輕力度。

一、局部清場法理

二戰後，以美國為主導，當然在某種程度上包括中華民國，共同締造了一個戰後的國際秩序。就是一個規則、一個體系——雅爾達體系。形式就是建立一個國際統一的組織、建立統一的體系，包括安全、經濟、貿易、金融等體系。但僅僅經過二戰結束後的兩年，就沒有維持住這種關係，冷戰爆發。冷戰實際是市商與逆商的對峙。雖然從邏輯上蘇聯不可能挑戰美國，其沒有挑戰美國的能力，軍事不行、經濟不行，沒有實力，但市商對逆商的本質則有著極為清晰地警惕與意識。逆商也是如此，採取各種措施與之對抗。比如，前蘇聯在國內進一步加強控制，日丹諾夫主義就是這個時候出來的（1946年初）。所謂日丹諾夫主義是蘇共中央主管意識形態的書記所主導的：對內擰緊螺絲釘，對言論、出版嚴格限制，提出了反對世界主義的口號，檢查文學作品、文章、報紙；對外叫嚷要準備打仗。因為要準備打仗，所以繼續讓國民過苦日子，把國家的財力集中到重工業、軍事工業。所以冷戰結束後，市商對逆商便開始了局部清場模式，做到露頭就打，或堅決遏制。

1. 人類進步：市商對逆商打擊彰顯文明使命。一個重要的不能被忽視的事實是，市商文明國家正在不斷地完善自己，市商文明在不斷地前行和發展。20世紀80年代雷根執政後，以新自由經濟學理念為藍本，實施了一系列經濟改革。雷根認為，「政府不能解決

問題，政府本身就是問題」。在宏觀層面上，「雷根思潮」要求廢除凱恩斯理念的總需求管理，其改革實踐主要是減稅和削減福利支出；在微觀層面上，「雷根思潮」意味著弱化對市場個體的經濟管制，其改革實踐主要是放鬆經濟管制和抑制工會對工資定價的影響力。自此以後，美國經濟的發展模式出現了顯著的轉向，戰後確立起來的國家干預、勞資妥協的資本主導的市商化易利發展模式被新自由至上、自由放任模式所取代，「小政府」成為美國市商易利經濟的顯著特徵。在雷根自由理念改革的推動下，同時也得益於經濟全球化進程的啟動，美國經濟實現了持續增長，特別是資訊技術產業和金融服務業，更是呈現出急劇擴張的態勢。[20] 尤其是美國經過全球新冠疫情的考驗，以市商文明的先進性繼續領跑全世界。實際上，2024年後的特朗普總統做的是同樣的事情，性質、思路基本沒有差異。而且會以阿根廷米萊模式為借鑒，走的更遠。作為商界精英的特朗普及其共和黨精英，基於對逆商與市商的深刻認知，對逆商的容忍度更低，很可能主動出擊，對逆商國家治理政體進行先發制人式打擊。但由於其在任期內的重點放在了本國的市商化完善與發展，短期內難以分心於對外國逆商治理政體的清除，使美國的對外戰略會有較大幅度的調整，包括收縮戰線，集中於其最需要解決的外部逆商威脅。總之，市商文明越發展，與逆商的落後形成的反差就越大，對逆商的倒行逆施的容忍度就越低。因此，市商對逆商的清除，具有天然心理、法理及降維打擊的能力。

20　王生升：《奧巴馬改革對美國資本主義模式的影響》，共識網，2011年1月28日。

市商文明國家之所以對逆商國家進行打擊,其中一個關鍵性理由,就是這些國家逆商,破壞全球化市商易利秩序,對人類創富及幸福造成嚴重損害。市商文明國家的責任和使命就是對逆商進行清場,無論是戰爭選項還是和平選項,目的就是這一個。按照美國前國務卿詹姆斯·貝克就發動反對薩達姆·侯賽因統治的海灣戰爭在國會作證時,談及「對我國(美國)經濟的影響」所表達的觀點:這不是國內的加油站要不要漲價的問題,也不僅僅是科威特和伊拉克的石油流動的狹窄問題。這事關乎一個獨斷專行無人挑戰的獨裁者可能扼殺全球(市商化易利)經濟秩序的問題,命運將決定我們全體是否會陷入衰退,甚或陷入蕭條的黑暗。在這樣的時代背景下,各國貿易和經濟爭端的焦點已經不完全在於關稅減讓的比率和設限商品的品種,而是經濟交往所需要遵循的市商化易利理念和價值觀之爭。是站在市商的一邊還是站在逆商的一邊,必須選邊,沒有其他任何選擇。選擇市商就是選擇和平,選擇逆商就是選擇戰爭,就要被清場。

今天,市商文明正以前所未有的堅毅,在持續不斷的全球化。可以斷言,任何逆商國家的治理政體——無論是相關的組織,還是其領導者都將逃脫不了被清場的命運。這是因為,至少從今天認知水準來看,市商化對人類文明發展無可替代。拉梅爾教授就堅定地認為,民抉可以創造和平:第一,民抉能避免戰爭,而戰爭是人類的主要殺手。他統計,從1816年到2005年之間,人類一共有過371場戰爭,其中205場發生在兩個逆商專制國家之

間，166 場發生在民抉市商國家和專制逆商國家之間，而沒有一場戰爭是發生在兩個民抉市商國家之間。結論很顯然，如果全球都是民抉市商國家，就大概率不會再有戰爭，而只有和平。第二，民抉市商能避免大饑荒。全球發生的大饑荒，如一戰時期的德意志帝國（造成大規模死亡），全都發生在專制逆商國家，而沒有一例是發生在民抉市商國家。這不是說民抉市商國家就沒有天災，而是民抉市商國家可以抵抗天災，更不會把天災變成人禍。但在專制逆商國家，常態是把天災轉變成人禍，人為造成大眾死亡。例如史達林時代的蘇聯大饑荒，就跟逆商制度有直接關係。[21] 當然，市商文明的偉大還體現其他方方面面，比如《財富遞增》一書所論述的，市商文明能夠實現財富遞增。因此，對逆商的清理代表人類文明前進的方向，是人類文明發展進步的大勢使然。

2. 自不量力：逆商對市商挑戰依然沉渣泛起。一個有趣的現象是，無論是一戰，還是二戰，都是逆商國家主動跳出來，去尋求市商國家對其的打擊。整體清場如此，局部清場大多也是如此。伊拉克不主動侵略科威特，薩達姆也不會自取滅亡。今天依然如此，逆商還在不斷的沉渣泛起，而且往往會自不量力地向市商文明國家發起挑戰，或明或暗，比如對市商文明國家的民抉選舉進行干預之類。美國情報官員稱，俄羅斯和伊朗等為了自身利益，招募美國人進行宣傳，試圖影響美國選舉結果，破壞民抉制度。雖然這些伎倆不可能掀起大的風浪，但說明逆商與市商的較量即使在和平時期，

21　曹長青：《「民主時刻表」的黎明》，共識網，2015 年 7 月 15 日。

也日趨激烈。在這種情況下，對逆商進行清除就成為必然選項，只不過是時間早晚的問題，而只要對其清除，戰爭的選項就不能排除。清除的結果眾所周知、不言自明，諸如利比亞的卡紮菲、伊拉克的薩達姆等等。卡紮菲被憤怒的起義民眾直接槍殺，薩達姆被美軍逮捕送上絞刑架。在這些逆商狂人當中，可列為典型案例的是伊拉克薩達姆。以美國為首的市商文明國家對伊拉克國民解放的「海灣戰爭」是局部清場逆商的經典之作。

伊拉克的薩達姆政權是一個赤裸裸的以暴力為支撐的治理政體，同樣也是一個胡作非為的治理政體。在薩達姆時期的伊拉克治理政體精英人員構成方面，從宗教派別看是以遜尼派為主，從地域上看是以薩達姆家鄉的提克裡特人為主，從血緣關係上看則以親屬為主，基本上是一個以薩達姆為核心的家族統治集團。這樣的獨裁政權實際上將整個國家據為己有，或者將國家作為搶劫的對象。由於受到戰爭、生計和當局鎮壓的影響，導致 1／5 的伊拉克人流亡國外，夫妻分隔、父子離散、兄弟難聚、姐妹西東的悲劇幾乎波及到所有的家庭。薩達姆為了鞏固自己的統治，在其執政期間，至少有二三十萬人被鎮壓。兩伊戰爭和入侵科威特，給伊拉克造成了 8,300 億美元的損失。由於受到國際經濟制裁，伊拉克人民的生活水準下降到薩達姆執政前的 1／10。[22]

復興社會主義屬於逆商阿拉伯社會主義，而伊拉克復興黨的統治特徵與其他逆商國家形同神似：建立權力高度集中的一黨制

22　王從聖：《伊拉克薩達姆政權》，個人圖書館，2015 年 4 月 3 日。

政體，這一體制在薩達姆擔任總統後最終得到完善。其主要特點為：一是黨的領袖大權獨攬。薩達姆一身而任復興黨（伊拉克）地區領導機構總書記、總統、革命指導委員會主席（該委員會為國家的最高領導機關）、武裝軍隊統帥等職，總攬黨、政、軍大權，並直接控制著主要安全機構的領導權。二是黨領導政、軍、警、特等權力與暴力機關。復興黨地區領導機構的成員基本上也是革命指導委員會的成員，從而在最高層實現了黨政合一。復興黨規定只有黨員才能上軍事學院，而黨員軍官可以不聽從政治傾向可疑的上級的命令。三是在政權高層任用本部落、本家族成員。黨政高層中有大批官員來自薩達姆的故鄉提克裡特；作為軍隊最精銳部分的共和國衛隊，其成員也主要來自提克裡特。四是成立統一戰線式的政治組織。即1974年組建的民族進步陣線，包括復興黨、共產黨、庫爾德黨派和獨立人士，其核心無疑是復興黨。黨還控制了青少年、婦女、記協等各類社會團體和輿論工具。五是以阿拉伯遜尼派作為政權的依靠。對於什葉派和庫爾德人，復興黨採取了軟硬並用手法進行控制。六是以告密、監禁和武力鎮壓等非常手段嚴厲壓制反對派。為了壓制黨內外反對派人士，薩達姆政權在國內鼓勵告密，不經審判即逮捕、監禁、銬打和殺戮反對派，對反治理政體的庫爾德人和什葉派組織進行無情的武力鎮壓，搗毀其村鎮，迫使其流亡，甚至使用毒氣大肆殺戮。因此，雖然設有國會並實行普選，但實行的則是事實上的獨裁統治。尤其可笑的是其自不量力地挑戰市商文明國家，復興

黨實施的外交原則就包括泛阿拉伯主義、激進主義（石油共有化，反美）、爭當阿拉伯世界和不結盟運動的領袖等，從而導致了與西方和周邊海灣君主制國家關係的惡化，最終使自己走向毀滅。[23] 可見，即使逆商國家躍躍欲試、沉渣泛起，也沒掀起太大的風浪，最終只能是灰飛煙滅。世界上所有逆商狂人都會是如此下場，不管你是小國的首領還是所謂的大國領袖，只要逆商，下場皆不過如此。因為，歷史或時間從來不站在逆商者一邊。

二、局部降維清場

總體看，兩次世界大戰完成了它的歷史使命，類似的大戰不可能再發生。因為今天市商文明的力量已今非昔比。事實很明顯，比如新冠疫情期間，主要市商文明國家在各央行刺激計畫推動下，企業通過發股發債等籌集的資金比 2020 年高出近 17%，比新冠爆發前的 2019 年高出近 1／4。尤其是在市商文明發達的美國，企業籌集了逾 5 萬億美元資金。由於各大主要市場首次公開發行（IPO）激增，全球股票發行量突破了 2020 年創下的歷史高點。股票發行總額達到 1.44 萬億美元，比上年增長 24%。[24] 如此證明，市商文明國家已十分強大，僅從資本的角度，即對逆商國家形成了壓倒性優勢。因而，市商對逆商的清除已經不僅是局部

23　黃民興：《中東歷史與現狀二十講》，2024 年 6 月 20 日。

24　埃裡克・普拉特、尼古拉斯・梅高、喬・倫尼森：《2021 年全球資本市場「火爆」 企業籌資額超 12 萬億美元》，英國《金融時報》，FT 中文網，2021 年 12 月 29 日。

清場，而且是巨人對侏儒式的清除。

1. 降維打擊：市商對逆商清除一再顯示其巨大威力。早在19世紀，市商文明對逆商的局部打擊已經形成降維打擊勢態。1814年4月，拿破崙宣佈無條件投降，直至1854年克里米亞戰爭爆發，英國海洋稱雄，沙俄卻被認為是歐洲大陸上當仁不讓的第一軍事強國，擁有最大的疆域、最多的人口和最高的國民生產總值。是時，40年的和平帶給歐洲驚人的繁榮，英國完成了工業革命第一波的「煤與鐵的革命」，西歐各國紛紛開始大規模使用機器生產，工業革命的第二波的「鋼與電的革命」即將大規模湧來。而沙俄卻固步自封於農奴制，工業的基本形式還主要是手工工廠。1830年沙俄人均收入為英國的一半，30年後為英國的1／3，60年後（1890年）只及英國的1／4。沙俄沒有意識到自己相對實力的急劇衰落，對外自恃強大，一心逆商掠奪擴張，希望穿越黑海，將君士坦丁堡納入懷抱，最後進入地中海。1853年，俄挑起第九次俄土戰爭，在錫諾普港徹底摧毀了更弱的土耳其艦隊。為了阻遏沙俄，1854年3月，英法對俄宣戰，同年秋爆發了克里米亞戰爭。此戰用保羅·甘迺迪的話說，它「證明了俄國的落後十分驚人」。俄軍使用木製帆船，而英法是蒸汽炮艇；俄軍的老式燧發步槍射程僅200碼，英法聯軍的來福槍卻可以射到1000碼；英法聯軍從本國經海路到克里米亞只需三周，而莫斯科以南沒有鐵路，俄軍靠兩條腿走路，有時需要三個月，克里米亞戰爭以沙俄的失敗告終，死亡的規模：英軍約2.2萬人，法軍約9.5萬

人，俄軍約48萬人。一向都是強佔別人土地的沙皇俄國，還被迫割讓了在巴爾幹半島的一小塊土地。新即位的沙皇也痛苦地意識到戰敗的癥結，「必須立即進行改革，沒有時間再耽擱了」。1861年，沙俄廢除了農奴制。[25] 從而向市商化方向邁出了一步。

以美、英軍隊為主的聯合國部隊在2003年3月20日對伊拉克發動的軍事行動，解除了其武裝，解放了其國民，剷除了薩達姆獨裁政權，幫助伊拉國民建立一個自由、民抉的政權。伊拉克戰爭使用了大量的美國現代化新式武器，總軍費為7630億美元。戰爭僅僅不到一個月，4月15日，美軍宣佈，伊拉克戰爭的主要軍事行動已結束，聯軍「已控制了伊拉克全境」。據美國官方公佈，在伊拉克戰爭中死亡的美軍人數為262人，其中139人陣亡，123人死於事故。英軍士兵死亡33人。伊拉克7,600－10,800名士兵傷亡，武裝分子26,544人傷亡；擁有100多萬軍人的伊拉克軍隊被瓦解；薩達姆被繩之以法，被執行絞刑。伊拉克走向了民抉繁榮。

2. 堅定清除：市商對逆商的降維打擊不懼任何恐怖暴力。在新時代大背景下，市商與逆商仍然在繼續洗牌。自不量力的逆商妄人總會時不時跳出來，主動去領被清場的頭牌。有人說當今與1920、30年代比較相似——也僅僅是相似而已。它以貿易保護始，以二戰的血腥衝突終。1929年10月美國的股災引發全球金融危機，導致貿易保護、民粹逆商抬頭，最後引發市商與逆商的

25　徐劍梅：《塵封的克里米亞戰爭》，共識網，2014年3月17日。

再次對決，也就是第二次世界大戰。表現出金融危機到經濟危機到治理政體危機到軍事危機，這是當時危機演變的「四部曲」。2008 年的金融危機是積累多年的全球結構性問題的總爆發，之後，金融危機的影響在經濟和其他層面不斷滲透蔓延，演變成 2009 年的「佔領華爾街」運動，這和 20 世紀 30 年代中期看似差不多。有人說，兩相對照之下，目前相當於已經走到了 1929 年金融危機之後的第三階段，也就是各國治理政體之間衝突的危機階段，離軍事衝突只是一步之遙。但是，今天沒有希特勒的納粹德國那樣相對強大的逆商國家，那時表面看，市商與逆商的力量幾乎難分伯仲。今天則不然，稍微能與納粹相類同的只有俄羅斯，而從表面看俄羅斯也沒有納粹的相對實力。其侵略烏克蘭的失敗已足以證明。

看看這些資料就知道俄羅斯的真正實力。根據《福布斯》雜誌 2021 年的資料，俄羅斯最大的 117 個寡頭，控制了全國超過 36% 的財富（超過 5380 億美元）。而另一方面，那些真正根植於市場的民營企業發展很不充分，在福布斯 2021 年最大的 200 家私營企業榜單中，多數是資源及重工企業，商貿、科技企業僅有 51 家。中小企業發展水準也非常低，至 2020 年，全國共有 270 萬餘家，創造了 1,650 萬個工作崗位，產值占 GDP 的 21.9%，就業人數占比為 23%。同期，經合組織（OECD）國家的中小企業 GDP 和就業崗位占比都在 55% 以上。1991 年輕工業約占 18.5%，2018 年進一步縮減到 13.1%。第三產業中以大眾為服務對象的商業、物

流、金融都不發達，國民經濟運行效率低。以運輸業為例，發展水準基本停留在蘇聯解體前，並沒有一個現代的物流行業。1992年至2021年之間，有9年經濟是負增長，6年經濟增長率低於2%，經濟好似過山車，一直在大起大落中。俄羅斯是近30年來全球經濟增長穩定性最差，經濟增長表現最差的經濟體之一，與其優越的資源稟賦及良好的工業、人力資源基礎嚴重不相匹配。市商創富經濟嚴重缺失的俄羅斯，依舊沿襲了官方包辦科研的老路子。2019年全國R&D支出約450億美元，其中治理政體投入比近70%，而企業不足17%；科技整體處於萎縮狀態，1992年全國有153萬人科研人員，2015年下降到73萬。科研人員中，年齡超過50歲的占46%，更意味著這個國家沒有什麼創新前景。由於缺乏充分的市場機制，俄羅斯的科技和人才力量，沒有轉化為經濟優勢，使得俄羅斯基本沒有能夠參與國際競爭的企業。王明遠指出，目前聯合國制訂的525個工業細分門類中，俄羅斯只擁有300餘個，很多經濟正常運轉所依賴的產業都是空白，全國所消費的工業品及科技產品60%以上需要進口。2022年全球品牌500強榜單中，僅有兩家是俄羅斯企業，並且入圍的都是壟斷性共企或能源寡頭（聯邦儲蓄銀行、盧克石油公司）。[26]比較一下普京治理下的俄羅斯與沙皇治理下的俄羅斯，幾乎看不到什麼實質性的進步。顯然，俄羅斯如果自不量力，那麼市商文明國家對其的降維打擊，將會使其遭受難以承受的災難。如果其他國家敢於以其逆

26　王明遠：《轉型三十年：俄羅斯緣何從老大哥淪為窮鄰居》，互聯網，2023年3月2日。

商之愚昧試市商文明之法，其結局則完全可以想像。現在，市商文明國家已以超乎尋常的實力自信，隨時對逆商進行降維打擊，已有力量做到露頭就打。而且，市商文明的發展，不會允許俄羅斯那樣規模的土地被無效率或低效率使用，其解體或將逆商掠奪所獲取的土地歸還其原主人，有天然的法理。如同英國前首相詹森所言，俄羅斯四百年非法搶佔的土地，涉及的所有條約都將視為非法，必須重回其原主人的懷抱。

需要補充說明的是，市商對逆商的清除也可以在一國以內戰的形式出現，如美國的南北戰爭。之後，美國再也沒有逆商組織興風作浪，也沒有有意識或有組織的逆商。但逆商思維與行為卻零星出現，需要雷根、特朗普式的不斷清理，使美國市商文明得以持續性引領型發展。

總體看，無論是和平手段還是戰爭手段，市商文明的全球化的成果都令人歡欣鼓舞。按照夏威夷大學拉梅爾教授的觀點，人類在渡過了千百年黑暗時代之後，直到1800年，全世界才有3個民抉國家：美國，英國，瑞士。切實地說，只有從1776年美國的獨立，人類才真正開始了全球化民抉市商進程，實行了秘密投票選舉，三權分立，多黨制，新聞、言論、宗教和結社自由等。到了1900年，全球的民抉市商國家有13個。經過了整整100年，人類才增加10個民抉市商國家。到了1950年，世界有了20個民抉市商國家，占全球人口的31%。到2000年，全球已經有120個國家實行了多黨選舉，民抉市商國家人口增至占全球58.2%。到了

2024年,已經約有130多個。從1970到2015年的45年之間,實行多黨民抉選舉的市商國家增加了100多個。[27]

但是,市商對逆商的替代也不是一蹴而就,甚至會出現逆市商化,有時需要經過多回合的反覆清理。市商的完善及發展也有一個過程,而且是一個很長期的歷史性過程,尤其是會出現反覆,包括市商文明發達國家也是如此。在美國,2024年之所以共和黨的川普獲勝、民主黨的哈里斯落敗,一個重要的原因,是民主黨有意無意中擴大治理政體的管控權力,有意無意侵犯企業的自由權力,這是典型的逆商行為。還有英國工黨的出現及執政。工黨初期就有實行共有制,之後又擴大共有制,但其也逐步收斂,逆商最終沒有形成氣候。這些都說明,市商化是個曲折反覆的過程。要隨時對逆商保持警惕。

而且,如果民抉治理政體不能夠切實保障民抉形式、程式及其它實質性內容的延續,民抉治理政體完全可以實現逆市商化。巴列維時期的伊朗,其易利經濟市商化也是如此,是靠國王的威權治理下實現的工業化或現代化,結果卻出現了逆市商化。而伊朗的逆市商化也發生在經濟由繁榮到蕭條的轉換時期。伊朗事件也告訴人們,在市商化中逆市商化是完全可能的,也是正常的,但不影響人類文明升級大局。伊朗之所以有如此逆商之插曲,一個重要的原因是治理政體逆商。這也從反面論證了政體必須市商化。當然伊朗也有其特殊性,即治理政體本身及其影子治理政體

---

27 曹長青:《「民主時刻表」的黎明》,共識網,2015年7月15日。

的雙逆市商化形成了易利文明市商化的反復及其複雜性,但最終會在世界市商文明力量的幫助下回歸到市商化正途。

在伊斯蘭革命中被伊斯蘭法庭處決的前首相阿米巴·胡韋達的弟弟、曾任伊朗駐聯合國大使的費雷敦·胡韋達事後對此有清醒的認識,他反思後的觀點是,沒有進行民抉的治理政體改革是腐敗不止的原因,恰恰也是反對派得以發展的原因:「在國家發展的那個階段,國王的基本錯誤並不在於加快經濟發展,而在於對政治自由的疏忽。到 1970－1972 年,物質條件改善需要與民主(抉)齊頭並進。這裡,國王犯了嚴重的判斷錯誤,放過了一些機會。」「白色革命」失敗的根源在於巴列維始終反對民抉憲政,始終認為民抉憲政只是一種西方的「地域性」制度,而不是一種現代經濟制度所要求的普適的市商化制度和市商文明價值,因此認為別人對他的種種批評只是他人以自己的價值觀念強加於人。別人明明是為他好,他卻認為是害他。他沒有認識到,不同國家的憲政確會因歷史、文化傳統不同而有不同的形式和特點,但對權力的制衡、限制治理政體權力的市商化卻是相通的。然而他只想要現代經濟,卻不想要包括治理政體在內的現代市商文明與制度。伊朗人民生活水準確因「白色革命」大大提高,巴列維便據此認為不進行治理體制市商化改革也能一直得到國民的支持和擁護。他沒有意識到,當溫飽得到保障後,人們對逆商治理政體的貪汙腐敗及不公便格外不能容忍。這與法國大革命幾乎如出一轍。事實說明,只有權力互相制衡及受憲法、公民限制的民抉

憲政才是防止、反對腐敗的有效措施和市商化根本制度，而由皇家掌握大權自我監督的「皇家調查委員會」根本無法制止腐敗；「帝國民主（抉）」其實並無民抉，已成笑談。[28]「白色革命」的負面效應，隨著時間的推移，愈發顯露無餘。儘管引入了眾多的市商易利經濟政策，但「白色革命」致命缺失是沒有進行治理政體的市商化民抉改革。許多易利經濟改革以拙劣的方式進行或成為治理政體腐敗的犧牲品。例如，土地改革計畫沒有給大多數佃農以足夠生存所需的土地，招致廣泛的不滿；土地從沒有知識的佃農流失到放高利貸者的手中，對耕種至關重要的坎井（使用暗渠將水從高山引入平原）由於少了由地主組織的維護而毀壞，使坎井失效，造成數千個有生產力的村莊也將隨之衰退。而巴列維迷信經濟增長與高壓統治的兩手策略，對已完全失效的改革無動於衷。在舊體制已瀕臨崩潰邊緣的大背景下，不迷途知返，改弦更張，與民更始，反而濫用軍警特工維持威權統治，瘋狂鎮壓異議人士。[29]

逆商與市商在治理政體上的轉換，最為典型的是拉美國家。美國歷史學家彼得·史密斯，通過對拉美 19 個主要國家百年治理政體領導人選舉的考察，繪製了一張圖表，並提出了拉美治理政體市商化變革的三個週期理論。第一個週期是 1900－1939 年，主要由寡頭競爭體制主導。在這一時期頂峰的 1910 年左右，寡頭間

28　雷頤：《伊朗巴列維國王改革失敗的教訓》，共識網，2010 年 1 月 20 日。
29　俞飛：《伊朗改革 50 年之路》，互聯網，2013 年 1 月 31 日。

的競爭性選舉在一半以上的拉美國家盛行，其中也存在民抉興起的跡象，如墨西哥（1911－1912）、阿根廷（1916－1929）、烏拉圭（1919－1933），還有 20 世紀 30 年代初的智利，但總體看，這是一個通過選舉手段進行寡頭統治的時代。第二個週期是 1940－1977 年，這兩個年份分別標誌著選舉民抉的部分興起和近乎完全的消失。準確地說，這一時期的民抉曲線是 M 型的。第二次世界大戰之後，除了原有的 3 個國家外，又有 6 個國家建存了民抉治理政體，從而顯示了其上升勢頭；但 20 世紀 50 年代初由於軍人政變，這一趨勢出現短暫下滑。不久又相對迅速回升，在 1960 年達到高峰，有 9 個國家實行治理政體領導人民抉選舉，其中 3 個國家是半民抉選舉制，總數達到了 12 個。此後，20 世紀 60 年代和 70 年代，在冷戰背景下，主要國家都發生了軍事政變，到 70 年代中期，只剩下 3 個國家（哥斯大黎加、哥倫比亞、委內瑞拉）是民抉選舉國家。第三個週期始於 20 世紀 70 年代末，到 1998 年，該地區已經有 15 個民抉選舉國家，4 個半民抉制國家，到 2000 年拉美接近 90% 的人口正享有民抉權。1900 年前後，這一地區尚無民抉選舉可言，到 2000 年超過 3／4 的國家都進行了自由且公正的民抉選舉。但是，由於對暴力工具——軍隊控制不力，沒有實現軍隊的國家化，甚至使軍隊成為治理政體的重要一極，而且是具有決定性作用的一極，因而在 1900－2000 年間，該地區共發生了 155 次市商與逆商治理政體制度互變，平均每年 1.53 次。此外，還發生了不少於 55 次重大的制度變革，多於每兩

年一次。保守計算，20世紀拉美發生了167次成功的政變，即用武力推翻了現治理政體，平均每年1.6次，每個國家8.8次。在這期間出現過三個政變高峰期，即1910－1919年；1930年代；1960－1970年。到20世紀的六七十年代，一種新型的軍事體制走到台前，即制度化的軍事體制，它長期恪守一貫的意識形態綱領，還要轉變國家的經濟結構和公共結構。一般說來，成熟的民抉要求軍事機構必須無可置疑地服從民選的文官當局，軍職人員必須服從法治與治理政體。從拉美地區文武關係的不同模式看，到20世紀末，文官控制模式只有6個國家，軍隊有條件地服從模式有9個國家，軍隊監護模式有4個國家。表面上，獨裁體制與民抉體制在促進經濟增長速度方面沒有差異。在從20世紀60年代初至2000年的40年裡，選舉民抉與獨裁體制的年均增長速度是完全一樣的，四捨五入之後，都是3.7%。[30] 其中原因比較複雜，有市商文明三大維度構建發展的差異，也有獨裁殺雞取卵等多種原因。但民抉下的市商文明，其經濟發展是穩健的，有內在驅動力；而獨裁國家則相反。

更為複雜的是，人們觀念的改變是個艱難的過程，從心理缺陷上形成的對貧富差距的認知陷阱，往往對逆商取向的選擇具有十分重大影響，而貧富差距在市商文明發展中是始終存在的。因而，人們對市商化易利尤其是資本主導的市商化易利，存在誤讀或敵視是完全可能的。而這些恰恰是逆商逆襲的認知缺陷基礎。

30　韓琦：《20世紀拉美從威權向民主的轉型》，共識網，2014年12月9日。

第七章 強勢清場逆商

因此，雖然逆商已大勢已去，但逆商思維的消亡可能要遠遠滯後於逆商的消亡。

在易利文明發展過程中，即市商與逆商的纏鬥中，逆商思維與迷幻總是如影隨形。尤其是近現代，在市商文明的萌芽、初始及發展中，始終存在一股逆商逆流。所謂逆商，就是敵視市商、阻滯市商，對市商化易利文明發展進行全面抵制與否定，是對市商尤其是市商的基本維度——「平等自由、私產私權、契約信用」等進行系統性破壞，也是零和財富關係的秩序返祖。它是類似吸毒者的迷幻陷阱，也是在部分人類區域對市商化易利文明發展按下的暫停鍵。人類部分群體經過殘酷、慘烈的血與淚實驗，才使得人類絕大部分個體深刻認識這一陷阱的本質和危害。

逆商思維使人類的某些人群有著令人遺憾的執迷性短視，所有的警告都被他們所忽略。他們在沒有足夠依據的情況下，反對普遍的市商化易利學理論。他們的立場不是符合邏輯地討論市商化易利理論，而是繼續抱著「烏托邦」國家是人間天堂的幻想。他們回避問題，反資本反自主反民抉，宣佈質疑逆商秩序的建立及其功效是異端邪說。這種短視也許為利益所蒙蔽，可這種短視卻誘發人類踏進罪孽深重的逆商。1914年，第一次世界大戰前，世界基本是19世紀的延續，19世紀的格局、秩序、信仰、價值觀念……依然為人尊重接受。第一次世界大戰，各國選擇發生分裂，有的依然保持戰前路徑選擇，有的國家貌似有了新的路徑選擇，實際上是掉進了逆商陷阱。這些國家的逆商歲月，被大名鼎

鼎的英國歷史學家霍布斯鮑姆稱之為「極端年代」。從經濟文明角度看，所謂的逆商或極端年代，都是對市商易利的背叛，是霸凌易利的特殊表象。有的則是對野蠻掠奪的回歸，如納粹德國、法西斯意大利和軍國一體的日本。其主要旗幟是，推翻市商化資本主導的易利，以逆商取而代之。按照雷頤的觀點，所謂「極端」，是指第一次世界大戰造成了19世紀文明（實指西方文明）的崩潰（當然崩潰論尚值得商榷，仍需要深入探討）。這個文明以中產階層為主導，經濟上是市商化資本主導的易利，在價值觀念上深信啟蒙時代以來的理性、自主、寬容、進步……。但一戰的慘烈和戰後劇烈的動盪、嚴重的不公，不能不使人對以往的一切產生巨大的懷疑甚至否定，認為昔日資本主導的市商文明已到盡頭，只有另闢蹊徑才是出路。俄國革命爆發與法西斯興起，分別是左右兩端的代表。

令人深思的是，在一戰前，否定市商化資本主導的易利，傾心逆商，已經成為一種思潮。在西方國家，包括政界、知識階層，普遍對市商化資本主導的易利持悲觀態度，認為逆商是解決市商化資本主導的易利弊端的一劑良藥。在一戰和俄國革命影響下，「革命」一時成為風潮，德國、匈牙利甚至還都成立過蘇維埃共和國。當時法國、奧地利、意大利、挪威等國的一些逆商的黨派已通過投票，決定加入第三國際，但卻被第三國際嚴拒。可是，人們預期、盼望中的世界革命根本沒有出現，在很長的一段時間內，始終只有蘇聯等少數國家「完全逆商」。這樣，尤其是在史達林時期，

所謂共產國際、世界革命幾乎為前蘇聯的國家利益所取代。[31] 20 世紀 30 年代曾被稱為「紅色的三十年代」，當市商化資本主導的易利經濟經歷了逆商的干擾形成所謂的全球經濟危機，逆商思潮更是大行其道，在美、英、法、德等西方國家風靡一時，許多著名學者紛紛前往蘇聯朝聖。實際上，逆商思潮一直伴隨著全球和各個國家的市商化全過程。只不過有時隱晦有時直白。比如美國作家和思想家喬治·費佐 1850 年代先後出版了《關於南方的社會學 — 或者自由社會的失敗》和《都是人吃人 —— 或者是沒有主人的奴隸》兩本書，其逆商思維就非常直白。費佐提出市商化資本主導的自由易利制度已經失敗，現在是美國南部的奴隸制代表了人類的發展方向這個驚人結論，並認為所有人類歷史其實都是奴隸制度，只不過美國南方的奴隸制是公開承認的和最合理的。他甚至認為，人類各階層本來就是不平等的，哪裡都有最底層的勞動者，而奴隸制就是對底層勞動者的制度性保護，用強制他們為奴的方式徹底解除了他們的生存壓力，這是不可避免的代價。市商化資本主導的易利經濟給人的自由不過是使得強者更強，弱者更弱。在他看來，世界歷史證明瞭自由並不是與生俱來不可剝奪的，它一向就是被出賣和被交換的，所以恰恰是不自由的南方代表了人類發展的普遍性，北方才是例外。他甚至提出要把白人的底層也奴隸化，把《獨立宣言》的名句修改為「人有天賦的不可剝奪的被奴役的自由」。[32] 這種匪夷所

31　雷頤：《20 世紀「極端年代」的反思》，共識網，2013 年 6 月 1 日。
32　程映虹：《從奴隸制的立場出發如何批判資本主義》，韋伯研究，2020 年 6 月 7 日。

思的觀點，在經濟危機出現後就會轉化為所謂的紅色思維，也是一種逆商思維。

需要指出的是，一般總認為全球經濟危機是市商化資本主導的易利經濟的危機，實則並不是完全如此，有時恰恰是逆商對其進行了干擾，也就是一些非市商化經濟體不按照市商化遊戲規則出牌、市商化國家暫時實行的還是尚不完善運行機制和體制所造成的危機。至於市商化較為完善後由於資本對易利規律的把握尚不成熟所引發的所謂經濟危機，完全可以在市商化易利經濟內加以解決。因為所有的發展不可能是同步的，所以，後一種危機不可避免，但完全可以有效應對。而當市商與逆商發生纏鬥時，一旦逆商行為已無法以量變或和平方式逆商時，戰爭終抉就不可避免。

逆商思維在一戰後的德國十分盛行，從而導致希特勒逆商成功。人們認為，共和國制度是1918年從外國引進的。右派團體把議會民抉看成是舶來品，認為這種議會民抉完全適合於美國人、法國人，但並不適合於一直為整體和統一而奮鬥的德意志民族。有些人甚至認為，沒有中央集權思想，沒有強大的權威，就是最大的不幸。一戰前持有逆商掠奪思維的人認為，敵對者對德國虎視眈眈，德國必須在太陽下占一席之地，特別是對德國軍事優勢深信不疑。他們對一戰失敗的事實無法接受。他們反對自由、反對議會，認為凡爾賽條約是民族（裔）的恥辱，相信戰爭不可避免。1911年出版的《西方的沒落》的作者斯賓格勒認為，在19世紀，即唯物主義時代，西方的沒落就開始了。實際上，這個時

期,恰恰是市商化資本主導的易利文明開始走向成熟階段,工業革命的成功已經顯現。他反對魏瑪共和國,認為這個共和國不是一個國家,而是一種買賣;這個國家沒有權威,不能久居於世界之林,普魯士風格與社會主義是一回事,根據普魯士的倫理道德,國王是國家的第一公僕。他建議,工人階級等要聯合起來,反對共同的敵人——自由主義和資本主義,也就是市商化資本主導的易利文明。他非常蔑視魏瑪共和國的議會,認為議員都是傀儡,是由政黨組織操控的,不是全體人民的代表,重要的決定都是在議會之外作出的。那些在無休止的議會辯論中消磨時光的人是不想作決議。與斯賓格勒觀點一致的人還認為,人只有在集體中才能真正自由,才能與人民一條心。他們主張計劃經濟和治理政體壟斷。可怕的是,從魏瑪共和國成立之日起,大學裡就籠罩著一派反共和國的氣氛,許多大學老師反對魏瑪共和國,教授們對議會民抉是反感和敵視的。1915年7月,352名教授在一份備忘錄中提出吞併主義的「和平綱領」。綱領比當時的逆商治理政體計畫走得還遠,他們說,比利時沒有理由存在,法國和俄國的大部分領土必須劃歸德意志帝國。[33] 顯然,這都是希特勒成功逆商可靠的逆商思維基礎。有了這些條件,加上戰爭選項動因,包括極權、獨裁,市商文明升級轉型就不得不以犧牲人類個體生命為代價而實現。這是人類文明發展極為慘痛的代價。

---

33 米尚志編譯:《動盪中的繁榮——魏瑪時期的德國文化》,浙江人民出版社,1988年版,P.4、5、101、102、109、110、207、208。

直至20世紀80年代美國總統雷根和英國首相柴契爾大力推行發展和完善市商易利經濟之前，這種逆商思維竟然佔有主導地位，尤其在兩次世界大戰時期更是猖獗。英國學者卡爾·波蘭尼就是突出代表，其1944年即出版的《大轉型》一書至今仍有市場。波蘭尼的轉型不是市商文明升級的轉型，而是逆商轉型，是要扭轉文明升級的轉型。他認為這種轉型是人類的福祉和歷史的必然。事實恰恰相反。逆商沒有未來，必然式微，直至徹底消失。波蘭尼將20世紀二三十年代大蕭條的經濟崩潰，歸因於以市場自由主義為基礎的組織全球經濟的這種企圖。其給出的打破這種經濟崩潰及國際衝突怪圈的關鍵步驟，則是扭轉人類生活應該從屬於市場機制的信念。也就是人類必須徹底拋棄市商文明，顯然這是十分荒謬的。他的逆商思維認定，自我調節的市場觀念乃是徹頭徹尾的烏托邦。只能顯示出他對市商的無知及對商人的否定，實際上，與他同感者大有人在。直至18世紀下半葉，著名學者盧梭還指責商人缺乏愛國主義精神，因為他懷疑商人喜歡和平勝過喜歡自由。這些認知的確反映出對市商文明缺乏瞭解，即使著名的學者也是如此。波蘭尼雖然認識到市場體系發展迅速，看到市場吞沒了空間和時間，並且通過創造信用貨幣，產生了前所未有的推動力，並且認定它（市場）在1914年左右達到了歷史的極限，世界的每一個角落，無論是現有居民還是尚未出生的後代，無論生理意義上的個人還是所謂公司這樣的巨大虛構體，都被包含在這個體系了。但他完全贊同羅伯特·歐文的「遠見卓識」：

如果聽任市場經濟按照它自身的規律發展，必將產生巨大而又持久的災難。他認定，將勞動與生活中的其他活動相分離，使之受市場規律支配，這意味著毀滅生存的一切有機形式，並代之以一種不同類型的組織，即原子式的、個體主義的組織。實現這樣一個破壞性陰謀的最佳途徑有賴於契約自由原則的推行，這意味著非契約關係，諸如親屬關係、鄰裡關係、同業關係和信仰關係等都將被消滅掉，因為這些關係要求個體忠誠並因而限制了他的自由。他給出的解決方案是，使土地、勞動力等擺脫市場。尤其是勞動力擺脫市場意味著一個根本性的轉變，其激烈程度並不亞於一個競爭性勞動力市場的建立。不但工廠裡的勞動條件、工作時間、契約的形式，而且基本工資本身也不由市場決定。他堅信，市場經濟的實際的作用淅去可以成為一個時代的開端，這個時代擁有前所未有的自由：法律的和能以比過去任何時候都更廣泛、更普遍的方式存在；規制和控制不只是使少數人，而是使所有人獲得自由。[34] 顯然這就是逆商，也就是通往奴役之路。以此看出，波蘭尼與市商文明是格格不入的。但是，直至 20 世紀 80 年代，世界上許多人都認為，烏托邦的逆商計劃經濟在創造物質財富和增進人類自由方面是可行的，甚至是最有生命力的秩序與體制。依然認為，建立在私人自由市場機制上的市商化資本主導的易利經濟制度，它既無法創造出為人們廣泛分享的物質繁榮，也無法

---

[34] 卡爾·波蘭尼著；馮鋼、劉陽譯：《大轉型》，當代世界出版社，2020 年版，P.137、138、171、257、262。

提供廣泛的人類自由。[35] 顯然，這與事實相悖，是無稽之談。這些具有逆商思維的人，是無法理解市商文明的，更不可能充分認知和理解市商易利創富邏輯。

2009 年，英國廣播公司（BBC）公佈的對 27 國民眾的調查表明，僅有 11% 的人認為資本主導的市商化易利經濟正常運行，而有 23% 的受訪者認為其存在致命弱點，世界需要新的經濟制度。在 27 個國家中，15 個國家有半數以上認為大企業應該歸國家治理政體所有或由其控制多數股份。而這個觀點最強烈的支持者恰恰來自曾經試驗「休克療法」的國家：俄羅斯有 77% 受訪者贊同這一觀點，烏克蘭有 75%。調查還顯示一些逆商元素像「均分財富」很吸引人。多達 22 個受訪國家「人民」支持治理政體均分財富。民調主辦方之一「全球掃描」公司主席米勒表示：「這說明隨著 1989 年柏林牆的倒塌，資本主義（具有一定的資本主導的市商化易利經濟含義）並沒有取得看上去的壓倒性勝利[36]」。

但是，儘管如此，也抹不掉易利市商化經濟的豐功偉績和耀眼光輝。人們需要銘記的是，財富遞增、人們幸福安康，除拜易利市商文明所賜外，換成任何一條道路都是死路。這也是人類堅定易利市商文明發展方向的根本原因所在。米勒的論斷過於悲觀，他的觀點恰恰證明瞭，今天的資本主導的市商化易利已遠非幾個

35　密爾頓・弗里德曼、羅絲・弗里德曼著；張琦翻譯：《自由選擇》序言，機械工業出版社，2008 年版，P.6。
36　少就是多：《27 國民眾質疑資本主義》，貓眼看人，2009 年 11 月 14 日。

世紀甚至是20世紀的資本主導的市商化易利可比。

　　無數事實及邏輯證明，市商文明對於人類發展來說，尤其是對於財富創造與擁有以及流向優化來說，是不可替代、不可或缺的。因為，個人才能在群體發展的每個階層都很重要，但需要一個文明框架、制度、秩序和機制把它轉化成為易利經濟的積極力量。美國公平而卓有成效的教育以及市商易利經濟制度，使馬斯克、貝佐斯、約伯斯、蓋茨等與其他人一樣，獲得了一系列獨特的技能，並能夠實現他們運用才能創造奇跡的夢想。市商文明能夠讓他們非常容易地開辦公司，不會面對不可逾越的障礙，可以使他們為自己的計畫融資成為可能，能夠在勞動力市場雇傭到有資格的人才，而更具競爭性的生產環境能夠讓他們擴大公司和產品市場。他們從開始就對自己的預期充滿信心，他們相信自己國家的制度與法治，無須擔心財產安全，確信不存在獨裁者篡奪權力、改變遊戲規則、徵用財產、監禁他們或威脅他們的生命或生活，也確信沒有特殊利益集團能夠扭曲治理政體做事方式，做出有害易利經濟的行為。[37] 這些都是他們實現夢想的激勵因素，而在逆商國家則完全相反。也就是說，市商對逆商的替代是有深刻內在邏輯，不以個別人的意志為轉移。

　　19世紀以前，市商文明尚不占主體，全球多數地區尚處於非市商易利經濟狀態，市商化資本主導的易利經濟尚不成熟，還只是

---

[37] 德隆・阿西莫格魯、詹姆斯・Ａ．羅賓遜著；李增剛譯：《國家為什麼會失敗》，湖南科學技術出版社，2015年版，P.29。

在少數國家探索；又因為在工業革命前，商品緊缺、市場狹窄，加上市商化易利自身經濟規律決定，使世界大多數國家都在反復增長和衰退的「馬爾薩斯陷阱」中掙扎。這為逆商找到了藉口，提供了機會。而持續性經濟增長則是近兩百餘年才有的稀罕物，而且是呈現爆炸性增長狀態，尤其是工業革命後商品日趨豐富，市場不斷擴大。所以，增長有點小的經濟週期波動，包括所謂大的經濟危機，應該是易利經濟發展的自然現象。再加上易利發展自身呈現迭代性特色，各代際發展不可能無縫銜接或實現同步。因而，易利發展週期性是難以避免的。對易利經濟出現的問題，包括週期性問題，如果靠易利經濟以外的力量，尤其是靠治理政體強力加以解決，顯然會不利於易利經濟的邏輯性發展。

而且正如前面所說，經濟增長出現大的週期性，很可能與逆商的作梗有關聯，使市商化易利的經濟規律難以在全球化的背景下完全發揮作用。經濟運行難免出現異常，經濟危機由此產生。又因為逆商與市商的博弈，從而甚至使經濟危機頻繁出現。一個不爭的事實是，人類易利經濟在近百年來的增長速度屢創新高。而創造人類發展速度新高度的，正是資本主導的市商化易利的全球化。與此同時，通過市商與逆商反復博弈、市商對逆商進行全面清理，使全球正被逐步納入到市商化資本主導的易利文明之中。鮮明的軌跡是，文明升級轉型正是從西歐到北美向全歐洲、亞洲、非洲等擴展的。這意味著，以文明升級為目標，在大分流幾千年後，全球市商文明大融合正在加速。目前拒絕資本主導的市

商化易利經濟的國家寥寥無幾，而公開以資本主導的市商易利經濟文明為敵的國家更是屈指可數。

再者，就經濟談經濟也會清晰看到，逆商必然消亡。因為逆商國家的經濟，即使是單方面工業或重工業突進，也是不可持續的。很少會超過40年的經濟增長，隨即就會陷入停滯或倒退，可以稱之為「逆商衰亡」。這是因為治理政體自然人的有效主政生命也就是40年左右，能夠保持有效控制力很難超過40年，或更短，即便其一直在臺上也是如此。也就是說其有效抵禦市商易利經濟規律的時間和能力有限。即使是世襲制逆商國家也是如此，其衰退與衰敗是不可遏制的。在市商對逆商全面清場的今天，百年逆商幾無可能。還有一種治理政體逆商而易利經濟引入部分市商化因素的國家，其經濟增速也很少會保持40年以上，之後也會陷入停滯或倒退，人們稱之為「拉美陷阱」或「中等收入陷阱」。這就是其違背也就是部分違背市商化易利經濟規律，或部分地對抗市商易利經濟規律的惡果。所以，人們有理由對人類的未來包括市商易利經濟文明的發展充滿信心。

尤其是，經過戰爭終抉，全球已經迎來市商文明完全清場的曙光。僅存的逆商國家，其極權、獨裁與專制治理政體的末日為時不遠。市商文明國家有這個信心，逆商國家的國民同樣也會有這樣的信心。相信文明升級國家的智慧，相信上帝的仁慈。願上帝保佑所有國家市商文明的升級轉型都在和平或極少代價中完成。

相信上帝會保佑人類，但人類更會保佑人類。

參考書目

參考書目

(1) 王飆著：《財富遞增：易利市商化自發經濟文明》，博客思出版社，2024年版。

(2) 弗里德里希・奧古斯特・馮・哈耶克著；鄧正來翻譯：《個人主義與經濟秩序》，復旦大學出版社，2012年版。

(3) 拉里・尼爾等主編；李酣譯：《劍橋資本主義史》，中國人民大學出版社，2022年版。

(4) 科斯等著；劉剛等譯：《制度、契約與組織》，經濟科學出版社，2003年版。

(5) 卡爾・波蘭尼著；馮鋼、劉陽譯：《大轉型》，當代世界出版社，2020年版。

(6) 大衛・J.格伯爾著；馮克利、魏志梅譯：《20世紀歐洲的法律與競爭》，中國社會科學出版社，2004年版。

(7) 查理斯・A.比爾德、瑪麗・R.比爾德著；許亞芬翻譯：《美國文明的興起》，商務印書館，2009年版。

(8) 詹姆斯・C.斯科特著；田震翻譯：《作繭自縛——人類早期國家的深層歷史》，中國政法大學出版社，2022年版。

(9) 密爾頓・弗里德曼、羅絲・弗里德曼著；張琦翻譯：《自由選擇》，機械工業出版社，2008年版。

(10) 伊斯雷爾柯茲納著；馮興元等翻譯：《市場過程的含義》，中國社會科學出版社，2012年版。

(11) 馬克・布洛赫著；張緒山等譯：《封建社會》，商務印書館，2019年版。

(12) 羅伯特・E.勒納等著；王覺非等譯：《西方文明史》，中國青

年出版社，2003年版。

(13) 湯因比著；曹末風等譯：《歷史研究》，上海人民出版社，1986年版。

(14) 納旦尼爾·哈里斯著；盧佩媛翻譯：《古羅馬生活》，希望出版社，2007年版。

(15) R．H．托尼著；趙月琴、夏鎮平譯：《宗教與資本主義的興起》，上海譯文出版社，2013版。

(16) 湯普遜著；耿淡如譯：《中世紀經濟社會史》（上下冊），商務印書館，1997年版。

(17) 斯塔夫裡阿諾斯著；吳象嬰等譯：《全球通史——1500年以前的世界》，上海社會科學院出版社，1999年版。

(18) 亨利·皮雷納著；陳國梁譯：《中世紀的城市》，商務印書館，1985年版。

(19) J．H．布列斯特德著；李靜新譯：《文明的征程》，陝西師範大學出版社，2007年版。

(20) 詹姆斯·W．湯普遜著；徐家玲等譯：《中世紀晚期歐洲經濟社會史》，商務印書館，1998年版。

(21) 費爾南·布羅代爾著；顧良譯：《15至18世紀的物質文明、經濟和資本主義》，生活·讀書·新知三聯書店，1993年版。

(22) 詹姆斯·M．布坎南著；王金良譯：《制度契約與自由》，這個社會科學出版社，2013年版。

(23) 狄奧尼修斯·史塔克普洛斯著；陳友勳譯：《拜占庭一千年》，化學工業出版社，2020年版。

（24）道格拉斯· C ．諾斯著；杭行譯：《制度、制度變遷與經濟績效》，格致出版社，2014年版。

（25）斯迪芬·海哥德，羅伯特·R．考夫曼著；張大軍翻譯：《民主化轉型的政治經濟分析》，社會科學文獻出版社，2008年版。

（26）艾倫·麥克法蘭著；管可穠譯：《英國個人主義的起源》，商務印書館，2020年版。

（27）哈孟德著；韋國棟譯：《近代工業的興起》，商務印書館，1959年版。

（28）漢斯－維爾納·格茨著；王亞平譯：《歐洲中世紀生活》，東方出版社，2002年版。

（29）馬克斯·韋伯著；陶永新譯：《中世紀商業合夥史》，東方出版中心，2010年版。

（30）克拉潘著；姚增廙譯：《現代英國經濟史》，商務印書館，1974年版。

（31）茲·布熱津斯基著；軍事科學院外國軍事研究部譯：《大失敗》，軍事科學出版社，1989年版。

（32）艾倫·麥克法蘭著；管可穠譯：《英國個人主義的起源》，商務印書館，2020年版。

（33）約翰·麥克米蘭著；余江譯：《市場演進的故事》，中信出版社，2006年版。

（34）漢斯－維爾納·格茨著；王亞平譯：《歐洲中世紀生活》，東方出版社，2002年版。

（35）杜丹著；志揚譯：《古代世界經濟生活》，商務印書館，1963年

版。

(36) 傑佛瑞·布倫南、詹姆斯· M .布坎南著；馮克利等譯：《憲政經濟史》，中國社會科學出版社，2012年版。

(37) 巴林頓·摩爾著；拓夫等譯：《民主和專制的社會起源》，華夏出版社，1987年版。

(38) 洛克著；葉啟芳譯：《政府論》（上下冊），商務出版社，1983年版。

(39) 亨利·皮朗著；樂文譯：《中世紀歐洲經濟社會史》，上海人民出版社，1964年版。

(40) 阿薩·勃裡格斯著；陳叔平等譯：《英國社會史》，中國人民大學出版社，1991年版。

(41) 道格拉斯· C .諾斯著；張炳九譯：《西方世界的興起》，學苑出版社，1988年版。

(42) 彼得·德魯克著；洪世民等譯：《經濟人的末日》，上海譯文出版社，2015年版。

(43) 弗里德里希·奧古斯特·哈耶克著；王明毅等譯：《通往奴役之路》，中國社會科學出版社，1997年版。

(44) 路德維希·馮·米塞斯著；夏道平譯：《人的行為》，上海社會科學院出版社，2015年版。

(45) 湯瑪斯· K .麥格勞著；趙文書等譯：《現代資本主義——三次工業革命中的成功者》，江蘇人民出版社，2000年版。

(46) 路德維希·馮·米塞斯著；韓光明等譯：《自由與繁榮的國度》，中國社會科學出版社，1994年版。

(47) 格爾哈德・帕普克主編黃冰源等譯：《知識、自由與秩序》，中國社會科學出版社，2000年版。

(48) 路德維希・馮・米塞斯著；王健民等譯：《社會主義——經濟與社會學的分析》，中國社會科學出版社，2012年版。

(49) 阿里・奧古斯特・哈耶克著；楊圡生等譯：《自由憲章》，中國社會科學出版社，2012年版。

(50) 戈巴契夫：《「真相」與自白——戈巴契夫回憶錄》，社科文獻出版社，2002年版。

(51) 米・謝・戈巴契夫著；蘇群譯：《改革與新思維》，新華出版社，1987年版。

(52) 亞當・斯密著；郭大力、王亞南翻譯：《國民財富的性質和原因的研究》，商務出版社，1983年版。

(53) 大衛・哈克特・費舍爾著；XLi譯：《價格革命》，廣西師範大學出版社，2021年版。

(54) 約瑟夫・E.斯蒂格利茨著；周立群等譯：《社會主義向何處去》，吉林人民出版社，1999年版。

(55) 德隆・阿西莫格魯、詹姆斯・A.羅賓遜著；李增剛譯：《國家為什麼會失敗》，湖南科學技術出版社，2015年版。

(56) 卡爾・A.魏特夫著；徐式穀等譯：《東方專制主義》，中國社會科學出版社，1989年版。

(57) 克里斯多夫・戴爾著；莫玉梅譯：《轉型的時代：中世紀晚期英國的經濟與社會》，社會科學文獻出版社，2010年版。

(58) 蜜雪兒・博多著；吳愛美等譯：《資本主義史》，東方出版社，

1987年版。

(59) 埃岡・約伯格、威廉・達菲等著；榮敬本、吳敬璉翻譯：《比較經濟體制》，商務印書館，1986年版。

(60) 理查・H．蒂利、米夏埃爾・科普西迪斯著；王浩強譯：《從舊制度到工業國》，格致出版社，2023年版。

(61) 湯瑪斯・K．麥格勞著；趙文書、肖鎖章譯：《現代資本主義》，江蘇人民出版社，2000年版。

(62) 厄爾斯特・羅德爾著；孟婕譯：《權力與貨幣》，中央翻譯出版社，2002年版。

(63) 詹森著；安佳、肖遙譯：《政府到底該幹什麼》，雲南教育出版社，1990年版。

(64) 密爾頓・弗里德曼著；張瑞玉譯：《資本主義與自由》，商務印書館，1988年版。

(65) 艾德蒙・惠特克著；徐崇士譯：《經濟思想流派》，上海人民出版社，1974年版。

(66) 安格斯・麥迪森著；伍曉鷹等譯：《世界千年經濟史》，北京大學出版社，2003年版。

(67) 柏克著；何兆武等譯：《法國革命論》，商務印書館，2005年版。

(68) 亞瑟・路易士著；梁小民翻譯：《增長與波動》，華夏出版社，1987年版。

(69) 喬治・弗里德曼著；魏宗雷、傑寧娜譯：《下一個一百年地緣大衝突》，南方出版傳媒，2017年版。

(70) 羅伯特・Ｌ.海爾布羅納、威廉・米爾柏格著；李陳華、許敏蘭譯：《經濟生活的起源》，格致出版社，2011年版。

(71) Ｊ．Ｒ．波爾著；張聚國譯：《美國平等的歷程》，商務印書館，2010年版。

(72) 大衛雷諾茲著；徐萍、高連興譯：《大英帝國與第一次世界大戰》，中國友誼出版公司，2019年版。

(73) 克洛德法爾馬著；鄭鹿年譯：《歐洲文明史》，上海人民出版社，1988年版。

(74) 戶川豬佐武著；劉春蘭譯：《戰後日本紀實》，天津人民出版社，1984年版。

(75) 傑爾斯・比爾法著；朱增文譯：《美國政府與政治》，商務印書館，1988年版。

(76) 孟德斯鳩著；婉玲譯：《羅馬盛衰原因論》，商務印書館，1997年版。

(77) 馬克斯・韋伯著；黃憲起、張曉玲譯：《文明的歷史腳步》，生活・讀書・新知三聯書店，1988年版。

(78) 愛德華・克麥諾爾・伯恩斯、菲力浦・李・拉爾夫著；羅經國等譯：《世界文明史》，商務印書館，1990年版。

(79) 阿夫納・格雷夫著；鄭江淮等譯：《大裂變——中世紀貿易制度比較和西方的興起》，中信出版社，2008年版。

(80) 米尚志編譯：《動盪中的繁榮——魏瑪時期的德國文化》，浙江人民出版社，1988年版。

(81) 塞莫爾・亨廷頓著；張岱元譯：《變動社會中的政治秩序》，

華夏出版社,1988年版。

(82) 弗里德里希·奧古斯特·哈耶克著;馮克利等譯:《致命的自負》,中國社會科學出版社,2000年版。

(83) 約翰·肯尼士·加爾佈雷斯著;朱世軍譯:《權力的分析》,河北人民出版社,1988年版。

(84) 彼得·布羅夫斯基著;姜志軍譯:《阿道夫希特勒》,群眾出版社,1983年版。

(85) 戴倫·艾塞默魯、賽門·強森著;林俊宏譯:《權力與進步:科技變革與共用繁榮之間的千年辯證》,天下文化出版社,2024年版。

(86) 穆罕默德·禮薩·巴列維著;元文奇譯:《我對祖國的責任》,商務印書館,1977年版。

(87) 艾倫·帕麥爾著;高年生譯:《俾斯麥傳》,商務印書館,1982年版。

(88) 埃德文·哈特裡奇著;範益世譯:《第四帝國的崛起》,世界知識出版社,1982年版。

(89) 約翰·S.戈登著;祁斌譯:《偉大的博弈》,中信出版社,2011年版。

(90) 威廉·伯恩斯坦著;符雲玲譯:《繁榮的背後》,機械工業出版社,2011年版。

國家圖書館出版品預行編目資料

和平或戰爭：文明市商化升級的路徑博弈/可珂著. -- 初版. -- 臺北市：博客思出版事業網, 2025.04
面；　公分. -- (當代觀察;15)
ISBN 978-626-7607-10-7(平裝)

1.CST: 文明　2.CST: 文化理論

541.26　　　　　　　　　　　　114001927

當代觀察 15

和平或戰爭 文明市商化升級的路徑博弈

作　　　者	：可　珂
編　　　輯	：施羽松
美　　　編	：陳勁宏
封面設計	：陳勁宏
校　　　對	：楊容容　古佳雯
出　版　者	：博客思出版事業網
地　　　址	：台北市中正區重慶南路1段121號8樓之14
電　　　話	：（02）2331-1675或（02）2331-1691
傳　　　真	：（02）2382-6225
E - MAIL	：books5w@gmail.com或books5w@yahoo.com.tw
網路書店	：http://www.bookstv.com.tw/
	https://shopee.tw/books5w
	博客來網路書店、博客思網路書店
	三民書局、金石堂書店
經　　　銷	：聯合發行股份有限公司
電　　　話	：（02）2917-8022　傳真：（02）2915-7212
劃撥戶名	：蘭臺出版社　帳號：18995335
香港代理	：香港聯合零售有限公司
電　　　話	：（852）2150-2100　傳真：（852）2356-0735
出版日期	：2025年 4 月 初版
定　　　價	：新臺幣380元整（平裝）
I S B N	：978-626-7607-10-7

版權所有・翻印必究